高职高专"十四五"规划学前教育专业新标准实践型示范教材

总主编　蔡迎旗

幼儿园语言教育与活动指导

主　编 ◎ 谭学娟（江汉艺术职业学院）
副主编 ◎ 唐俊如（江汉艺术职业学院）
　　　　万　菲（江汉艺术职业学院）
参　编 ◎ 郭媛媛（江汉艺术职业学院）
　　　　李小佳（江汉艺术职业学院）
　　　　梅宇洁（江汉艺术职业学院）
　　　　周　娟（江汉艺术职业学院）
　　　　李　璐（江汉艺术职业学院）
　　　　李　芳（襄阳职业技术学院）
　　　　张　莹（宜春幼儿师范高等专科学校）
　　　　李　璀（江汉艺术职业学院）
　　　　周爱红（潜江市星城幼儿园）

华中科技大学出版社
http://press.hust.edu.cn
中国·武汉

图书在版编目(CIP)数据

幼儿园语言教育与活动指导/谭学娟主编. -- 武汉：华中科技大学出版社，2024.7. -- (高职高专"十四五"规划学前教育专业新标准实践型示范教材). -- ISBN 978-7-5772-0889-3

Ⅰ. G613.2

中国国家版本馆CIP数据核字第2024XJ3269号

幼儿园语言教育与活动指导
You'eryuan Yuyan Jiaoyu yu Huodong Zhidao

谭学娟　主编

丛书策划：周晓方　周清涛
策划编辑：袁文娣
责任编辑：林珍珍
封面设计：廖亚萍
责任校对：唐梦琦
责任监印：周治超

出版发行：华中科技大学出版社(中国·武汉)　　电话：(027)81321913
　　　　　武汉市东湖新技术开发区华工科技园　　邮编：430223
录　　排：孙雅丽
印　　刷：武汉科源印刷设计有限公司
开　　本：889mm×1194mm　1/16
印　　张：16.5
字　　数：408千字
版　　次：2024年7月第1版第1次印刷
定　　价：49.90元

本书若有印装质量问题，请向出版社营销中心调换
全国免费服务热线：400-6679-118　　竭诚为您服务
版权所有　侵权必究

高职高专"十四五"规划学前教育专业新标准实践型示范教材

总主编

蔡迎旗　华中师范大学早期教育学院院长，教授，博士生导师
　　　　教育部高等学校幼儿园教师培养教学指导委员会委员
　　　　中国教育学会学前教育专业委员会副理事长
　　　　学前教育"国培计划"首批专家和学前教育师范类专业认证专家

副总主编

（按照姓氏拼音排序）

邓艳华	衡阳幼儿师范高等专科学校	徐丽蓉	江汉艺术职业学院
刘丽伟	华中师范大学	杨冬伟	湖北工程职业学院
罗春慧	湖北幼儿师范高等专科学校	杨　龙	郑州幼儿师范高等专科学校
唐翊宣	广西幼儿师范高等专科学校	杨素苹	武汉城市职业学院
田兴江	重庆幼儿师范高等专科学校	叶圣军	福建幼儿师范高等专科学校
王任梅	华中师范大学	尹国强	华中师范大学
王先达	福建幼儿师范高等专科学校		

编　委

（按照姓氏拼音排序）

陈启新	三峡旅游职业技术学院	欧　平	衡阳幼儿师范高等专科学校
董艳娇	安阳师范学院	苏　洁	湖北幼儿师范高等专科学校
段　为	湖北艺术职业学院	孙丹阳	铜仁幼儿师范高等专科学校
俸　雨	武汉商贸职业学院	谭学娟	江汉艺术职业学院
郝一双	湖北商贸学院	田海杰	烟台幼儿师范高等专科学校
侯晓磊	合肥幼儿师范高等专科学校	王会明	湖北职业技术学院
焦　静	福建幼儿师范高等专科学校	王　梨	常州幼儿师范高等专科学校
焦名海	深圳信息职业技术学院	王　雯	华中师范大学
李　卉	华中师范大学	闫振刚	郑州升达经贸管理学院
李志英	三峡旅游职业技术学院	杨　洋	三峡旅游职业技术学院
廖　凤	湘南幼儿师范高等专科学校	张　娜	华中师范大学
刘翠霞	湖北工程学院	赵倩倩	湖北三峡职业技术学院
刘凤英	湘南幼儿师范高等专科学校	郑艳清	湖北幼儿师范高等专科学校
刘　艳	三峡旅游职业技术学院		

网络增值服务

使用说明

欢迎使用华中科技大学出版社人文社科分社资源网

1 教师使用流程

（1）登录网址：http://rwsk.hustp.com （注册时请选择教师用户）

注册 → 登录 → 完善个人信息 → 等待审核

（2）审核通过后，您可以在网站使用以下功能

浏览教学资源　建立课程　管理学生　布置作业　查询学生学习记录等

教师

2 学员使用流程

（建议学员在PC端完成注册、登录、完善个人信息的操作）

（1）PC端学员操作步骤

① 登录网址：http://rwsk.hustp.com（注册时请选择普通用户）

注册 → 完善个人信息 → 登录

② 查看课程资源：（如有学习码，请在"个人中心-学习码验证"中先验证，再进行操作）

选择课程

首页课程　>　课程详情页　>　查看课程资源

（2）手机端扫码操作步骤

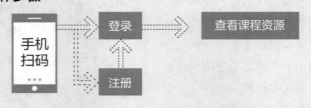

手机扫码 → 登录 → 查看课程资源
　　　　　↕
　　　　 注册

Abstract 内容提要

本书围绕高职院校学前教育专业人才培养目标，以幼儿园工作岗位为基础，以培养学前教育专业学生教学技能为目的，分"理论篇""实践篇""岗赛篇"三部分进行编写。理论篇介绍了幼儿园语言教育概述，幼儿园语言教育目标，幼儿园教育的内容、方法与实施途径等；实践篇阐述了幼儿园文学欣赏活动、幼儿园讲述活动、幼儿园早期阅读活动、幼儿园谈话活动、幼儿园听说游戏活动、渗透的幼儿园语言教育活动等活动的设计与实施；岗赛篇介绍了幼儿园语言教育活动方案设计、幼儿园语言教育活动说课设计、幼儿园语言教育评价等内容。

本书体例简明合理，内容体现了理论与实践的结合以及"岗课赛证"的有效结合，案例丰富多样，部分数字资源来源于幼儿园一线教师，凸显对学前教育专业学生应用能力的培养。本书既可作为高职院校学前教育专业学生的使用教材，也可作为在职幼儿园教师的参考资料。

总 序

  人生百年，立于幼学。学前教育是我国学校教育制度的奠基、国民教育体系的重要组成部分和重要的社会公益事业，其关系到我国千万儿童的健康快乐成长和家庭的和谐幸福，故我国各级政府高度重视，社会各界高度关注。推动学前教育普及、普惠和高质量发展已成为我国学前教育事业改革与发展的未来路向。

  幼儿园教师是决定幼儿园保育与教育质量的关键因素，是我国构建现代化、高质量的学前教育体系的根本保障。当前，我国学前教育事业发展的薄弱环节在于幼儿园教师队伍的建设。高质量的幼教师资来源于高水平的学前教师教育。为满足我国学前教育事业发展的迫切需求，我国颁布了《教师教育课程标准（试行）》《幼儿园教师专业标准（试行）》《新时代幼儿园教师职业行为十项准则》《学前教育专业师范生教师职业能力标准（试行）》等多项标准和文件，对我国幼儿园教师教育课程、专业素养、职业道德与行为、职业能力与岗位适应等进行规范与引导，以努力提升我国学前教师教育的整体质量与水平。

  当前，我国幼儿园教师起点学历有所提升。在职幼儿园专任教师中专科及以上学历比例超过了90%，其中近八成是专科学历。高职高专在我国幼儿园教师人才培养中具有举足轻重的地位，是我国学前教师教育的主力军。

  职业教育是我国国民教育体系和人力资源开发的重要组成部分，是培养多样化人才、传承技术技能、促进就业创业的重要途径。我国各级各类职业教育院校守正创新、锐意改革，大力提升职业教育办学质量和适应性，而打造职业教育精品课程与教材是提高职业教育办学质量和适应性的关键所在。华中科技大学出版社计划出版的"高职高专'十四五'规划学前教育专业新标准实践型示范教材"回应了我国学前教育事业发展之所急和职业教育事业发展之所需。本人受邀作为本套教材的总主编，深感荣幸且责任重大。通过跟出版社深度沟通、市场调研和全国学前教育专业相关院校教师专家的研讨，本套教材试图实现如下六个方面的创新与突破。

第一，坚持立德树人，创新教材理念。本套教材将以培养高素质专业化幼儿园教师为目标，坚持教材的思想性和先进性，把社会主义核心价值体系有机融入教材，精选对培养优秀幼儿园教师有重要价值的课程内容，将学前教育领域的前沿知识、教育改革和教育研究最新成果引入教学内容，加强中华优秀传统文化的渗透与融入，实现课程思政一体化，立德树人，德技并修。本套教材注重引导学习者树立正确的儿童观、教师观、教育观，以及长期从教、终身从教理念，塑造未来教师的人格魅力；加强职业道德教育和职业态度与行为的养成；着力培养学习者的社会责任感、创新精神和实践能力。

第二，分层分类设计，优化教材体系。本套教材从"教育信念与责任""教育知识与能力""教育实践与体验"三个维度，按照《教师教育课程标准（试行）》对幼儿园教师教育课程的要求，设计了"人文素养与思政类""保教理论与实践类""教师技能与艺术类"共三个层次40多本教材，分别着重培养学习者的人文科学素养与师德理念、幼儿园保育与教育职业能力以及幼儿园教师教育素养与艺术素养；强化教育实践环节，加强职业技能训练内容，编写教育见习、实习和研习手册，提供名师优秀教学案例；坚持育人为本，促使学习者"德、才、能、艺"全面发展，人才培养目标从促进就业、创业转变为促进人的全面发展和专业职业的可持续发展。

第三，"岗课赛证"并重，精选教材内容。本套教材的大纲与内容、拓展练习与教学资源库均依据我国幼儿园教师职前和职后教育、幼儿园教师职业与岗位准则、幼儿园教师资格制度、学前教育专业技能大赛等方面的相关标准和文件，实现"岗课赛证"一体化。本套教材坚持职前教育和职后培训贯通设计，在全面夯实学习者专业知识与能力的基础上，注重学习者职业道德与能力的培养和从业态度与行为的养成教育。另外，本套教材注重课前、课中与课后的整体设计，课前预习相关学习资源，课中精讲关键知识点，课后链接"岗课赛证"相关练习，以便于学习者巩固所学内容并学以致用，提升学习者的专业与职业综合素质以及职业与岗位适应能力，实现终身学习和发展。

第四，以生为本引导学习，完善教材体例。本套教材从"教"与"学"两个角度设置教材体例，使其符合学习者的学习、内化乃至实践应用的规律，具有启发引导性，也充分考虑了教材面向的主体——高职高专学生的学习特点，内容编排由浅入深，理论与实践并重，努力做到"教师好教，学生好学"；注重培养学习者对学前教育学科知识的理解和感悟，设计模拟课堂、情境教学、案例分析、技能训练、教学竞赛等多样化的教学方式，让学生增强学习兴趣，提高学习效率，实现学习能力、实践能力和创新能力的三重提升。

第五，数字技术强力支撑，丰富教材形式。本套教材注重将信息技术作为基础条件与支撑，构建丰富多彩、高质量的数字资源库，努力实现课程与教学资源的共建共享；实现"互联网+"教育和教材形态的多样化与数字化，将纸质媒介和电子媒介相结合，创设数字化的教育教学情境。教材中穿插的大量数字资源可以引导学习者在课前和课后拓展学习海量专业知识，培养学习者的数字化教育能力和数字化学习能力，做新时代高素质的数字化教育者和学习者。针对幼儿园管理与保教的特点，本套教材尤其注重提升学习者的信息素养和利用信息技术进行保育与教育、安全风险防控和质量管理的能力。

第六,"校社产教"多元合作,确保教材质量。为确保教材质量,我们特聘请全国开设学前教育专业的高职高专院校和本科高校中教学经验丰富、有较强影响力的专家及一线骨干教师担任每本教材的主编和副主编,拟定编写体例,给出编写样章,同时参与大纲和样章审定工作,总体把控书稿的编写进度与质量。参与编写工作的人员来自高校、行业领域和实践一线,实现"校社产教"不同领域的协同创新与深度合作。

当然,以上六个方面只是本人作为总主编对这套教材的美好期待与设想,这些想法能否真正实现,有赖于所有参编人员和编辑的共同努力,也有待广大读者的审读与评判。在本套教材编写的过程中,我们参阅、借鉴和引用了国内外大量科研成果和实践经验与案例。科研成果为教材提供了学术滋养,而实践经验与案例展示了当前我国学前教育改革与发展的生动样态,在此对这些成果的作者表示感谢。书中如有疏漏和不妥之处,敬请各位读者批评指正。

最后,我谨代表本套教材的所有编委和作者,衷心感谢本套教材的策划者——华中科技大学出版社人文社科分社社长周晓方,周社长对学前教育事业充满热情和信心,对教材的编写、出版和发行倾注了大量心血,还要感谢策划编辑袁文娣和其他各位编辑及相关工作人员。我们基于教材的首次合作渐趋默契和融洽。让我们携手共进,继续为我国学前儿童的福祉和学前教育事业的健康可持续发展贡献智慧与力量!

2023年5月
武汉桂子山·华中师范大学教育学院

Preface 前 言

一、编写目的

2017年10月,教育部印发的《普通高等学校师范类专业认证实施办法(暂行)》中"学前教育专业认证标准"强调课程内容体现学前教育的专业性,注重基础性、科学性、综合性和实践性,把社会主义核心价值观、师德教育有机融入课程教学中。2021年12月,教育部、国家发展改革委、财政部等九部门联合印发了《"十四五"学前教育发展提升行动计划》,实施该计划的重点任务之一为全面提升保教质量。编写团队结合《幼儿园教育指导纲要(试行)》《3—6岁儿童学习与发展指南》《幼儿园工作规程》等纲领性文件的要求,以培养应用型人才为导向,以立德树人为根本任务,以提高学生对幼儿语言理论知识的理解能力、提高学生的语言教育教学实践能力为宗旨,编写了本书。

二、编写意义

本书结合幼儿园工作岗位、幼儿园教师资格证考试以及学前教育专业技能大赛的要求,为学前教育专业学生提供更全面的理论与实践指导,促进学前教育专业"岗课赛证"融通,培养学生的语言活动教学知识和技能,以及在岗位、课程、技能大赛、教师资格证考试中的应用能力,全面提升学生的语言教学实践能力和综合素质。

三、主要特色与创新之处

(一)主要特色

1.体系完整,内容全面

本书以幼儿园工作过程为导向,构建"理论篇+实践篇+岗赛篇"的内容体系。其中,理论篇阐述了幼儿园语言教育的基本概念及意义、幼儿语言教育观、幼儿语言发展的特点,以及幼儿园语言教育活动目标、内容、方法与实施途径;实践篇阐述了各种幼儿园语言教育活动和渗透的幼儿园语言教育活动，全面、系统地阐述了幼儿园语言教育的内容和组织各种类型语言教育活动的方法；岗赛篇立足于"岗课赛证"，阐述了幼儿园语言教育活动方案设计、幼儿园语言教育活动说课设计和幼儿园语言教育评价等内容。

2.案例丰富、实用

本书依据高职学生的学习特点，提供了丰富的学习案例，设置"资料卡""聚焦案例""拓展阅读""活动视频""案例赏析"等栏目。学生可以结合案例进行理解，降低学习难度，提高自主学习能力。

3.校园合作，开发资源

为深化产教融合，编者与幼儿园合作开发学习资源。幼儿园教师负责录制诗歌、故事、讲述、听说游戏、早期阅读活动视频，收集教学案例；高校教师负责对这些资料进行整理和分析。

4.课后作业，理论实训相结合

课后作业包括两部分内容，即"自学自测"和"实践与实训"。部分作业为历年幼儿园教师资格证考试真题和学前教育专业技能大赛题目。"自学自测"部分注重理论知识检测，培养学生的自主学习能力。"实践与实训"部分注重教学实践，将实训任务具体化，以培养学生的语言教学实践能力和合作学习能力。

5.线上资源，自主学习

本书配套使用数字化教学资源，这些资源形式多样、内容丰富，既体现了学习方式的互动性、移动性，又丰富了教师的教学手段，提高了学生的学习效率。

6.融入思政，协同育人

为了落实立德树人根本任务，本书将课程思政要点自然地融入学习目标、正文内容、课后作业、数字资源，潜移默化地对学生进行思政教育。比如，宣扬优秀传统文化、文化自信、科学的儿童观和教育观等。

（二）创新之处

1.对接岗赛证，对点突破

本书编写过程体现了"岗课赛证"融合的理念。"实践篇"依据幼儿园典型语言教育活动任务，科学设计"幼儿园文学欣赏活动""幼儿园讲述活动""幼儿园早期阅读活动""幼儿园谈话活动""幼儿园听说游戏活动""渗透的幼儿园语言教育活动"六个项目。"岗赛篇"结合高等职业院校相关技能大赛要求和幼儿园教师资格证考试要求，设计"幼儿园语言教育活动方案设计""幼儿园语言教育活动说课设计""幼儿园语言教育评价"三个项目，培养学生设计教案、说课以及评课的能力。此外，本书加入的"说课"和"活动方案设计"等内容，也是一大亮点。

2.内容新颖，可操作性强

本书注重吸收幼儿园教师的最新研究成果和优秀教学案例，如"幼儿园早期阅读活动"这一项目增加了"前识字活动指导策略"和"前书写活动指导策略"等内容，这是其他教材所没有的。此外，在介绍各类语言教育活动时，本书详细介绍了多种具有较强可操作性的教学方法。如"幼儿园文学欣赏活动"和"幼儿园早期阅读活动"重点分析了图谱法、多媒体教学法、观察法、提问法、游戏法等教学方法的使用。

四、编写分工

本书编写团队由各高校幼儿园教育活动设计与指导的课程教师、幼儿园教师、学前教育专业实习学生组成。

本书由谭学娟担任主编，唐俊如、万菲担任副主编，郭媛媛、李小佳、梅宇洁、周娟、李璐、李芳、张莹、李璀、周爱红参与编写。具体分工如下：幼儿园语言教育概述（万菲）；幼儿园语言教育目标（郭媛媛）；幼儿园语言教育的内容、方法与实施途径（万菲）；幼儿园文学欣赏活动（谭学娟）；幼儿园讲述活动（李小佳）；幼儿园早期阅读活动（梅宇洁）；幼儿园谈话活动（周娟）；幼儿园听说游戏活动（唐俊如）；渗透的幼儿园语言教育活动（李璐）；幼儿园语言教育活动方案设计（李芳）；幼儿园语言教育活动说课设计（张莹）；幼儿园语言教育评价（谭学娟）；数字资源的编写和整理（李璀）；视频录制（周爱红）。此外，学前教育专业实习学生李雯雯、傅羡仙两位同学承担了部分收集案例和录制视频工作。潜江市星城幼儿园、甜橙树幼儿园、爱思幼儿园为编写团队提供了教学场地和人员支持。

在此，对所有参与人员表示感谢！

谭学娟

2024 年 6 月

目录

理论篇

项目一　幼儿园语言教育概述 002
　　任务一　幼儿园语言教育的基本概念及意义　　003
　　任务二　幼儿语言教育观　　005
　　任务三　幼儿语言发展的特点　　008

项目二　幼儿园语言教育目标 014
　　任务一　幼儿园语言教育目标的结构　　014
　　任务二　幼儿园语言教育目标的内容　　017
　　任务三　幼儿园语言教育的具体活动目标　　019

项目三　幼儿园语言教育的内容、方法与实施途径 025
　　任务一　幼儿园语言教育的内容　　025
　　任务二　幼儿园语言教育的方法　　027
　　任务三　幼儿园语言教育的实施途径　　029

实践篇

项目四　幼儿园文学欣赏活动 034
　　任务一　幼儿园文学欣赏活动概述　　034
　　任务二　幼儿园故事活动设计与实施　　041
　　任务三　幼儿园诗歌、散文欣赏活动设计与实施　　050

项目五　幼儿园讲述活动　072
任务一　幼儿园讲述活动概述　072
任务二　幼儿园看图讲述活动的设计与实施　078
任务三　其他类型讲述活动设计与组织　089

项目六　幼儿园早期阅读活动　107
任务一　幼儿园早期阅读活动概述　107
任务二　幼儿园早期阅读活动设计与实施　120

项目七　幼儿园谈话活动　141
任务一　幼儿园谈话活动概述　142
任务二　幼儿园谈话活动设计与实施　150

项目八　幼儿园听说游戏活动　161
任务一　幼儿园听说游戏活动概述　161
任务二　幼儿园听说游戏活动设计与实施　167

项目九　渗透的幼儿园语言教育活动　177
任务一　渗透的幼儿园语言教育活动概述　177
任务二　渗透的幼儿园语言教育活动的指导策略　180

岗 赛 篇

项目十　幼儿园语言教育活动方案设计　188
任务一　幼儿园语言教育活动方案设计的价值及原则　188
任务二　幼儿园语言教育活动方案设计步骤与方法　189

项目十一　幼儿园语言教育活动说课设计　201
任务一　幼儿园语言教育活动说课概述　201
任务二　幼儿园语言教育活动说课方法　203

项目十二　幼儿园语言教育评价　215
任务一　幼儿园语言教育评价概述　215
任务二　幼儿园语言教育评价内容　218
任务三　幼儿园语言教育评价方法　228

参考文献　239

数字资源目录

项目一　幼儿园语言教育概述
　　拓展阅读：全语言教育与中国幼儿语言教育的本土化　　007
　　拓展阅读：幼小衔接视角下幼儿语言能力培养探析　　011

项目二　幼儿园语言教育目标
　　拓展阅读：幼儿园语言教育活动目标的制定依据　　016
　　拓展阅读：修改活动目标的三种方法　　023

项目三　幼儿园语言教育的内容、方法与实施途径
　　拓展阅读：区域活动：幼儿语言教育新途径　　031

项目四　幼儿园文学欣赏活动
　　拓展阅读：学前儿童文学形式核心经验的内涵及发展阶段　　041
　　拓展阅读：学前儿童文学语汇核心经验的内涵及发展阶段　　041
　　拓展阅读：学前儿童文学想象核心经验的内涵及发展阶段　　041
　　拓展阅读：童话与幼儿的"泛灵"思想　　042
　　拓展阅读：优秀幼儿故事的特征　　043
　　拓展阅读：中班故事活动"香喷喷的轮子"　　044
　　拓展阅读：何时出示教具？　　047
　　拓展阅读：借助故事创编记录单进行自主创编　　049
　　拓展阅读：大班语言活动"乌鸦喝水"　　050
　　拓展阅读：儿歌欣赏　　051
　　拓展阅读：幼儿诗欣赏　　052
　　拓展阅读：幼儿散文欣赏　　052
　　活动视频：大班古诗活动"赋端午"　　052
　　拓展阅读：欣赏幼儿诗　　053
　　活动视频：大班诗歌活动"风在哪里"　　054
　　拓展阅读：图谱的形式　　057

　　　　拓展阅读：诗画创作　　　　　　　　　　　　　　　　　　　　　061
　　　　拓展阅读：小图标在幼儿园诗歌编排活动中的应用　　　　　　　　061
　　　　拓展阅读：散文《秋天的雨》　　　　　　　　　　　　　　　　071
　　　　活动视频：中班语言活动"香喷喷的轮子"活动方案　　　　　　　071
　　　　拓展阅读：童话故事《小马过河》　　　　　　　　　　　　　　071
　　　　拓展阅读：中班语言活动"春天的电话"活动方案　　　　　　　　071

项目五　幼儿园讲述活动

　　　　拓展阅读：学前儿童叙事性讲述核心经验的内涵及发展阶段　　　076
　　　　拓展阅读：学前儿童说明性讲述核心经验内涵及发展阶段　　　　076
　　　　活动视频：大班看图讲述活动"小兔搬家"　　　　　　　　　　　082
　　　　拓展阅读：借力思维导图助推中班幼儿说明性讲述能力发展的实践研究　091
　　　　拓展阅读：小班看图讲述活动"小花狗请客"　　　　　　　　　　106

项目六　幼儿园早期阅读活动

　　　　拓展阅读：阅读区活动指导　　　　　　　　　　　　　　　　　108
　　　　拓展阅读：图画书与插图画书、卡通漫画类作品的区别　　　　　109
　　　　微课：如何为幼儿挑选适宜的传统文化故事　　　　　　　　　　113
　　　　拓展阅读：传统文化图画书推荐　　　　　　　　　　　　　　　113
　　　　拓展阅读：学前儿童前阅读核心经验的内涵及发展阶段　　　　　114
　　　　拓展阅读：学前儿童前识字核心经验的内涵及发展阶段　　　　　115
　　　　拓展阅读：学前儿童前书写核心经验的内涵及发展阶段　　　　　116
　　　　拓展阅读：做好前书写准备，助力幼小衔接　　　　　　　　　　116
　　　　活动视频：大班早期阅读活动"菲菲生气了"　　　　　　　　　　122
　　　　拓展阅读：基于儿童视角探秘图画书结构　　　　　　　　　　　123
　　　　拓展阅读：开放式提问和封闭式提问　　　　　　　　　　　　　125
　　　　拓展阅读：大班前书写活动"白鹤日记"　　　　　　　　　　　　130
　　　　拓展阅读：教师如何引导幼儿自制图书　　　　　　　　　　　　131

项目七　幼儿园谈话活动

　　　　拓展阅读：各年龄段幼儿谈话能力的特点　　　　　　　　　　　142
　　　　拓展阅读：晨谈的价值与意义　　　　　　　　　　　　　　　　144
　　　　拓展阅读：正确区分谈话活动和讲述活动　　　　　　　　　　　149
　　　　拓展阅读：学前儿童谈话学习核心经验的内涵与发展阶段　　　　149
　　　　微课：如何开展幼儿园谈话活动　　　　　　　　　　　　　　　156

拓展阅读：大班谈话活动"我的进步"（活动方案） 160

项目八 幼儿园听说游戏活动
  活动视频：小班听说游戏活动"拉大锯" 168
  拓展阅读：幼儿园大班绕口令教学活动游戏化的探索 170
  拓展阅读：中班听说游戏活动"捉蜻蜓" 176
  拓展阅读：大班听说游戏活动"好玩的魔咒锁" 176

项目九 渗透的幼儿园语言教育活动
  拓展阅读：科学渗透"前识字"，为书面语言发展奠基 186

项目十 幼儿园语言教育活动方案设计
  拓展阅读：大班散文诗活动"夏天"（活动方案） 197

项目十一 幼儿园语言教育活动说课设计
  说课视频：幼儿园中班诗歌活动"月亮" 203
  数字资源：大班谈话活动"我就要毕业了"活动方案 211

项目十二 幼儿园语言教育评价
  数字资源：中班早期阅读活动"我喜欢我的小毯子"活动实录 233
  数字资源：大班排图讲述活动"拔河"活动视频 234
  拓展阅读：中班早期阅读活动"空中小屋"实录与评价 237
  拓展阅读：大班前书写活动"跳绳"实录与评价 238
  拓展阅读：大班早期阅读活动"会飞的抱抱"活动实录与评价 238

理 论 篇

- 项目一　幼儿园语言教育概述
- 项目二　幼儿园语言教育目标
- 项目三　幼儿园语言教育的内容、方法与实施途径

项目一　幼儿园语言教育概述

◇ **学习目标**

1. 理解幼儿园语言教育的基本概念，熟悉常见的语言教育观。
2. 了解幼儿园语言教育对幼儿发展的重要意义。
3. 掌握幼儿语音、词汇、语法和句子以及口语表达发展特点。
4. 认识到幼儿园语言教育的重要性，产生对幼儿教育的热爱之情。

◇ **情境导入**

Genie（全书中的人名均为化名）是一位在美国加利福尼亚州洛杉矶地区被长期虐待和忽视的女孩，她在20世纪70年代得到了社会的广泛关注。Genie在童年时期被父母长时间关在一间密闭的房间里。她在极度的社交和语言隔离环境下度过了童年时光，几乎没有机会进行正常的语言互动和学习。当被人们发现时，她已经15岁了，语言能力严重受损，无法像正常孩子一样理解和表达语言。Genie的案例揭示了在关键的语言发展时期缺乏适当刺激对儿童语言能力的影响。

当Genie被发现并开始接受关爱和教育时，已经过了语言发展的关键期。尽管她在接受治疗和教育后取得了一定的进步，学会了一些基本的词汇和语法，但她的语言能力仍然受到极大的限制。这一案例表明，即使是在极端的情况下，适当的干预和教育也可以在一定程度上帮助患者恢复受损的语言能力，但达到的具体效果可能会受到时间和环境的限制。

Genie的案例深刻地展示了早期语言刺激对于学前儿童语言发展的至关重要性。它提醒我们，学前儿童在语言发展的关键时期需要接受适当的语言刺激，以促进他们的语言能力提升和社交发展。这个案例也强调了家庭、教育机构和社会对学前儿童语言发展的重要性，只有确保学前儿童在关键时期获得良好的语言环境和教育条件，才能为他们的未来发展奠定坚实的基础。

任务一　幼儿园语言教育的基本概念及意义

一　幼儿园语言教育的基本概念

（一）语言和言语

语言和言语是幼儿园语言教育中绕不开的两个重要概念。正确认识语言和言语的区别与联系，有利于我们更好地开展幼儿园语言教育活动。

语言是指生物同类之间由于沟通需要而制定的具有统一编码、解码标准的声音讯号。人类的语言是以语音或字形为物质外壳、以词汇为建筑材料、以语法为结构规律构成的体系。语言一般包括音、形、义、词汇、语法等要素，以听得见的声音和看得见的形状的方式存在。因此，语言是一种社会约定俗成的用来交流情感、观念、思想等的符号表征系统。语言是一种抽象的符号系统，它包括语音系统、词汇系统和语法系统。语言也是特定社群传承下来的文化遗产。一般来说，各个民族都有自己的语言，世界上有多种语言，如汉语、日语、法语、俄语、西班牙语、阿拉伯语、英语等。目前，汉语是世界上使用人数最多的语言，英语是世界上使用范围最广的语言。

言语是个体借助语言传递信息、进行交际的过程。言语可分为外部言语和内部言语两大类。外部言语包括口头言语（对话言语和独白言语）和书面言语。言语交际的过程就是人们运用语言材料和语言规则进行交际活动的过程。在这个过程中，说话人通过语言来发送信息，听话人通过语言来接收信息。也就是说，使用一定语言的人，或者聆听，或者说话，或者阅读，或者书写，这些听、说、读、写的活动就是言语活动。

语言和言语是两个不同的概念。语言常常被看作一种交际工具、思维工具，而言语则是人们运用工具的结果。语言是社会现象，是语言学研究的对象；言语则是心理现象，是心理学研究的对象。

语言和言语相互影响、相互依存。一方面，语言是言语的组成和基础，言语活动依靠语言材料和语言规则进行，离开了语言，就不会有言语活动；另一方面，语言也离不开言语活动，因为语言是人在具体的语言交际中形成和发展起来的，言语是语言的实际运用形式，并且任何一种语言都必须通过言语活动发挥其作为交际工具的作用。如果某种语言不再被人们用来交际，那它最终将从社会上消失。

（二）幼儿园语言教育活动

幼儿园语言教育活动是指以幼儿为主体、以语言为主要教育内容的一种有目的、有计划的，旨在促进幼儿语言发展的活动。幼儿园教师通过语言教育活动，帮助幼儿打下良好的语言基础，培养他们的听、说、读、写等语言能力，同时激发幼儿对语言的兴趣，提高幼儿的语言能力和沟通技巧，为其未来的学习和社交打下坚实的基础。

二 幼儿园语言教育的意义

幼儿园语言教育在幼儿的成长过程中具有重要意义，它不仅影响着幼儿的语言能力，还关系到幼儿的认知、社交、情绪和文化传承等方面的发展。

（一）促进语言能力的发展

首先，幼儿园语言教育帮助幼儿打下扎实的语言基础。扎实的语言基础包括丰富的词汇量、准确的语法表达、流畅的语言组织能力等，这些都是幼儿未来进行学习和沟通的基石。幼儿园语言教育活动为幼儿提供了练习发音、学习词语、理解词义、学说句子的机会，通过各种活动帮助幼儿掌握基本语言能力。其次，幼儿园语言教育促进幼儿语言技能的全面发展。幼儿园语言教育活动为幼儿提供了语言模仿和语言学习的环境，幼儿通过听故事、看图画书、谈话、前书写等各种语言教育活动，综合发展听、说、读、写等语言技能。比如：在谈话活动中，幼儿学习如何倾听和交谈；在文学活动中，幼儿学习如何理解和表达；在听说游戏活动中，幼儿练习如何使用语言敏捷应变地听说。最后，幼儿园语言教育帮助幼儿学会使用礼貌用语，学说普通话，培养良好的语言习惯。

（二）提升认知水平

幼儿园语言教育对幼儿的认知能力发展具有重要的影响。通过语言教育活动，幼儿接触、学习和运用丰富的语言，有助于促进大脑神经元的连接和发展，促进大脑的整体发育。通过参与各种语言教育活动，如听故事、朗诵诗歌、讲述经历、看图画书等，幼儿可以锻炼记忆力，提高对事物的记忆和理解能力，发展逻辑推理、分类归纳等思维能力。语言也是创造思维的载体，幼儿园丰富的语言环境为幼儿提供了发挥创造力的舞台。在听说游戏活动、表演活动、创编活动等活动中，幼儿有机会通过语言表达自己的想法、想象和创意，从而激发想象力，培养创造力，提升艺术修养和审美能力。

（三）促进社会性发展

幼儿园语言教育在促进幼儿社会性发展方面起着至关重要的作用。首先，语言教育活动为幼儿提供了与同伴、教师、家长互动的机会。在语言交流中，幼儿学会表达自己的想法和需求，学会倾听他人、尊重他人、与他人合作，学会分享自己的感受、关心他人的感受，这为他们未来的社交和个人发展奠定了基础。其次，在语言教育活动中，教师引导幼儿学会沟通、交谈的方法，培养他们的沟通能力、交谈能力，帮助他们掌握人际交往的方法和技巧。最后，语言教育活动中的故事和图画书包含丰富的人际关系，有助于提高幼儿的社会交往能力。

（四）促进情绪情感的发展

丰富多彩的语言活动不仅能丰富幼儿的情感世界，还能提升他们的情感表达能力、情绪管理能力。

语言是表达情感的重要工具之一。通过语言教育活动，幼儿能够恰当地表达自己的情感和情绪，从而更好地与他人沟通。通过语言交流，幼儿能够表达快乐、悲伤、愤怒等情绪，让自己的内心世界得到理解和尊重。教师鼓励幼儿用语言来表达自己的需要和感受，这也有助于提高幼儿的自信心和自尊心水平。

语言教育活动在引导幼儿适当表达情感的同时，也培养了他们的情绪管理能力。通过学会使用恰当的言辞表达情绪，幼儿能够更好地控制自己的情绪，避免情绪爆发或过分压抑，促进身心健康发展。他们懂得通过语言沟通来缓解自己和他人的情绪，培养了良好的情绪管理能力，有利于建立积极的情感世界。

（五）推动民族文化传承

民族文化传承是幼儿园语言教育的重要使命之一。在语言教育活动中，教师通过讲解传统文化故事、传说和习俗等方式，引导幼儿了解传统文化，尊重和传承本民族文化。同时，教师还可以结合当地文化特色进行教学，让幼儿了解自己所在地区的文化传统和风土人情，培养他们的文化自信。

总之，幼儿园语言教育对于幼儿的全面发展具有重要意义。丰富的语言教育活动能够帮助幼儿掌握语言基础知识，培养幼儿的听、说、读、写等语言技能，促进他们的认知能力发展，提高他们的情绪管理能力，培养他们的文化传承意识。因此，教师应该重视幼儿园语言教育的作用和价值，努力为幼儿提供良好的语言教育环境和活动支持。

任务二　幼儿语言教育观

幼儿语言的教育与发展是早期教育中至关重要的一部分，对幼儿的整体成长和学习能力具有重大影响。在幼儿语言教育的探索中，主要存在以下几种观点。

一　完整的语言教育观

完整的语言教育观是当前国外儿童语言教育的一种新思潮。完整的语言教育观提倡自然、完整的语言学习，强调真实的语言情境，强调语言的交际意义，强调语言不是独立的系统，而是与认知、情绪、经验、学习欲望等紧密相连。在幼儿语言教育活动中，幼儿语言教育目标应是完整的，幼儿语言教育内容应是全面的，幼儿语言教育活动应是真实的、形式多样的。

(一)幼儿语言教育目标应是完整的

完整的幼儿语言教育目标应该包括培养幼儿听、说、读、写四个方面的情感态度、认知和能力。对于幼儿来说,主要是培养他们的听说能力和良好的听说行为习惯,同时使他们获得早期的读写技能,为他们进入小学进行正规的读写训练做好准备。

(二)幼儿语言教育内容应是全面的

全面的幼儿语言教育内容是指在幼儿语言教育中,既要引导幼儿学习口头语言,又要引导幼儿学习书面语言;既要让幼儿理解和运用日常交往语言,也要引导幼儿学习文学语言。

(三)幼儿语言教育活动应是真实的、形式多样的

幼儿语言教育需要为幼儿提供真实自然的语言环境以及多种活动形式。在幼儿园语言教育中,教师应当为幼儿提供尽可能丰富的语言环境,促进幼儿听、说、读、写能力的全面发展。

二、整合教育观

整合教育观是由美国儿童语言教育专家卡洛·乌尔福克和伦奇提出的。整合教育观把幼儿语言学习看成一个整合的系统,强调幼儿的语言能力是以整合的方式获得的。在整合教育观的指导下,幼儿语言教育要实现语言教育目标的整合,语言教育内容的整合,语言教育形式、方法和手段的整合等。

(一)语言教育目标的整合

语言教育目标的整合要求在制定幼儿语言教育目标时,既考虑情感、能力和知识方面的培养目标,也考虑与语言相关的其他领域的目标;同时,还需要考虑哪些语言教育目标可以在其他领域的教育中得以实现,使语言教育活动在促进幼儿语言发展的同时,促进幼儿其他方面的发展。

(二)语言教育内容的整合

整合教育观指出,幼儿语言发展有赖于三种知识的整合习得,即社会知识、认知知识和语言知识。当代幼儿语言教育内容是以这三种知识为主的整合。语言教育内容的整合要求教师在设计、选择教学内容时,充分考虑社会知识、认知知识和语言知识三者的有效整合。具体表现为以下两个方面的整合:一是语言领域内不同语言教育形式的整合,比如在谈话活动"我是特别的,我是最好的"中,幼儿既学会了用清晰连贯的语言进行讲述,又认识到了自己的特别之处;二是语言领域活动与其他领域活动的整合,比如教师在组织幼儿欣赏故事《小水滴旅行记》时,就可以将语言领域和科学领域联系在一起,让幼儿在欣赏故事的同时了解水的循环过程。

（三）语言教育形式、方法和手段的整合

语言教育目标和内容的整合，决定着语言教育形式、方法和手段的整合。从形式上看，语言教育应该是专门的语言教育活动和渗透的语言教育活动的整合；从方法和手段上看，语言教育应整合多种教学方法和教学手段，如直观教学法、情境教学法、多媒体教学法、观察法、讨论法等。

三 活动教育观

活动教育观是在皮亚杰关于"儿童的发展在与周围环境的交互作用中实现"的理论基础上发展起来的。幼儿语言教育的活动教育观具体体现在语言教育过程中以活动的组织形式来帮助幼儿学习语言，促进幼儿语言发展。教师要在活动中创设条件，吸引幼儿积极主动、生动活泼地参与语言活动，成为语言的学习者和创造者。

（一）在活动中充分发挥幼儿的主体性和教师的主导作用

教师开展语言教育活动时，要提供良好的语言教育环境，如生活或故事情境、操作材料、图画视频等，吸引幼儿参与；要通过启发式提问、讲述、提示等，引导幼儿探索环境、组织语言、进行表达。同时，教师要充分重视幼儿在活动中的主体性，考虑幼儿真实的语言发育水平，激发他们运用语言的兴趣，肯定他们表达的勇气，尊重幼儿语言运用的个体差异。

（二）在活动中给予幼儿充分运用语言的机会

幼儿的语言运用与周围环境密切相关，比如：在深秋看到变红的枫叶，幼儿会说"大树的脸变红了"；看到妈妈一绺卷曲的头发，幼儿会说"妈妈的头发像小猴子的尾巴"。所以，教师在语言教育活动中要引导幼儿在轻松愉悦的状态下，积极主动地运用语言，激发幼儿在活动环境中表达的欲望。

（三）丰富活动材料，促进幼儿的语言发展

幼儿语言能力的发展有赖于认知能力的发展，而认知能力的发展离不开动作能力的发展。因此，丰富的活动材料可以激发幼儿表达的欲望，让幼儿获得愉悦成功的体验。比如，教师在语言教育活动"猜猜我有多爱你"中，为幼儿提供图画书、妈妈的照片、角色扮演道具等，幼儿自然开始了阅读理解和表达，其扮演妈妈的角色时会模仿角色本身的语言，甚至创造性地进行语言表达。

拓展阅读：
全语言教育与中国幼儿语言教育的本土化

任务三　幼儿语言发展的特点

一　语音发展特点

语音是口头语言的物质载体，是由人类发音器官发出的表达一定语言意义的声音。掌握本民族语言的全部语音包括准确分辨语音和正确发出语音两方面。从出生到6岁，幼儿的发音器官逐渐完善，逐渐从发唇音过渡到发舌面音、舌根音、舌尖音，最终清楚地发出全部语音。

3岁左右的幼儿听觉的分辨能力和发音器官的调节能力都还比较弱，正确的发音一般比听音困难。韵母发音的准确率高，声母的发音准确率则相对较低。幼儿较难掌握的声母是z、c、s、zh、ch、sh、r、n、l。由于发音器官发育还不完善，他们还不能协调地运用发音器官的某些部位（如唇、齿、舌等），不能掌握某些发音方法，以至发音不清楚、不准确。比如，把"这个"说成"介个"，把"老师"说成"老西"，把"哥哥"说成"多多"等。

4岁的幼儿发音器官已基本发育完善，能正确地发出大多数音。4岁是培养幼儿正确发音的关键期。如果坚持练习，幼儿基本能够掌握本民族语言的全部语音。只是容易混淆个别相似音，这时成人要及时地进行纠正，并示范正确的发音。

5—6岁幼儿的发音器官已发育完善，能够辨别声音的细微差别，能做到发音正确、咬字清楚，能区分四声音调，并能按照语句的内容和情感的需要调节自己的音调。6岁左右的幼儿语音意识开始形成，他们会有意识地注意自己的发音，同时也喜欢挑剔其他小朋友和周围成人的错误发音，并能纠正、评价别人的发音。

二　词汇发展特点

词汇是词的总汇，是语言的基本构成要素。3—6岁幼儿词汇的发展主要表现在词汇数量不断增加、词类范围不断扩大且掌握各类词类的顺序不同、对词义的理解不断确切和深化等方面。

（一）词汇数量不断增加

幼儿期是个体对词汇的掌握最为迅速的时期，词汇数量随着幼儿年龄的增长而不断增加。一般来说，3岁幼儿能掌握1000个左右的词汇，4岁为1600~2000个，5岁为2200~3000个，6岁增至3000~4000个。几乎每年增加1000个，呈现直线上升趋势。需要注意的是，词汇数量的增加往往与幼儿的生活经验和教育影响直接相关，因此个体差异很大。

（二）词类范围不断扩大且掌握各类词类的顺序不同

不同类别的词抽象概括的程度是不同的，可对应分为实词和虚词两大类。实词的意义比较具体，而虚词的意义比较抽象。一般来说，幼儿先掌握实词（名词、动词、形容词、数词、量词等），后掌握虚词（副词、介词、连词等）。其中实词中最先和大量掌握的是名词，3—6岁幼儿所掌握的词汇中，名词占51%左右，动词占20%～25%，形容词占10%左右。对于其他的实词和大部分虚词，幼儿掌握得较晚，它们在幼儿所掌握的词汇中所占比例也较小。

3—4[①]岁幼儿掌握的词汇以名词、动词为主。这个时期幼儿运用形容词的能力虽然有了初步发展，但只能掌握表明事物具体形态或性质的词，如"大""小""多""少""高""低"等，运用起来也不够准确。量词方面，常常用"个"来代替所有的量词。

4—5岁幼儿开始大量使用形容词，并逐渐掌握少量的、常见的副词和连词。4岁左右的幼儿能掌握"第一""第二"等序数词，但对量词和表示时间概念的词，运用起来还不够准确，经常混淆。

5—6岁幼儿能够掌握一些概括性的词汇和具有因果关系、条件关系的词汇，如"交通工具""植物""因为……所以……""虽然……但是……"等。他们能够区分大多数常用的同义词和反义词以及部分关联词。

（三）对词义的理解不断确切和深化

由于幼儿理解事物具有简单性和表面性的特点，难以理解较复杂、较深刻的词，所以幼儿最初对词的理解是不全面的，只是掌握了词的部分意思，在词的理解上容易出现"泛化"和"窄化"现象。"泛化"指幼儿用相对特殊的词指代更为广泛的范围内的物体、动作或事件。比如，看见一切有毛的四只脚的动物，包括小猫、小兔等，都会叫"狗狗"。"窄化"指幼儿缩小词义的范围，将词和他最初接触的某个具体事物相联系，比如，说"桌子"时仅指家里的某张桌子。

幼儿对词义的理解逐渐确切和加深。最初，幼儿掌握的主要是一些具体的词汇，后来逐渐掌握一些抽象性和概括性比较强的词，如"家具""玩具""植物"等。因此，幼儿首先理解的是意义比较具体的词，之后逐渐过渡到理解具有抽象性和概括性的词。对于多义词，幼儿通常不能掌握它的全部意义，只能掌握其最基本最常用的意义。比如，幼儿对"春天"的最初理解是"花开草绿"，之后逐渐把"春天"理解为季节的名称，知道"春夏秋冬"的顺序。

三、语法和句子发展特点

（一）语法和句子

语法是组词成句的规则。句子能够表达一个相对完整的意思，它由词语词组根据一定的规则组合而成。掌握大量词汇后，幼儿要将这些词汇按照一定的语法规则合乎逻辑地组织起来，这样

[①] 本书参考《3—6岁儿童学习与发展指南》的分类方法，将3—6岁幼儿划分为3—4岁、4—5岁、5—6岁三个阶段进行介绍。

才能准确地表达语言的含义,与他人进行实际的交流。

(二)幼儿语法结构

幼儿对语法结构的掌握表现在语句的发展和理解两个方面。

在语句的发展方面,幼儿对语法结构的掌握表现主要体现在以下几点。第一,句型由简单到复杂,从单词向双词句以及多词句、联合复句、偏正复句过渡。2岁左右,简单句逐渐增加;之后,复合句发展,但简单句使用比例较大。第二,从陈述句向疑问句、感叹句、祈使句等多种形式的句子过渡。第三,从无修饰句向有修饰句过渡,到4岁时有修饰句开始占主导。

在语句的理解方面,幼儿在说出某种句型之前,一般已经理解这种句子的意思。但低龄幼儿对一些复杂的句子,如被动句、双重否定句等,还不能正确理解。随着年龄的增长,幼儿对各种类型句子的理解能力逐渐增强。

(三)各年龄段幼儿语法和句子发展特点

3—4岁幼儿能用词组成简单的句子表达自己的意思,但句子经常不完整,常出现没有主语的短语或用词颠倒的情况,如"妈妈,玩"。随着年龄的增长,逐渐从不完整句过渡到完整句。但这一阶段幼儿的句子通常较短,由2~3个词组成。幼儿使用的简单句的主要类型有:主谓结构句,如"宝宝睡觉";谓宾结构句,如"找妈妈";主谓宾结构句,如"宝宝坐车"。此外,这时幼儿的语句简单,没有修饰成分。

4—5岁的幼儿已理解大多数句型,能够正确地运用简单句表达,复合句的比例也有所增加,出现并列结构的句子,如"波波喜欢散步和跳舞"。随着句子中所含词汇量的增加,有修饰的句子开始占主导,幼儿能更准确地使用名词和形容词来描述事物,并能够正确地使用名词的单复数形式,比如会说"大象是大的动物""大人们都在吃饭"。同时,这一阶段的幼儿对某些词义还不能完全理解,对句子形式的掌握也不够准确,所以常出现用词不当、逻辑混乱的现象。

5—6岁的幼儿已基本掌握各种句型,会运用各种复合句,句子更加丰富多样,出现因果复句、转折复句、条件复句,但其掌握的复合句仍以并列复句为主,如"我的妈妈很勤奋,也很聪明"。这一阶段幼儿的疑问句、祈使句、感叹句等逐渐增加,但对被动句的理解比较晚。句子的含词量逐渐增加,表达趋于完整、连贯。开始使用更多的形容词、副词和其他语言元素来丰富句子,如"这只猫非常友好和可爱"。此外,他们能够更准确地表达自己的想法和感受,使用更具体和生动的语言描述事物,如"我感到非常兴奋,因为明天是我的生日"。

四 口语表达发展特点

口语表达是指个体通过口头语言表达自己的思想与情感的过程。随着词汇量的迅猛增加和对语法结构的逐渐掌握,幼儿的口语表达能力逐步提升。幼儿口语表达的发展主要表现为以下两点:一是从对话言语逐渐过渡到独白言语;二是从情境性言语逐渐过渡到连贯性言语。

（一）从对话言语逐渐过渡到独白言语

3岁以前，幼儿的言语基本都是采用对话的形式。到了幼儿期，独白言语才逐渐发展起来。

（二）从情境性言语逐渐过渡到连贯性言语

情境性言语的特点是句子不完整，前后不连贯，往往伴有手势或面部表情，常以肢体动作来辅助和补充，听者只有结合当时的具体情境，边看、边听、边猜想才能理解说话者的思想内容。

连贯性言语的特点是句子完整，前后连贯，逻辑性强，听者仅从言语本身就能完整理解说话者所要讲的内容和想要表达的思想。

3岁前幼儿的言语基本都是情境性言语。3—4岁幼儿虽然能够独自向别人讲述一些事情，但他们的讲述常常没头没尾，句子很不完整，而且主题不明确，只罗列具体事物或现象等。例如，一个3岁的幼儿向别人讲自己昨天去动物园游玩的经历时说："看到很多猴子，在树上，打架，嗯，好疼，小猴子叫了。妈妈带我去的，还有奶奶。"幼儿一边讲一边做出一些手势和表情。这就是情境性言语。3—4岁幼儿由于词汇贫乏，表达也显得不流畅。

4—5岁的幼儿已逐渐能就某个主题展开谈话，并注意事物之间的联系和讲述的重点，在叙述事情时已初步有了时间、地点、起因、经过和结果的概念；能独立讲故事或叙述一些事情，连贯性、完整性有所提升。

5—6岁幼儿语言的连贯性增强，情境性减少。无论是在讲述自己经历的事情，还是在看图讲述或复述故事时，其情境性言语的成分都比较少，成人不再需要根据幼儿的表情、动作等推测他的意思。他们逐渐掌握语法结构，可以与成人自由地进行言语交流。6岁幼儿一般能清楚、流畅、完整、准确地讲故事或表达自己的体验，顺利地运用语言与同伴或成人交流，并开始掌握和运用一些说话的技巧，如表情、语调、速度等。

了解3—6岁幼儿语言发展特点，可以帮助教育者和家长更好地支持幼儿的语言发展，为他们提供适当的语言激励和指导。在日常交流中，成人应注意校正幼儿的发音，丰富幼儿的词汇，培养幼儿连贯、完整地表达的能力。成人在与幼儿交流时，也要注意自己的言语表达，注意不要使用宝宝语言，如"喝水水""吃饭饭"，尽量用规范的普通话与幼儿交流。

拓展阅读：
幼小衔接视角下幼儿语言能力培养探析

项目小结

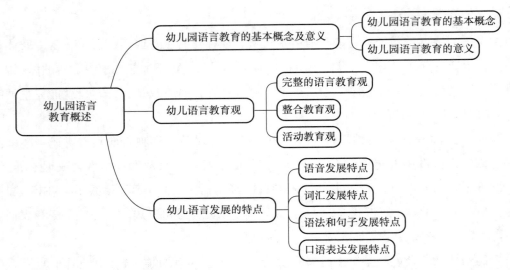

本项目任务一分析了幼儿园语言教育的基本概念及意义；任务二分析了一些常见的幼儿语言教育观，如完整的语言教育观、整合教育观、活动教育观；任务三从语音、词汇、语法和句子、口语表达等方面分析了幼儿语言发展的特点与规律，旨在引导家长与教师立足不同的幼儿语言教育观，充分重视幼儿语言教育，共同促进幼儿语言能力发展。

自学自测

一、选择题

1.幼儿最先掌握的词汇种类是（　　）。

A. 名词、动词　　　B.动词、形容词　　　C.形容词、连词　　　D.介词、助词

2.学前儿童言语的发展主要表现在（　　）。

A.口语的发展　　　B.书面语的发展　　　C.阅读的发展　　　D.书写的发展

3.幼儿口语表达能力的发展表现为（　　）。

A.从对话言语逐渐过渡到独白言语　　　B.从情境性言语逐渐过渡到连贯性言语

C.从间断性言语到情境性言语　　　D.从独白言语到对话言语

4.言语活动包括（　　）几个方面。

A.听说读写　　　B.读写　　　C.听说　　　D.听说读

5.心理学研究发现，（　　）岁以上的幼儿一般能掌握本民族的全部语音。

A.3　　　B.4　　　C.6　　　D.5

6.掌握本民族语言的全部语音，包括准确分辨语音和（　　）语音两方面。

A. 正确发出　　　B.听　　　C.模仿　　　D.学习

二、简答题

1. 请简述幼儿园语言教育的意义。
2. 请简述幼儿语音发展特点。
3. 请简述幼儿词汇发展特点。
4. 请简述幼儿句子和语法发展特点。

三、材料分析题

家长A：我家宝宝老是把姑姑说成"嘟嘟"，是不是舌头太长？

家长B：我的孩子已经三岁了，说话还颠颠倒倒，也说不完整，是不是语言发展太慢了？

幼儿A给小朋友们讲故事："老猫恶狠狠地对老鼠说'我已经把你的女儿吃到肚子里去了！'然后，老猫哈哈大笑起来！老鼠妈妈和老鼠爸爸晕倒在地上。"

请结合幼儿语言发展特点分析以上案例。

项目二　幼儿园语言教育目标

◇ **学习目标**

1. 了解幼儿园语言教育目标的含义、层次结构、分类结构。
2. 掌握幼儿园语言教育的总目标。
3. 理解幼儿园语言教育的年龄阶段目标，掌握具体活动目标表述的要求。
4. 能够根据幼儿园语言教育的总目标、年龄阶段目标、具体活动目标的基本要求设计或修改相关活动。
5. 积极主动地学习幼儿园语言教育目标，感受学前教育的科学性与严谨性。

◇ **情境导入**

小娜与其他同学一起在幼儿园见习时，园长时常告诉他们要"眼里有幼儿，心中有目标"。这里的目标是什么？为什么要学习幼儿园语言教育目标？

请自主阅读《3—6岁儿童学习与发展指南》中幼儿在语言领域的学习与发展目标，并尝试说说自己对幼儿园语言教育目标的理解。

任务一　幼儿园语言教育目标的结构

一、幼儿园语言教育目标

幼儿园语言教育目标是幼儿园教育总目标在语言领域的具体化，它指出了幼儿园语言教育所要达到的预期效果。

幼儿园教师必须明确幼儿园语言教育要使幼儿的语言获得什么样的发展、达到何种水平、实现什么目标。明确幼儿园语言教育目标，能更好地指导幼儿园教师确定幼儿园语言教育的内容以及所采取的方法和途径，同时它也是语言教育效果的评价标准。

二 幼儿园语言教育目标的具体结构

（一）幼儿园语言教育目标的层次结构

幼儿园语言教育目标的层次结构包括总目标、年龄阶段目标、具体活动目标。

1. 幼儿园语言教育的总目标

幼儿园语言教育的总目标是幼儿园语言教育总的任务要求，是语言教育期待达到的最终结果。幼儿园语言教育的总目标与幼儿园教育的总目标方向一致，前者是后者的有机组成部分。同时，因为幼儿园语言教育的总目标是针对幼儿的语言发展提出的，所以具有较强的特殊性和相对独特性。正如语言在幼儿的全面发展中发挥着不可替代的作用，幼儿园语言教育的总目标在幼儿园教育总目标中同样处于独特且重要的地位。

2. 幼儿园语言教育的年龄阶段目标

幼儿园语言教育的总目标最终需要落实到不同年龄阶段的幼儿身上，但不同年龄阶段幼儿的身心发展水平和学习能力不同，因此，有必要将总目标中的内容进一步细化为不同年龄阶段幼儿的语言发展目标，从而保证在教育实践中循序渐进地促进幼儿语言能力的发展。

3. 幼儿园语言教育的具体活动目标

幼儿园语言教育的具体活动目标一般是由教师自己确定的，该目标有两层含义：一是幼儿园各项教育活动所指向的幼儿语言发展目标，比如，日常生活活动有培养幼儿与同伴或成人对话能力的目标，自由游戏活动有培养幼儿依据角色特点对话和讲述能力的目标，体育活动有培养幼儿听从指令做动作能力的目标；二是特指语言教育活动的目标，比如，谈话活动的目标、讲述活动的目标、听说游戏活动的目标、文学作品欣赏活动的目标、早期阅读活动的目标等。

其中，幼儿园语言教育的总目标和年龄阶段目标是由国家专门机构以规章条文或纲领性文件形式制定的概括目标，而幼儿园语言教育的具体活动目标是由任课教师根据纲领性文件、幼儿园特色课程、幼儿实际情况等灵活制定的具体目标。三者是相辅相成的关系：幼儿园语言教育的总目标可以分解为幼儿园语言教育的年龄阶段目标，幼儿园语言教育的年龄阶段目标可以分解为幼儿园语言教育的具体活动目标；幼儿园语言教育的具体活动目标的达成可以促进幼儿园语言教育的年龄阶段目标的达成，进而促进幼儿园语言教育的总目标的达成。

（二）幼儿园语言教育目标的分类结构

幼儿园语言教育目标的分类结构是指教育目标的组合构成。依据幼儿语言能力的构成、语言教育的作用和语言教育的目标本身，幼儿园语言教育的总目标可以划分为四个方面，即倾听行为培养目标、表述行为培养目标、欣赏文学作品行为培养目标和早期阅读行为培养目标。通过分类目标，培养幼儿在听、说、理解、前阅读、前书写等方面综合的语言能力。

1. 倾听行为培养目标

①喜欢听各种声音，能够积极并有礼貌地听成人或同伴对自己讲话，养成注意倾听的习惯。

②能集中注意力、保持安静、有礼貌地听他人讲话；能够听懂他人对自己所说的话，并能执行简单的指令和要求；能够分辨不同的声音、声调、语调，并做出适当的反应。

③知道当别人对自己讲话时要认真听。

2. 表述行为培养目标

①喜欢与他人进行交流；愿意向他人表达自己的想法和感受；在集体发言中能够落落大方；能主动与人打招呼，态度热情、亲切。

②会说普通话，语句连贯，吐字清晰，语调准确，声音自然，能根据场合以及谈话对象需要调节语气或声调；能结合情境感受不同语气、语调所表达的不同意思。

③懂得用语言表达自己的意思，能够用适当的音高和音量说话。

3. 欣赏文学作品行为的培养目标

①喜欢并愿意聆听和阅读文学作品，积极参加文学作品的学习活动。

②能理解文学作品的内容，体会文学语言的美；初步了解不同文学作品的特点和构成；学习文学作品中规范的语言；能用自己的方式（语言、动作、音乐、表演、美术等）表达对文学作品的理解；能表演、编构故事，仿编、创编儿歌等文学作品。

③在聆听和阅读文学作品中增长知识，感受文学作品中语言的艺术美。

4. 早期阅读行为培养目标

①喜欢跟读韵律感强的儿歌、童谣；喜欢把听过的故事或看过的图书讲给别人听，或与他人一起谈论图书和故事的有关内容；对图书和生活情境中的标识、文字符号感兴趣；愿意用图画和符号表达自己的愿望和想法。

②知道爱护图书，理解图画书上的文字是和画面对应的；能了解图画书中画面的意思；知道图画书和生活情境中的文字符号表示一定的意义。

幼儿园语言教育的总目标需要一步一步地落实到不同年龄段幼儿身上，所以幼儿园语言教育的总目标中的内容，在不同年龄段的幼儿身上应有不同的体现，这样才能在教育实践中循序渐进地促进幼儿的语言能力发展。例如，对于幼儿倾听行为的培养，着重点应放在对语音、语调的感知和对语义内容的理解上，应当通过教育逐步帮助他们掌握以下几种倾听技能：有意识地倾听，即能够集中注意地倾听；辨析性倾听，即能够分辨听到的不同内容；理解性倾听，即能够掌握听到的主要内容，准确连接上下文的意思。对于不同年龄段的幼儿，幼儿园语言教育的具体活动目标要求是有一定差异的，一般来说，小班幼儿为有意识地倾听，中班幼儿为辨析性倾听，大班幼儿为理解性倾听。

 拓展阅读：
幼儿园语言教育活动目标的制定依据

任务二　幼儿园语言教育目标的内容

一　幼儿园语言教育的总目标内容

幼儿园语言教育的总目标，又叫幼儿园语言教育的终期目标，是幼儿园语言教育任务要求的总和。它是幼儿园教育总目标的组成部分。

2001年教育部印发《幼儿园教育指导纲要（试行）》，其明确规定了语言领域的总目标："乐意与人交谈，讲话礼貌"；"注意倾听对方讲话，能理解日常用语"；"能清楚地说出自己想说的事"；"喜欢听故事、看图书"；"能听懂和会说普通话"。

二　幼儿园语言教育的年龄阶段目标内容

年龄阶段目标，即幼儿某一年龄（班）的教育目标。幼儿园语言教育的年龄阶段目标是语言教育目标的具体化。

《3—6岁儿童学习与发展指南》从倾听与表达、阅读与书写准备两方面阐述了幼儿园语言教育的年龄阶段目标。

（一）倾听与表达

1. 认真听并能听懂常用语言

3—4岁	4—5岁	5—6岁
·别人对自己说话时能注意听并做出回应。 ·能听懂日常会话。	·在群体中能有意识地听与自己有关的信息。 ·能结合情境感受到不同语气、语调所表达的不同意思。 ·方言地区和少数民族幼儿能基本听懂普通话。	·在集体中能注意听老师或其他人讲话。 ·听不懂或有疑问时能主动提问。 ·能结合情境理解一些表示因果、假设等相对复杂的句子。

2. 愿意讲话并能清楚地表达

3—4岁	4—5岁	5—6岁
·愿意在熟悉的人面前说话，能大方地与人打招呼。 ·基本会说本民族或本地区的语言。 ·愿意表达自己的需要和想法，必要时能配以手势动作。 ·能口齿清楚地说儿歌、童谣或复述简短的故事。	·愿意与他人交谈，喜欢谈论自己感兴趣的话题。 ·会说本民族或本地区的语言，基本会说普通话。少数民族聚居地区幼儿会用普通话进行日常会话。 ·能基本完整地讲述自己的所见所闻和经历的事情。 ·讲述比较连贯。	·愿意与他人讨论问题，敢在众人面前说话。 ·会说本民族或本地区的语言和普通话，发音正确清晰。少数民族聚居地区幼儿基本会说普通话。 ·能有序、连贯、清楚地讲述一件事情。 ·讲述时能使用常见的形容词、同义词等，语言比较生动。

3. 具有文明的语言习惯

3—4岁	4—5岁	5—6岁
·与别人讲话时知道眼睛要看着对方。 ·说话自然，声音大小适中。 ·能在成人的提醒下使用恰当的礼貌用语。	·别人对自己讲话时能回应。 ·能根据场合调节自己说话声音的大小。 ·能主动使用礼貌用语，不说脏话、粗话。	·别人讲话时能积极主动地回应。 ·能根据谈话对象和需要，调整说话的语气。 ·懂得按次序轮流讲话，不随意打断别人。 ·能依据所处情境使用恰当的语言。如在别人难过时会用恰当的语言表示安慰。

（二）阅读与书写准备

1.喜欢听故事、看图书

3—4岁	4—5岁	5—6岁
·主动要求成人讲故事、读图书。 ·喜欢跟读韵律感强的儿歌、童谣。 ·爱护图书，不乱撕、乱扔。	·反复看自己喜欢的图书。 ·喜欢把听过的故事或看过的图书讲给别人听。 ·对生活中常见的标识、符号感兴趣，知道它们表示一定的意义。	·专注地阅读图书。 ·喜欢与他人一起谈论图书和故事的有关内容。 ·对图书和生活情境中的文字符号感兴趣，知道文字表示一定的意义。

2.具有初步的阅读理解能力

3—4岁	4—5岁	5—6岁
·能听懂短小的儿歌或故事。 ·会看画面，能根据画面说出图中有什么、发生了什么事等。 ·能理解图书上的文字是和画面对应的，是用来表达画面意义的。	·能大体讲出所听故事的主要内容。 ·能根据连续画面提供的信息，大致说出故事的情节。 ·能随着作品的展开产生喜悦、担忧等相应的情绪反应，体会作品所表达的情绪情感。	·能说出所阅读的幼儿文学作品的主要内容。 ·能根据故事的部分情节或图书画面的线索猜想故事情节的发展，或续编、创编故事。 ·对看过的图书、听过的故事能说出自己的看法。 ·能初步感受文学语言的美。

3.具有书面表达的愿望和初步技能

3—4岁	4—5岁	5—6岁
喜欢用涂涂画画表达一定的意思。	·愿意用图画和符号表达自己的愿望和想法。 ·在成人提醒下，写写画画时姿势正确。	·愿意用图画和符号表现事物或故事。 ·会正确书写自己的名字。 ·写画时姿势正确。

任务三　幼儿园语言教育的具体活动目标

一　幼儿园语言教育目标的构成

一个完整的幼儿园语言教育目标必须包括三个方面的内容，也就是我们通常所说的三维目标，即认知目标、能力目标、情感态度目标。下面详细阐述三维目标的内涵、常用术语、表述的基本方式。

（一）三维目标的内涵

认知目标是指理解和掌握知识、发展智力方面的目标，主要是幼儿思维方面的变化。

能力目标是指活动过程中某种能力的形成方面的目标，侧重于幼儿能力和技能的发展。

情感态度目标是指幼儿在学习过程中所体验和发展的情感、态度和价值观等方面的目标，如形成耐心而有礼貌地倾听别人说话的习惯、乐意在集体面前讲述自己经历的事情等。

> **聚焦案例**
>
> 中班语言活动"调皮的太阳"的三维目标如下。
> 认知目标：理解散文诗内容，理解"催""用劲儿""躲"的含义。
> 能力目标：能用动作、绘画等形式表现散文诗的内容。
> 情感态度目标：体验散文诗中太阳的调皮、活泼，感受散文诗的意境美。

（二）目标表述的常用术语

认知目标表述的常用术语有"认识""知道""理解""领会""明白"等。

能力目标表述的常用术语有"能（能够）""用（运用、使用）""学（学会）""讲出""表达"等。

情感态度目标表述的常用术语有"养成……习惯""萌发……意识""感受（体验）……乐趣/喜悦/美"等。

（三）目标表述的基本方式

目标表述的基本方式有生成性目标、表现性目标、行为目标等。

1. 生成性目标

生成性目标又称"展开性目标"或"过程目标"，即用行为变化的过程来表述目标，包含一些表示行为过程的动词。生成性目标关注幼儿活动中表现出的思考问题和解决问题的过程，而不是特定的行动结果。

培养幼儿解决问题的能力和激发幼儿的兴趣等方面的目标以生成性目标的形式表述比较有效。

> **聚焦案例**
>
> ①添画、制作一本连环画故事书《小蝌蚪找妈妈》。
> ②即兴创编舞蹈动作，有表情地表达。
> ③制作一本加上自己续编的故事书《拔萝卜》。
> ④观赏万年红，了解其外观特征，感受万年红的美。

2. 表现性目标

表现性目标关注的是每个幼儿在具体的教育情境中的个性化表现。也就是说，它关注的是幼儿在活动中表现出来的某种程度上的创造性反应，而不是事先规定的幼儿行为变化的结果。表现性目标是一种非特定目标，不注重具体的、可观测的行为变化。

表现性目标适合表述难以用具体行为来表述的情感目标、中远期目标，以及培养幼儿想象力、创造力的目标。

> **聚焦案例**
>
> ①适应幼儿园的集体生活，情绪稳定、愉快。
> ②产生关心自己、关心同伴的愿望。

3. 行为目标

行为目标即用一系列可以观察或测量的幼儿学习行为变化的结果表述目标，其常用一种可以具体观察或测量的幼儿行为来对教育效果进行预测。行为目标适合表述认知和技能目标。

行为目标的构成要素包括核心行为、行为产生的条件、行为表现标准。其中，核心行为通常用一个操作性的动词表示，如"说出""分辨""指出""区分""唱"等；行为产生的条件即核心行为产生的特定情境或方式，如"语言表达""图片"；行为表现标准即学习的结果或幼儿行为的变化，通常用"尝试""会""能""掌握"等表示。

> **聚焦案例**
>
> 幼儿园语言教育的能力目标通常有"会根据图片内容讲故事"。其中"会"是行为表现标准；"讲故事"是核心行为；"图片内容"是行为产生的条件。

二 幼儿园语言教育目标表述的基本要求

（一）目标内容要全面且重点突出

目标全面是指幼儿园语言教育目标要包含认知识、能力、情感态度三个维度，三者缺一不可。重点突出指幼儿园语言教育目标要突出相应的领域，如本课程突出语言领域。

> **聚焦案例**
>
> 小班谈话活动"我最喜欢吃的水果"的原活动目标如下。
> ①认识各种常见的水果；掌握各种常见水果的名称、颜色、形状及味道。
> ②知道常吃水果有益健康；愿意多吃水果。
> ③喜欢与同伴、老师围绕"我最喜欢吃的水果"这一话题交谈。
> 后将活动目标进行了调整。
> ①围绕"我最喜欢吃的水果"这一话题交谈，用简短的句子谈论自己最爱吃的水果名称、颜色、形状及味道。
> ②学会安静地听别人讲话，不随便插话，不随意打断别人的话。
> ③喜欢与同伴、教师交谈。
> 可以看出，修改之后的活动目标更能凸显语言领域的核心目标和本次活动的重点，使得活动实施过程始终紧扣核心价值，语言教育领域特征更明显，活动效果自然也会更好。

（二）采用以学习者为行为主体的目标表述方式

之前的教材大多从"教师的教"这一角度出发表述活动目标，表述教师期望通过教育活动帮助幼儿获得的学习效果，常用"教育""引导""鼓励""帮助""激发""使"等字眼来表述"教师的教"。这样的表述方式强调的是教师在教育活动中的角色与作用，容易促使教师过多地关注自己的"教"，注重考虑"教什么""怎么教"，而忽略"幼儿的学"。

目前，表述目标内容都倾向于以学习者（幼儿）为行为主体，即以幼儿应习得的各种行为来表述活动的目标，表述幼儿通过活动应该达到的能力水平。常用"学会""喜欢""感受""说出""创编""理解""感受""萌发""能"等词语来表述"幼儿的学"。这种幼儿视角的表述方式指明了幼儿通过学习应该达到的发展要求，突出了幼儿的主体地位，表现出对幼儿个体体验及个性化发展的关注，体现了尊重幼儿、以幼儿发展为本的教育思想。同时，幼儿视角下的表述方式能够帮助教师转变传统教育观念和思维方式，关注活动中幼儿的行为和表现。

> **聚焦案例**
>
> 中班语言领域讲述活动"山羊开店"活动目标之前的表述如下。
> ①能用动作表现故事中"拎、捧、背、托"等动词。
> ②培养幼儿在集体中认真、较耐心地倾听他人讲述的习惯。
> 后将活动目标进行了调整。
> ①能用动作表现故事中"拎、捧、背、托"等动词。
> ②愿意在集体中认真、较耐心地倾听他人讲述。
> ③理解故事内容,并能根据图片完整讲述故事。
> 可以看出,修改后的活动目标从幼儿视角表述,且活动目标内容更加全面。

(三) 目标表述应具体、明确和可操作

目标表述应具体、明确、可操作,在教育实践中,有教师照搬照抄《幼儿园教育指导纲要(试行)》或《3—6岁儿童学习与发展指南》中的目标,往往忽视了这些文件里的目标是需要长期的教育培养才能达成的年龄段目标,直接照搬并不利于指导和调控教学过程。我们在制定具体活动目标时,要以《3—6岁儿童学习与发展指南》为标准,但同时也要将其中的目标进行细化,调整为可以观察和测量的幼儿具体的行为表现。

> **聚焦案例**
>
> 大班诗歌活动之前的活动目标表述如下。
> ①理解儿歌《春风》。
> ②激发幼儿阅读儿歌的兴趣和创造力。
> ③喜欢儿歌,喜欢春天。
> 后将活动目标进行了调整。
> ①理解儿歌的主要内容,知道春风给大地带来的变化。
> ②能够用动作、绘画、朗诵等方式创造性地表现春风。
> ③愿意参与儿歌欣赏活动,热爱春天。
> 可以发现,修改后的目标更加具体、明确,也更具可操作性。

(四) 目标表述的语言应精练

表述目标要用书面语言,不宜口头化,表述应清晰明了、文字简洁、字斟句酌,以有限的字数清楚表达幼儿在本次活动中应达成的目标。

聚焦案例

以下是两例表述不合适的活动目标。

例1：了解爸爸妈妈喜欢吃什么、喜欢做什么。

例2：知道青蛙长什么样子、住在哪里。

修改后如下。

例1：知道父母的饮食偏好、兴趣爱好。

例2：知道青蛙的外貌特征、生长环境。

 拓展阅读：
修改活动目标的三种方法

项目小结

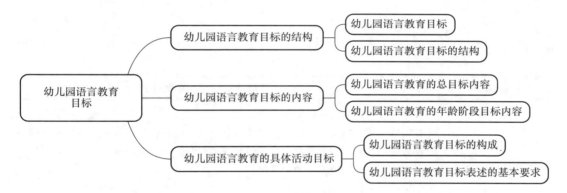

本项目任务一分析了幼儿园语言教育目标的层次结构及分类结构，层次结构主要包括总目标、年龄阶段目标、具体活动目标；分类结构包括倾听行为培养目标、表述行为培养目标、欣赏文学作品行为培养目标和早期阅读行为培养目标，以培养幼儿在听、说、理解、前阅读、前书写等方面综合的语言能力。任务二分析了幼儿园语言教育目标的总目标以及《3—6岁儿童学习与发展指南》提出的语言领域年龄阶段目标内容。任务三分析了幼儿园语言教育中三维目标的内涵、常用术语，重点分析了幼儿园语言教育目标表述的基本要求，如目标表述内容要全面且重点突出，采用以学习者为行为主体的目标表述方式，目标表述应具体、明确和可操作，目标表述的语言应精练等。

自学自测

一、选择题

1. 幼儿期是语言发展，特别是（　　）语言发展的重要时期。
   A. 口语　　　　B. 书面　　　　C. 对话　　　　D. 独白

2. "能有序、连贯、清楚地讲述一件事情"是（　　）的语言教育活动目标。
   A. 小班　　　　B. 中班　　　　C. 大班　　　　D. 以上都是

3. 下列属于幼儿园语言教育目标的是（　　）。
   A. 能认读拼音字母　　　　　　　　B. 能清楚地表达自己想说的事
   C. 能认读一定数量的汉字　　　　　D. 能正确书写常用汉字

4. "听不懂或有疑问时能主动提问"是（　　）的语言教育活动目标。
   A. 小班　　　　B. 中班　　　　C. 大班　　　　D. 以上都是

二、简答题

1. 请简述幼儿园语言教育的总目标。
2. 请简述幼儿园语言教育目标表述的基本要求。

实践与实训

实训要求与形式	分析以下活动目标存在哪些问题
实训材料	1. 大班语言活动"荷叶姐姐的伞" ①在看看讲讲中感受散文诗的语言美，愿意用自己喜欢的方式表达对散文诗的喜爱。 ②在教师的引导下，愿意结合生活经验想象荷叶姐姐伞下的动物与同伴分享的快乐。 2. 小班谈话活动"我喜欢的玩具" ①学习安静地倾听他人讲话。 ②能够介绍玩具特征。 ③爱惜玩具、分享玩具。
实训记录	

项目三　幼儿园语言教育的内容、方法与实施途径

◇ **学习目标**

1. 了解幼儿园语言教育的内容；掌握幼儿园语言教育的方法。
2. 理解幼儿园语言教育的实施途径。
3. 重视幼儿园语言教育中传递的价值观和意识导向，为幼儿选择积极向上的语言教育内容并采用科学、恰当的教育方法。

◇ **情境导入**

"一天，笨笨狼到湖边去散步。湖边的景色很美，笨笨狼边走边唱：'我是一只来自北方的狼……'走呀走，突然他看见树底下有一个鸡蛋。他捡起鸡蛋，心想：哈哈！我要用这个蛋孵出一只鸡，然后就可以美美地吃上一顿了。笨笨狼回到家里，做了个窝，把鸡蛋放在窝里，孵了起来。过了一段时间，笨笨狼感觉蛋壳里开始一动一动的。没过多久，哇！蛋壳破了，小鸡毛茸茸的脑袋钻出来，把笨笨狼吓了一跳。……"

《笨笨狼捡到一个蛋》是一个有趣的图画书故事，你打算通过什么样的方法和途径与孩子们一起欣赏这个故事呢？

任务一　幼儿园语言教育的内容

幼儿园语言教育涵盖一系列旨在促进幼儿倾听、理解、发音、学说普通话、表达、交谈、阅读、书写能力的活动，旨在通过讲故事、阅读图画书、游戏、谈话、讲述等多种方式，全面促进幼儿的语言发展和综合能力的提升。以下是幼儿园语言教育的常见内容。

一　基础语言技能

（一）普通话

说好普通话、发展口语能力对于处于语言发展关键期的幼儿来说有着极其重要的意义。养成说普通话的习惯，能为幼儿掌握规范的语言文字打下良好的基础。

（二）听力理解

听力理解包括理解简单的指示、理解故事情节和日常对话。经常让幼儿听故事、指令或与幼儿进行简短的对话，能够提高幼儿的听力理解能力；进行各种听力游戏，如听音辨物、听音猜动物等，能够锻炼幼儿的听力和注意力；听故事后提出简单的问题让幼儿回答，能够培养幼儿的倾听习惯和思维能力。

（三）语音学习

语音学习主要包括听音和正确发音两个方面。语音学习主要是引导幼儿听音辨音，进行语音练习，帮助他们正确发音和模仿语音，提高他们的语音准确性。

（四）词汇和句子

词汇方面，引导幼儿学习基础词汇，包括日常生活用语中的动词、名词等，扩大他们的词汇量；进行词语游戏，如词语拼图、词语接龙等，让幼儿在游戏中学习和巩固词汇。句子方面，帮助幼儿学习构建简单的句子，理解句子结构和语法规则，提高他们的语言表达能力。

（五）口语表达

口语表达包括清晰发音、正确用词和完整表达等。通过讲故事、角色扮演、小组讨论等活动，帮助幼儿提高口语表达能力。比如，活动中引导幼儿用简单、清晰的语言表达自己的感受、想法和观点，或者引导幼儿用语言描述周围的事物、人物或事件。

（六）学会谈话

学会谈话主要包括学会与人交谈，以及学会交谈的规则和方法。教师应引导幼儿关注周围环境及生活中的变化，交流自己身边的信息；引导幼儿学习与人交谈的规则和方法，培养其与人交往的能力。

二、前阅读、前书写和前识字技能

（一）前阅读

前阅读主要是引导幼儿阅读简单的图画书，了解图画书的基本内容，学会阅读的基本方法，初步通过多种方式表达对阅读内容的理解，形成并表达自己的看法，对人物特征和内容主旨做出评判。

（二）前书写

前书写是幼儿在接受正式的书写教育前，根据在环境中习得的书面语言知识，通过涂鸦、图画、像字而非字的符号、接近正确的字等形式进行书写与表达。前书写是幼小衔接工作中重要的组成部分。

（三）前识字

前识字主要是引导幼儿获得有关符号和文字的功能、形式和规则上的意识，并在有目的、有意义的情境中初步习得符号和文字。

任务二　幼儿园语言教育的方法

《幼儿园教育指导纲要（试行）》指出："教师应成为幼儿学习活动的支持者、合作者、引导者。"幼儿园教育是教师以多种形式，有目的、有计划地引导幼儿生动、活泼、主动活动的教育过程，教师应采用适宜的方法进行幼儿园语言教育。幼儿园语言教育的方法包括情境创设法、直观教学法、游戏法、表演法、互动交流法等。

一　情境创设法

情境创设法指教师在教学过程中为幼儿创设一个具体、生动、形象的学习情境，并通过合适的方式把幼儿完全带入情境之中，让幼儿在具体情境的启发下有效地学习。幼儿园语言教育中，教师创设各种情境，引导幼儿在情境中运用语言与他人互动和交流，提高语言表达能力和语言理解能力。

> **聚焦案例**
>
> 诗歌活动"绿色的梦"中，教师带领幼儿看墙壁上绿色的风景，有感情地说："在一个晚上，大家都做了一个绿色的梦。小兔子梦到了绿绿的草地，草地上开满了五颜六色的花儿；青蛙梦到了绿绿的荷叶，荷叶下有小鱼游来游去；瓢虫梦到了绿绿的叶子，叶子上是圆滚滚的露珠……孩子梦到了绿色的天空，他在绿色的天空里飞翔。"根据诗歌里描绘的场景，教师提前把活动室布置成了一个绿色的世界，让幼儿感受到优美、温馨的氛围，这样的意境同样有助于幼儿对诗歌内容进行理解和欣赏。

二　直观教学法

直观教学法主要是通过实物、图片、模型、图谱等媒介材料帮助幼儿建立形象思维，激发幼儿学习语言的兴趣，让幼儿直观地理解语言，提高语言理解能力。直观教学法包括演示法、直观教具法、多媒体教学法、图谱法等。下面简单介绍多媒体教学法和图谱法。

（一）多媒体教学法

幼儿园语言教育中的多媒体教学法是利用多媒体资源如图片、音频、视频等辅助语言教学的方法。具体包括图片展示、音频播放、视频观看、互动多媒体软件和数字板书等。这些方法可以激发幼儿的视觉和听觉能力，帮助幼儿学习和理解语言，提高他们的语言表达和交谈能力。

需要注意的是，多媒体画面丰富多彩，信息纷繁多样，易使幼儿的注意力受无关刺激的干扰而转移。在多媒体技术运用过程中，素材的选择宜精不宜多，选择与活动关联最紧密的即可。此外，在制作多媒体课件时，教师既要考虑幼儿的生活经验和认知特点，又要考虑服务活动内容的中心环节以及重难点，力求活动重点突出，内容简洁明了，还要注意视听结合，激发幼儿的兴趣，为幼儿提供自主交流的平台。

> **聚焦案例**
>
> 幼儿的思维具有具体形象的特点，其对事物的认识往往受到具体事物外在的形象、特征等影响。在"小螃蟹找工作"活动中，教师利用"泡泡""小螃蟹的身体""两个大钳子"这几种简单的多媒体动画素材，将需要幼儿理解的内容凸显出来，让幼儿能够直接感知小螃蟹的特征。

（二）图谱法

图谱法是将文字转换为图片，或将图片和少量文字结合在一起，为幼儿呈现作品结构和内容的一种方法。幼儿受年龄限制，生活经验缺乏，对语言文字的理解能力弱。教师通过生动有趣、惟妙惟肖的图片，将文学作品中关键情节与人物进行结构化展示，可以加深幼儿对语言和作品的理解，引导幼儿自主阅读、理解和表达。

三、游戏法

游戏法是指教师运用游戏的形式开展语言教育活动。这能激发幼儿的兴趣，提高幼儿的学习积极性和参与度，让幼儿在轻松愉快的氛围中，学习准确发音、丰富词汇、练习句型，学会描述和讲述并形成早期阅读技能。

四、表演法

表演法是指在教师的指导下，幼儿扮演文学作品中的人物，根据作品情节的发展，通过对话、动作、表情等再现文学作品，以提高口语表达能力的一种方法。使用表演法时需要注意以下几点：表演的内容应有情节且适合幼儿；表演的目的要明确，应适当排练；表演前布置表演场景、准备表演道具和化装用品；教师要鼓励幼儿运用生动有趣的语言、表情和动作大胆表演。如在大班早期阅读活动"逃家小兔"中，教师扮演兔妈妈，小朋友扮演小兔子，师生一起表演故事。

五 互动交流法

互动交流法是指让幼儿根据自身的生活经验进行交流、共同探讨问题答案的方法。互动交流法具体包括对话活动、小组活动、伙伴合作任务、讨论和分享等。通过这些方法，幼儿可以在与他人的交流中使用语言，提高语言理解、表达和回应的能力，培养合作能力和交流习惯。要注意的是，教师在互动交流中扮演着引导者和支持者的角色，为幼儿提供支持和鼓励，激发幼儿的参与和表达热情，并提供适当的语言指导和反馈。

> **聚焦案例**
>
> 在大班欣赏儿歌《青蛙歌》的活动中，教师启发幼儿感知并讨论数字儿歌的特点。教师提出问题，让幼儿与同伴讨论这首儿歌有什么特点、与以前学习的儿歌有什么不同、儿歌中青蛙的数量有什么变化，以及儿歌中哪些地方是重复的。

任务三 幼儿园语言教育的实施途径

幼儿园语言教育的实施途径主要有两种：一是专门的语言教育活动；二是渗透的语言教育活动。

一 专门的语言教育活动

专门的语言教育活动主要指集体教学活动。集体教学活动是实施幼儿园语言教育的主要途径。它为幼儿提供了一个有组织、有导向性的学习环境。通过有目的、有计划的集体活动，幼儿可以获得系统的语言学习机会，在积极的学习氛围中与教师和同伴进行语言交流，发展语言能力。幼儿园专门的语言教育活动主要包括以下几种。

（一）文学欣赏活动

文学欣赏活动是指围绕幼儿文学作品开展的一系列活动，比如故事活动、诗歌和散文欣赏活动。这些活动能为幼儿提供全面的语言学习机会，如培养幼儿的倾听能力和习惯、培养幼儿理解作品的能力、发展幼儿的语言表达能力、培养幼儿对文学作品的兴趣等。

故事活动能为幼儿提供语言输入和理解的机会，激发幼儿想象力和创造力，提供语言模型和表达范例，传递文化和价值观，全面促进幼儿的语言发展。故事活动组织的形式主要有听故事、复述故事、表演故事、续编故事、创编故事等。

诗歌和散文欣赏活动能够培养幼儿的语音韵律感和语言节奏感，丰富幼儿的词汇量，提升幼儿的语音准确性，并提高幼儿的语言表达能力。

（二）讲述活动

讲述活动能够为幼儿创设正式的口语表达情境，使幼儿有机会在班级里表达自己对某一图片、实物或情境的认识和看法。讲述活动主要培养幼儿认真倾听的习惯和完整、连贯、清楚表述的能力，促进其独白言语的发展。讲述活动的主要形式有实物讲述、图片讲述、经验讲述和情境讲述。实物讲述指用语言描述实物的外形、性质、习性、用途或使用方法等。图片讲述是让幼儿观察并讲述单幅或多幅图片中的相关内容，比如时间、地点和人物的外貌、表情、姿态、动作等。经验讲述即讲述自己亲身经历或间接了解的人、事、物等。情境讲述指讲述情境中的人物、事件、对话、动作、心理活动等。

（三）早期阅读活动

早期阅读活动是指幼儿阅读标识、符号、文字和图画书等材料的活动。早期阅读活动旨在培养幼儿的阅读兴趣和理解能力，使幼儿拥有初步的阅读能力和书写准备技能等。早期阅读活动的内容主要包括前阅读、前识字和前书写三个方面。教师通过组织前阅读、前识字和前书写活动，帮助幼儿形成书面语言的意识和敏感性，激发幼儿学习和运用书面语言的行为，为后期正式的书面语言的学习打下良好的基础。

（四）谈话活动

谈话活动是一种有目的、有计划地组织幼儿交谈的语言教育活动。谈话活动旨在创造一个良好的语言环境，帮助幼儿学习倾听别人的谈话，学习围绕一定的话题进行谈话，习得与别人交流的方式和规则，培养人际交往的能力。

（五）听说游戏活动

听说游戏活动是幼儿学习语言的有效途径，让幼儿在宽松的游戏氛围中主动学习和运用语言。听说游戏活动是一种特殊形式的语言教育活动，它将语言与游戏结合起来，引导幼儿在游戏中积极主动地练习语音、学习词汇、练习口语表达。在听说游戏活动中，幼儿需要与他人合作解决问题、制定规则、进行协商等，促进他们的语言交流和合作能力的发展。比如，在"接车厢"听说游戏活动中，教师引导幼儿正确地使用反义词；再如，在"盖楼房"听说游戏活动中，幼儿不仅能积累词汇，还能学习用含有"越来越"内容的句式说话。

二 渗透的语言教育活动

渗透的语言教育活动是指将语言学习融入日常生活和各种活动中，让幼儿在自然的环境中不知不觉地学习和运用语言。渗透的语言教育活动能充分利用幼儿的各种生活和学习经验，在真实的生活情境中为他们提供广泛的、各种各样的学习语言的机会，使其更好地运用语言获得新的生活经验和其他方面的学习经验，同时能更好地体现语言教育的个性化，做到因材施教。常见的渗透的语言教育活动包括以下几种。

（一）日常生活中的语言教育

日常生活中的语言交往是真实的语言交往环境，幼儿可以有更多的机会与教师、同伴、家长交流，积累自己的语言经验。日常生活中的语言教育具有随机性，没有固定的组织形式，不受时间、地点、人数等限制，内容丰富，因此幼儿进行语言实践的机会很多。例如，在用餐时间、玩耍时间或户外活动中，教师可以与幼儿进行简单的对话，引导他们用语言表达需求、感受和观点。

（二）区域活动中的语言教育

幼儿园区域活动中的自主活动为幼儿提供了自由交流和表达的机会。如在建构区，活动前幼儿讨论搭建的材料、主题和方法，当幼儿搭建出一样东西后，教师可以请幼儿讲述作品的名称、搭建的技巧等。

拓展阅读：
区域活动：幼儿语言教育新途径

（三）游戏活动中的语言教育

游戏是幼儿自主自愿组织或参与的活动，幼儿在游戏中毫无压力，能够轻松自由地表达与交谈。在自由游戏中，语言成为幼儿与同伴交往、合作、分享的工具，也成为指导和调节自己选择游戏内容、游戏伙伴和游戏材料等行为的工具。比如：角色游戏中，幼儿能与同伴随意进行交流，与同伴协商、讨论与合作；表演游戏中，幼儿自由选择角色，积极地运用语言表现情节和对话。

（四）五大领域活动和主题活动中的语言教育

在其他领域的活动中，语言也是幼儿学习的工具。比如，在数学活动中，准确的语言表达有利于幼儿正确感知和理解抽象的数学概念，提高幼儿对数学知识的认知和表达能力，增强幼儿学习数学的有意性和目的性。

（五）环境创设中的语言教育

丰富、互动性强的语言环境，能激发幼儿讲述的愿望。比如，在幼儿园或活动室创设书面语言学习的环境，贴上带有图画和文字的标签，标识物品和区域的名称，引导幼儿在日常活动中通过观察标签，学习和使用相关的词汇和语言表达。

项目小结

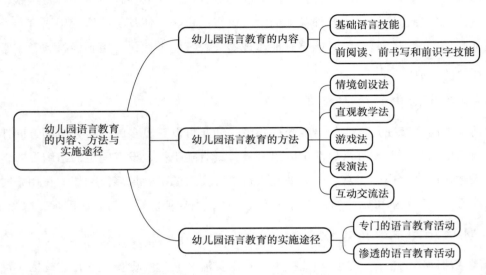

本项目任务一分析了幼儿园语言教育的内容，包括基础语言技能，前阅读、前书写和前识字技能；任务二重点介绍了幼儿园语言教育的方法，如情境创设法、直观教学法、游戏法、表演法、互动交流法等；任务三分析了幼儿园语言教育的实施途径，包括专门的语言教育活动和渗透的语言教育活动。专门的语言教育活动主要指集体教学活动，渗透的语言教育活动主要通过日常生活、区域活动、游戏活动、五大领域活动和主题活动、环境创设活动渗透语言教育的目标和内容。

自学自测

一、名词解释

情境创设法　多媒体教学法　互动交流法

二、简答题

1. 请简述幼儿园语言教育的内容。
2. 请简述幼儿园语言教育的方法。
3. 请简述幼儿园语言教育的实施途径。

实 践 篇

- 项目四　幼儿园文学欣赏活动
- 项目五　幼儿园讲述活动
- 项目六　幼儿园早期阅读活动
- 项目七　幼儿园谈话活动
- 项目八　幼儿园听说游戏活动
- 项目九　渗透的幼儿园语言教育活动

项目四 幼儿园文学欣赏活动

◇ **学习目标**

1. 了解幼儿园文学欣赏活动的概念、特点和价值。
2. 理解幼儿园文学欣赏活动的目标和内容。
3. 了解幼儿园故事、诗歌、散文欣赏活动素材的选择要求。
4. 理解幼儿园故事、诗歌、散文欣赏活动的设计和组织要点。
5. 树立科学的儿童观和教育观,并能够根据幼儿的年龄特点和身心发展特点,选择合适的文学作品,设计和组织完整的故事、诗歌、散文欣赏活动。
6. 在设计教案、模拟授课的活动中坚定职业信念,产生热爱幼儿教师职业的情感。

◇ **情境导入**

同学们在幼儿园见习时,纷纷尝试组织语言活动。王想说他给幼儿的小朋友们讲了一个故事,但程小晓表示这不是故事活动也不是语言活动。你赞同程小晓的说法吗?想一想,给幼儿讲故事、为幼儿朗诵诗歌或者带领幼儿反复念诵诗歌是组织语言活动吗?在实际生活中,我们应怎样组织故事活动、诗歌活动?

任务一 幼儿园文学欣赏活动概述

一、幼儿园文学欣赏活动的概念与特点

(一)幼儿园文学欣赏活动的概念

《幼儿园教育指导纲要(试行)》明确指出:"引导幼儿接触优秀的儿童文学作品,使之感受语言的丰富和优美,并通过多种活动帮助幼儿加深对作品的体验和理解。"优秀的幼儿文学作品会

对幼儿的成长产生全方位的促进作用。凡适合幼儿的心理发展水平、接受能力和阅读能力的文学作品都是优秀的，包括幼儿故事、幼儿诗歌、幼儿散文等多种体裁。

幼儿园文学欣赏活动是以3—6岁幼儿为对象，围绕某个具体的文学作品设计组织的语言教育活动类型。其主旨在于引导幼儿感知、欣赏文学作品，表达自己对文学作品的理解与想象，并能创造性地运用语言。因此，幼儿园文学欣赏活动是包含理解美、欣赏美、表现美以及表达自己对文学作品的理解和想象的系列层次活动。

（二）幼儿园文学欣赏活动的特点

1. 围绕文学作品开展一系列活动

幼儿对文学作品的学习，不是简单的倾听活动或者听说活动，而是教师引导幼儿围绕文学作品开展一系列丰富多彩的活动，即包括教师讲述，幼儿倾听欣赏、表达讲述、朗诵、复述、表演、绘画、创编故事等一系列递进的有层次的活动，一步步引导幼儿与文学作品进行深入互动。比如，在大班故事活动"老鼠嫁女"中，教师引导幼儿通过倾听、想象、复述、续编、绘画等多种形式与作品互动。

2. 整合相关学习内容

《幼儿园教育指导纲要（试行）》指出"各领域的内容相互渗透""幼儿园的教育内容是全面的、启蒙性的"。幼儿文学作品内容涵盖健康、语言、社会、科学、艺术等各个领域。教师在设计幼儿园文学欣赏活动时，应围绕文学作品与其他学科进行内容上的整合，促进幼儿全方位的发展。比如，在中班语言活动"月亮姑娘做衣裳"中，幼儿通过听故事了解月亮姑娘做衣裳的趣事，并初步感知月相变化及原因，有效地整合了科学领域的知识。

3. 提供多种与文学作品相互作用的途径

幼儿的学习方式主要是直接感知、实际操作和亲身体验，语言教育活动自然也不例外。教师应结合文学作品特点，为幼儿提供与文学作品互动的机会。比如，引导幼儿通过表演、游戏、绘画、歌舞等操作性手段与作品深入互动，激发学习兴趣，在多形式的互动活动中获得对文学作品的理解和感受。例如，在大班故事活动"梨子小提琴"中，教师将《梦幻曲》作为背景音乐贯穿其中，引导幼儿感受音乐和童话的意境美；再如，在小班诗歌活动"蒲公英"中，幼儿边做游戏边朗诵诗歌。

二 幼儿园文学欣赏活动的价值

（一）促进幼儿语言能力的发展

优秀的幼儿文学作品语言生动、形象、优美，具有极强的感染力和吸引力。幼儿文学欣赏活动不仅能帮助幼儿积累文学语言、提高语言感受力，还能借助准确、优美、生动的词句丰富幼儿的词汇量和句型量。优秀的文学作品能为幼儿提供全面的语言学习机会，发展其语言能力。幼儿听故事、欣赏诗歌可以培养倾听的习惯和能力，幼儿讲故事、表演故事能提高口语表达能力，并练习正确的发音。有些结构性较强的文学作品还能让幼儿进行创造性表达，如仿编诗歌、续编故事等。

（二）培养幼儿良好的品格和行为习惯

优秀的幼儿文学作品向幼儿传递着真善美，使幼儿获得精神上的满足、情感上的愉悦，同时也陶冶着他们的性情，幼儿在与这些文学作品互动的过程中获得心灵的滋养与人格的成长。如欣赏《小马过河》时，幼儿学会勇敢、自信、遇到困难动脑筋；欣赏《东郭先生和狼》时，幼儿可以认识狼的狡猾凶残、东郭先生的糊涂愚蠢、老农的机智果断。欣赏幼儿文学作品时，幼儿常常被作品中的角色形象感染，产生崇拜心理，进而去模仿角色的行为。比如，幼儿在学习诗歌"小牙刷，顶呱呱，早晚亲我小嘴巴，牙膏沫，白花花，清洁牙齿笑哈哈"后，养成早晚刷牙的习惯。

（三）发展幼儿的想象力

幼儿文学作品通过夸张、比喻、拟人、变形等手段塑造生动鲜活的形象、曲折的情节，为幼儿提供了广阔的想象空间，能促进其想象力的发展。如诗歌《太阳蹦上来了》，将日出的景象变成一个有趣的童话——太阳娃娃有着粉红的脸庞，海燕、海风、海雾、浪花的吻让太阳娃娃高兴地蹦上高高的蓝天。诗歌运用拟人和排比的手法，将日出这一景象写得十分传神。在聆听与欣赏的过程中，幼儿被诗歌中所描绘的景象吸引，不由得跟随作品一起去想象。

（四）丰富幼儿的知识经验

优秀的幼儿文学作品信息丰富而独特，囊括各种社会生活现象，能增长幼儿的知识，开阔幼儿的眼界，激发幼儿的求知欲。幼儿在欣赏文学作品的过程中认识自然、了解社会、学习知识。比如，童话故事《小蝌蚪找妈妈》、科学诗《我们的土壤妈妈》让幼儿在感受作品的过程中体会到科学的魅力。

（五）发展幼儿的审美能力

幼儿文学欣赏活动还能培养幼儿的美感。优秀的幼儿文学作品是美的载体，其以亮丽的色彩、离奇的情节、奇特而大胆的想象、优美而和谐的音韵，构成了一幅幅充满童真、童趣的画卷，向幼儿展示自然美、社会美、人性美及艺术美。

故事、诗歌、散文等文学作品的熏陶和感染，能培养幼儿感受美、欣赏美、表达美和创造美的能力。诗歌中欢快的音韵节奏以及多种修辞手法的运用、故事中有趣重复的情节和生动形象的语言，均能让幼儿感受作品的语言美、意境美、情感美、思想美。欣赏不同体裁、不同风格的文学作品，能够让幼儿感受文学作品的艺术美和形式美。结构化的作品还能启发幼儿发挥想象力，创造新的作品，培养幼儿表达美和创造美的能力。

> **聚焦案例**
>
> **梦**
>
> 星星在天空中睡觉，做着亮晶晶的梦。
> 露珠在荷叶上睡觉，做着绿莹莹的梦。
> 蝴蝶在花丛中睡觉，做着香喷喷的梦。
> 宝宝在小床上睡觉，做着甜滋滋的梦。
>
> 这首儿歌音韵和谐，读来朗朗上口，画面宁静优美，能让幼儿在欣赏诗歌的过程中感受到语言的优美和意境的美妙。

总之，围绕文学作品开展的一系列活动，为幼儿提供了全面的语言学习机会，锻炼了幼儿的语音能力，发展了幼儿的想象力和创造力，培养了幼儿的倾听能力、语言表达能力和阅读理解能力，促进了幼儿完整语言的发展。

三 幼儿园文学欣赏活动的目标

（一）幼儿园文学欣赏活动总目标

1. 认知目标

①理解文学作品中的人物形象、情节内容，扩展词汇，理解句式，感知文学作品语言和结构的艺术表现特点。

②了解语言的丰富性和多样性，知道文学作品有童话、诗歌、散文等体裁。

③把握作品蕴含的道理，丰富与作品相关的社会、科学等方面的知识。

2. 能力目标

①学会倾听，能运用较为恰当的语言、动作、音乐、绘画等不同方式表达对文学作品的理解，提高对文学作品的理解能力。

②尝试清晰而有感情地朗诵、讲述文学作品。

③能创造性地运用语言，扩展个人经验和想象，尝试改编、仿编、续编或完整编构文学作品。

3. 情感态度目标

①对书面言语感兴趣，喜欢文学作品，乐意聆听与阅读文学作品。

②体验文学作品中人物的真善美，感受文学作品的语言美、情感美和意境美，发展艺术想象力和审美能力。

③大胆表达和创造，积极参与文学作品活动。

（二）幼儿园文学欣赏活动主要目标

1.培养善于倾听的技能

文学欣赏活动与"听"紧密相连。从幼儿园文学欣赏活动总目标可以看出，倾听是文学欣赏活动的首要目标，其重点在于培养倾听习惯和倾听能力。一是培养有意识地倾听的能力，能够集中注意力倾听。二是培养评析性倾听的能力。评析性倾听也称分析性倾听，即对所听内容做出简单的评价。三是培养欣赏性倾听的能力。欣赏性倾听是基于对文学作品的喜爱，在倾听过程中油然而生一种愉悦感，其重点在于乐意倾听和欣赏。

2.提高对语言丰富性和多样性的认识

促进幼儿语言能力发展的基本方式有两种：一是提供丰富多样的口头语言和书面语言的样本；二是为幼儿创设各种使用语言的机会。故事、诗歌、散文等幼儿文学作品为幼儿提供了成熟的语言样本。文学作品有比日常生活更丰富、更规范的语言及词句，可供幼儿模仿、记忆并创造性地运用到其他生活场景中去。

（1）学习各种语言句式

文学作品为幼儿提供了理解和运用各种不同句式的机会。比如，在中班语言活动"猜猜我有多爱你"中，幼儿模仿句式"……有……，我就有多爱你"编句子。

（2）扩展幼儿的词汇量

文学作品是由各种词汇组合起来的语言艺术作品，幼儿在文学活动中理解和学习新词，逐步积累和运用词汇。

（3）感受不同风格的作品

故事、诗歌、散文等不同风格的作品以及作品中的分行、节奏、韵脚、叙述方式等，不仅能让幼儿感受不同风格作品的魅力，还能提高幼儿的语言结构敏感性。

> **聚焦案例**
>
> **春风吹**
>
> 春风吹，吹绿了柳树。
> 吹红了桃花，吹醒了青蛙。
> 吹来了燕子，吹得小雨轻轻下。
> 我们都来种丝瓜。
>
> 这首儿童诗的语言清楚准确，具体形象地表达了幼儿对各种事物、人物情境的思想、观点和印象。如果在日常生活中我们能静下心来听听孩子们的谈话，就会发现幼儿经常会形象地描述故事，并自然地使用童话中的人物和语言，这说明他们在文学作品中学到了许多东西。

3.增强对文学作品的理解能力

幼儿文学作品中具体鲜明的形象和曲折生动的情节，能在幼儿头脑中形成具体的意象。在幼儿倾听、欣赏文学作品之后，教师可以鼓励幼儿说出对文学作品的理解，帮助幼儿理解作品内容、词汇、情感脉络和主旨，使得幼儿形成良好的理解能力。

4.提高语言表达能力和灵活而富有创造性地运用语言的能力

①表达自己对作品的理解，形式可以包括对作品的讲述、朗诵、复述和表演。

②学习清晰、准确、优美的语言，并通过感受完整、简洁、优美的规范语言，潜移默化地学习规范的语言表达方式。

③学会创造性地表达。创造性地表达包括改编、仿编、续编或完整编构文学作品，以及在不同语言环境中创造性地运用语言。

5.感受语言的优美，体验参与文学活动的乐趣

《幼儿园教育指导纲要（试行）》强调"感受语言的丰富和优美"，即让幼儿通过欣赏文学作品，全面感受语言的美，形成良好的语言感受能力和理解能力，潜移默化地培养幼儿优美的语感和对文学作品的浓厚兴趣。因此，幼儿园文学欣赏活动应重视引导幼儿全面感受作品的语言美、意境美、情感美、想象美等，引导幼儿体验参与文学活动的乐趣。

①感受语言的韵律美和节奏美。主要培养幼儿对语言音乐美的敏感性，对复述故事、朗诵诗歌的兴趣。

②感受作品的画面美、想象美、意境美。幼儿文学作品会运用比喻、拟人、夸张、拟声、反复等多种表现手法，因此，教师应引导幼儿感受作品中生动形象的语言、美好的情感和优美的意境。

（三）幼儿园文学欣赏活动各年龄段目标

1.小班

（1）认知目标

①理解文学作品的情节内容或画面情节。

②丰富与文学作品相关的知识，明白浅显的道理。

③知道文学作品语言与日常生活语言的不同。

（2）能力目标

①能安静地倾听文学作品。

②能听懂短小的儿歌或故事。

③能初步运用语言、动作、表情等方式表达对文学作品的理解。

④能独立地朗诵简短的儿歌，与同伴一起复述简短的故事。

⑤能进行简单的诗歌仿编或续编故事。

(3) 情感态度目标

①喜欢欣赏文学作品，愿意参加文学欣赏活动，对文学作品的语言感兴趣。

②初步感受文学作品中富有节奏感的语言美。

2. 中班

(1) 认知目标

①理解文学作品的情节内容、人物形象、主题倾向，感受作品的情感基调。

②丰富与文学作品相关的知识，明白其中蕴含的道理。

③知道诗歌、散文和故事是不同体裁的文学作品。

④知道文学作品语言与日常生活语言的不同。

(2) 能力目标

①能集中注意力、有目的地倾听文学作品，并能对文学作品进行简单的分析和评价。

②能运用较恰当的语言、动作、音乐、美术等形式表达自己对文学作品的理解。

③能较有感情地朗诵诗歌、散文，复述和表演故事。

④能依据文学作品提供的线索展开想象，仿编、改编、创编诗歌、散文和续编故事。

(3) 情感态度目标

①喜欢欣赏不同形式的文学作品，积极参与各种文学欣赏活动。

②能随着作品情节的展开产生喜悦、担忧等相应的情绪反应。

③进一步感受文学作品的语言美、情感美。

3. 大班

(1) 认知目标

①在理解文学作品的人物形象、情节内容的基础上，理解作品的主题或感受作品的情感脉络。

②丰富与文学作品相关的知识，明白其中蕴含的生活哲理。

③初步分辨故事、诗歌、散文这三种不同体裁的文学作品；初步感知文学作品语言和结构的艺术表现特点；初步了解文学作品的艺术语言构成方式。

(2) 能力目标

①能进行评析性倾听和欣赏性倾听。

②能运用恰当的语言、动作、音乐、美术等形式表达自己对文学作品的理解。

③能有感情地朗诵诗歌、散文，复述和表演故事。

④能依据文学作品提供的线索，结合个人已有经验扩展想象，在教师的引导下，独自完成诗歌、散文或故事的仿编、改编和创编。

(3) 情感态度目标

①乐意欣赏不同体裁、不同风格的文学作品；在文学活动中积累文学语言，并乐意尝试在适当场合运用。

②积极主动地参与表现性文学活动和创造性文学活动。
③感受文学作品的语言美、意境美、情感美。

拓展阅读：
学前儿童文学形式核心经验的内涵及发展阶段

拓展阅读：
学前儿童文学语汇核心经验的内涵及发展阶段

拓展阅读：
学前儿童文学想象核心经验的内涵及发展阶段

任务二　幼儿园故事活动设计与实施

一　幼儿园故事活动概述

（一）幼儿故事

故事是最受幼儿欢迎的文学体裁，它是幼儿认识世界的窗户。幼儿故事主题单纯、内容浅显、情节生动、语言优美、形象活泼可爱、富有情趣，以丰富奇特的想象深深地吸引着幼儿。幼儿故事内容广泛，包括生活故事、童话故事、寓言故事、神话故事、科学幻想故事等。其中，幼儿接触最多的是生活故事和童话故事。

1.生活故事

生活故事以幼儿日常生活为题材，以叙述性事件为主，反映幼儿熟悉的生活内容，向幼儿讲述经过提炼、概括或虚构的与生活有关的故事。生活故事具有鲜明的现实性和针对性，结构简单、线索清晰，情节曲折生动、引人入胜，同时具有浓厚的生活气息。

2.童话故事

童话故事是幼儿文学作品的重要样式，是一种具有浓重的幻想色彩的虚构故事。其在现实生活的基础上，通过夸张、象征、拟人等手法塑造形象，用符合幼儿想象力的奇特情节编织成具有幻想色彩的故事。童话故事幻想丰富神奇、夸张动人，情节完整曲折、形象生动鲜明，语言简洁活泼，表现手法多样。

拓展阅读：
童话与幼儿的"泛灵"思想

（二）幼儿园故事活动

幼儿园故事活动是以幼儿为欣赏主体、围绕各种幼儿故事开展的语言教育活动。在幼儿园开展故事活动，是向幼儿心中撒播文学语言的种子。故事中有大量适合幼儿学习的经典词汇、优美句子以及充满趣味的情节，能够激发幼儿的想象力、丰富幼儿的语言，带给幼儿美的感受。

二 幼儿园故事活动中作品的选择

（一）故事选材要求

1. 题材广泛，主题明确

幼儿园故事活动中所选的作品主题应简单明确，易于幼儿理解，如《聪明的乌龟》《龟兔赛跑》《三个和尚》等。题材应广泛且全面，可挑选中外经典童话故事，让幼儿感受童话故事的魅力，如《小红帽》《拔萝卜》等；还可以配合季节、时令、传统节日挑选适合幼儿欣赏的民间传说故事，如中秋节为幼儿选择《嫦娥奔月》《中秋节》等故事。

2. 故事兼具知识性、教育性和趣味性

教师在挑选幼儿园故事活动的作品时要综合考虑故事蕴含的多方面价值，即兼具知识性、教育性和趣味性。首先，故事情节要生动有趣，人物形象要鲜明突出，能激发幼儿的想象力；其次，故事要能丰富幼儿的知识经验，培养幼儿良好的道德品质和行为习惯。例如，故事《小蝌蚪找妈妈》不仅情节生动有趣，还能让幼儿了解青蛙的外形、小蝌蚪渐渐变为青蛙的过程等；故事《树荫》幽默有趣，可以让幼儿在听故事的过程中，结合自己的生活经验，明白树荫会随着太阳的东升西落而发生变化；故事《小马过河》充满教育性，引导幼儿学会动脑筋、不怕困难。

3. 故事情节和语言有一定的重复性

重复意味着有节奏，幼儿天生喜欢有节奏的文学作品。重复的情节、富有节奏的语言能帮助幼儿更快地识记和理解故事，为幼儿提供真切、自然、丰富的语言输入，让幼儿通过模仿和重复段落中的语句，提高对书面言语的敏感性。

4. 适合各年龄段的特点

教师可以根据不同年龄段幼儿的不同接受水平和认知特点，选择幼儿感兴趣、易于接受的故事。

小班幼儿的思维具有具体行动性，语言能力和理解能力较弱。教师应为其挑选篇幅短小、主题单纯、情节与人物对话重复、语言夸张有趣、动作性强的童话故事。比如，《小兔乖乖》《下雪了》《过河》等。这些作品主题鲜明，语言生动形象，语句有多处重复，易于幼儿理解和接受。

中班幼儿以具体形象思维为主，教师应为其挑选情节曲折、存在一定矛盾，但结局比较美好的故事。如《城里来了大恐龙》《甜甜的棒棒糖》《萤火虫找朋友》等较多地运用夸张和想象手法，能给幼儿带来无限的想象乐趣。

大班幼儿思维活跃，求知欲较强，且兴趣更为广泛。教师可为他们挑选篇幅相对较长、人物多、情节充满悬念、语言机智幽默、充满奇特幻想色彩的故事；同时适当加入科普、自然、神话、寓言、科幻类故事，如《拔苗助长》《金斧头银斧头》《小蝌蚪找妈妈》《聪明的乌龟》等。

拓展阅读：
优秀幼儿故事的特征

（二）对故事的加工

在开展幼儿园故事活动之前，教师应根据幼儿的发展需要及身心特点，对作品进行一些适当的处理，比如，对故事作品进行再创造，增加、删减或改编作品的部分内容，加深幼儿对故事内容的理解。例如，《香喷喷的轮子》故事情节有趣，但是对话较少，有教师将一些描述性的文字改为对话形式，让幼儿在理解故事的基础上学习对话、进行角色扮演。

三 幼儿园故事活动的目标

1. 认知目标

①理解故事的主要内容，包括情节、人物、作品的情感，在此基础上理解作品的主题和表现形式。

②知道故事这一体裁，感知文学语言的丰富性和多样性。

③通过故事丰富相关的社会知识。

2. 能力目标

①运用恰当的语言、动作、表演、绘画、音乐、手工等形式表现自己对作品的理解。

②在原有作品的基础上，充分利用想象创编或续编故事。

③学会标准发音，拓展词汇。

④了解各种文学语言的句式表达，并学会迁移和使用这种语言句式。

3. 情感态度目标

①乐于聆听和阅读作品。

②对作品所展示的人物生活产生浓厚的兴趣，感受作品中的语言美、情感美、思想美。

③积极参加各种文学活动。

四 幼儿园故事活动设计与组织

幼儿园故事活动一般围绕故事设计活动步骤分为四个层次，即引题激趣，欣赏、理解故事，迁移作品经验，创造性想象与表达。

拓展阅读：
中班故事活动"香喷喷的轮子"

（一）引题激趣

此环节为导入环节，主要目的是通过灵活有趣的活动吸引幼儿注意力，激发幼儿学习兴趣，调动幼儿原有经验，引出主题。具体可以采用猜谜语、创设情境、游戏、谈话、音乐、出示实物和图片等方法。

> **聚焦案例**
>
> 在中班故事活动"七彩虾"的导入环节，教师通过一则有趣的谜语引出活动内容："'一座彩虹桥，白云上面架，平时不见面，雨后才见它。'请大家猜猜这是什么。"
>
> 在中班故事活动"小野猪和它的妈妈"的导入环节，教师通过提问"你生病时妈妈是怎么照顾你的？你有没有照顾过妈妈"，调动幼儿照顾家人的经验。
>
> 在小班故事活动"过河"的导入环节，教师出示桌面教具，引导幼儿认识故事中的角色。教师分别出示山羊爷爷、小袋鼠、小乌龟、小猴子、小象、小猪、小鸡、小猫的桌面教具，并问幼儿它们是谁、分别有什么本领等。

（二）欣赏、理解故事

欣赏、理解故事内容是幼儿园故事活动的核心环节。由于故事一般较长，所以可以让幼儿多次倾听、欣赏故事。教师可以根据幼儿年龄特点和故事特点，引导幼儿完整欣赏和分段欣赏故事。

1. 完整欣赏，初步感知故事

文学作品呈现的是书面言语信息。书面言语信息应通过成人的讲述或者借助多媒体手段转化为口头言语信息，这样幼儿才能与作品产生进一步的互动。因此，故事活动的第一步为教师讲述故事、幼儿倾听故事，引导幼儿整体感知文学作品。

首先，教师应有感情地、使用标准的普通话讲述故事。故事的讲述要规范、完整、生动形象，语调要抑扬顿挫且符合作品中角色的性格特征；另外，教师在讲故事时要与幼儿有眼神、肢体交流。教师对作品准确、生动的演绎，可将幼儿带入富有感染力的情境，让其身临其境地体验、理解和想象故事情节。

聚焦案例

在中班故事活动"猜猜我有多爱你"中，教师在讲故事时，以生动而自然的神态、真实而夸张的语言及动作将兔妈妈的柔情充分表现了出来，引导幼儿感悟作品中真挚深切的母子之情。

其次，教师在讲故事时应引导幼儿学会集中注意力倾听，培养幼儿认真倾听的能力和习惯。通常，在一次故事活动中会至少讲述两遍故事。其中第一遍由教师自己讲述，教师不出示任何教具，利用语调、表情感染幼儿，帮助幼儿初步了解故事内容。

最后，完整讲述故事后，教师还应提出简单的问题，帮助幼儿掌握故事的名称、主要角色、主要情节等。由于大班幼儿有意注意开始发展，因此教师可以在讲故事前抛出问题，让幼儿有目的地倾听。

2. 分段欣赏，进一步理解故事

要注意的是，在活动开始之前教师应将故事划分为几个段落，并设计相应的教学环节，如欣赏片段一、欣赏片段二等。为了帮助幼儿更深入地理解故事内容，教师应将故事再讲一遍。第二遍讲故事时，教师可以分段讲述。分段讲故事时，教师借助课件、图片、生动形象的教具，即边出示图片或播放视频边讲故事，帮助幼儿理解故事。如果故事较长，可以将故事录音并分段播放。

讲完一段故事后，教师提出开放性问题，引导幼儿自由表达对故事的理解，重点引导幼儿理解故事情节、主题倾向、人物性格和心理活动等。这里教师提问的基本要求为紧扣三维目标设计提问语，由浅入深，按照故事发展顺序设计一系列提问语。

具体来说，提问的内容包括：针对作品情节和细节的提问（事件、对话、动作等）；针对情感与主题倾向的提问；针对作品中的文学语言的提问；针对人物形象特点的提问；针对作品整体结构形式的提问。

聚焦案例

在中班语言活动"萤火虫找朋友"中，教师依次提问"萤火虫遇到了谁？它们说了什么？小蚂蚱请萤火虫帮什么忙？萤火虫是怎么说的？听了萤火虫的话，小蚂蚱会怎么想呢？你觉得它们会成为朋友吗？"教师通过这一系列提问，引导幼儿说出故事的主要内容。

在大班故事活动"金色的房子"中，教师提问："亮堂堂是什么意思？小姑娘是怎么说的？小动物们又是怎样做的？小姑娘的心情是怎样的？"教师针对故事中的词语"亮堂堂"、主要情节以及人物的心理活动设计了相应的提问语。

在大班故事活动"聪明的乌龟"中，教师提问："你喜欢故事中的谁？为什么喜欢它？"通过提问，教师帮助幼儿理解了作品中的人物形象特点。

研究发现，对于3—6岁幼儿而言，在缺乏有效的语言环境时，其语言表达的欲望会大大降低。教师在提问过程中要营造融洽的氛围，为幼儿创设宽松的语言环境，激发幼儿语言表达的欲望。教师还应鼓励幼儿大胆讲述，宽容他们的"错误"回答，并引导幼儿倾听他人的想法，学会接纳不同的意见。

需要注意的是，优美的、重在欣赏的故事可以让幼儿先完整欣赏，再分段欣赏；有趣的、操作性强的故事，可以先分段欣赏，再完整欣赏。另外，教师应尽可能让幼儿在自由、宽松、舒适的环境中倾听与欣赏作品，引导幼儿欣赏、感受故事的美。

3.辅助教学方法

除了提问法，教师还可以辅助使用其他教学方法，以帮助幼儿理解作品内容。辅助教学方法有很多，如直观教学法、讨论法、游戏法、角色扮演、操作法等方法。这里主要介绍直观教学法。

直观教学法是出示与故事内容相符的图片、结构图、思维导图、动画和多媒体课件，帮助幼儿理解故事的方法。直观形象的图片、动画、多媒体课件、音乐等能增强故事的感染力，结构图、思维导图能呈现故事的整体结构。

> **聚焦案例**
>
> 在中班故事活动"猜猜我有多爱你"中，教师选用轻柔的背景音曲，彰显浓郁亲情与母爱，深化幼儿的情感体验。
>
> 在大班故事活动"聪明的乌龟"中，教师借助思维导图帮助幼儿掌握乌龟与狐狸智斗的情节。

使用直观教学法时，需要注意以下几点。

第一，故事中的结构图和思维导图应将故事中的关键信息和内容转换为生动、有趣、直观的图片，并适时按顺序呈现给幼儿，帮助幼儿了解故事的主要角色、人物关系、故事内容、故事结构、主要线索、发展脉络等。大班故事活动"乌鸦喝水"的结构图如图4-1所示。

图4-1 大班故事活动"乌鸦喝水"结构图

第二，多媒体课件声画并茂、视听结合，能够创设各种生动形象、灵活多变的学习情境，调动幼儿多种感官参与教学活动，激发幼儿的学习兴趣。但教师需要注意，多媒体课件应为故事活动服务，教师应围绕故事内容制作课件和动画。欣赏故事后，教师要适时点击相应图片和动画。

第三，教具呈现的方式多种多样，有的是讲述故事前请幼儿观察教具进行联想猜测，有的是讲述故事后根据幼儿的回答呈现，还有的是结合教具讲述故事。

拓展阅读：
何时出示教具？

（三）迁移作品经验

迁移作品经验是故事活动的第三个环节。故事展示给幼儿的是建立在幼儿已有生活经验基础上的间接经验，让他们感到既熟悉又新奇。但幼儿的学习不应仅停留在这些新的间接经验上，还要充分把间接经验和直接经验联系起来，使他们的直接经验和间接经验实现双向迁移。因此，教师要围绕故事内容设计可操作的或具有游戏性质的活动，如通过复述、表演、角色扮演、音乐、绘画、手工等多种方式，将文学作品的间接经验与幼儿已有经验有机结合，实现幼儿与作品的深入互动。

1.复述

复述是幼儿熟悉故事情节、角色对话之后，将故事大致内容复述一遍。复述为幼儿提供了充分的语言练习与表达尝试的机会，幼儿在复述过程中学习大胆地讲述，学习书面言语的规范表达。但要注意的是，教师不应要求幼儿按照原文一字不差地讲述，幼儿能讲出故事的主要内容即可。

复述包括全文复述、片段复述等形式。全文复述适合篇幅短小、结构比较工整、语言和情节适当重复的故事，如《拔萝卜》《睡觉觉》《三只蝴蝶》等。片段复述适合篇幅较长但部分情节生动、对话精彩、词汇语句优美的故事，如《聪明的乌龟》《不怕冷的大衣》《耳朵上的绿星星》等。

小班幼儿在教师的帮助下，复述故事中简短的对话或情节；中班幼儿逐渐从在教师的帮助下复述向独立地复述故事过渡；大班幼儿能有顺序地、有表情地复述故事。

2.表演

表演即幼儿通过动作、表演、语言、扮演角色再现故事内容。一些故事有鲜明的人物性格、生动的对话，且结构重复、富有动作性，适合幼儿通过表演等形式再现故事内容。表演有多种形式，如戴胸饰表演、戴头饰表演、手偶表演、木偶剧表演等。篇幅短小的故事适合进行完整的故事表演，篇幅较长但有重复对话的故事适合进行片段表演。

教师为幼儿提供表演的场地和道具，引导幼儿通过动作、表情、语言、扮演角色再现故事内容，进一步理解作品内容和人物形象，想象与体验作品角色的情感变化和心理活动，感受故事的魅力。例如，故事《三只蝴蝶》情节简单，对话重复，在熟悉故事情节后，教师引导幼儿先学习角色语言，通过设身处地的想象，进一步理解三只蝴蝶的心理和情绪，再用动作进行角色表演。

对于故事活动中的表演，教师需要注意针对不同年龄段的幼儿提出不同的要求。小班幼儿可以对角色的单一动作、表情和对话进行表演；中班幼儿可以在教师的引导下，进行片段表演；大班可以自主分配角色，完成整个故事的表演，教师还可以指导大班幼儿在表演前分析作品人物形象的特点，讨论不同角色讲述时使用怎样的语气和语调，讨论作品中角色的情感变化。

故事活动中的表演属于幼儿的自娱自乐，不是为观众表演。表演时，教师不应要求幼儿完整复述故事，而应让幼儿根据作品提供的人物和情节线索去表现，允许他们根据自己的想象，以自己的语言来组织对话、表演故事。

> **聚焦案例**
>
> 在小班故事活动"过河"中，教师带领幼儿在场景中进行听说表演。幼儿自由选择山羊爷爷、小袋鼠、小乌龟、小猴子、大象、小猪、小鸡、小猫的胸饰挂在胸前，分别扮演相应的角色。教师带领幼儿边讲故事边表演。

3.辅助教学方法

不同的文学作品有不同的特点，因此不同的作品需要使用不同的辅助教学方法。除了复述和表演，教师还可以组织幼儿通过音乐、绘画、手工、游戏等形式进行表达，以帮助幼儿理解文学作品所展示的丰富而有趣的生活，体会语言艺术的美，为幼儿提供全面的语言学习机会。例如，在大班故事活动"三个和尚"中，教师在幼儿熟悉故事内容之后，鼓励幼儿通过绘画进行想象与表现。

（四）创造性想象与表达

创造性想象与表达是故事活动的最后一个环节。教师应鼓励幼儿发挥想象，创造性地表达自己的认识，对文学作品进行仿编、续编和创编，形成新内容。故事创编中，幼儿需要根据自己的想象设计情节，辅以形象的语言描述，因此在故事演绎的过程中，幼儿能够获得充足的语言应用机会。

1.创编的形式

（1）仿编

仿编即仿编故事中的句子。这种创编形式适合小中班幼儿，教师可以针对故事中固定的句式，引导幼儿进行仿编。

（2）续编故事

续编故事即教师将故事的地点、时间、人物和情节的开端讲出来，在转折处中断故事，引导幼儿想象并续编故事或者改编故事。这种创编形式适合中、大班幼儿。

（3）创编故事

创编故事即在理解故事的基础上，引导幼儿根据已有知识经验，发挥想象，编出符合结构规则的故事。这种创编形式适合中大班幼儿。

2. 创编故事的步骤

（1）回顾原故事内容、结构和线索

教师借助结构图、思维导图等引导幼儿回顾故事的主要内容、结构和线索。结构图或思维导图对文学作品的内容和结构进行了梳理，并以幼儿能识别、理解的符号呈现，有助于幼儿回忆故事的主要内容、结构和线索。例如，在《如果恐龙还活着》的创编活动中，教师借助结构图，引导幼儿回顾故事内容，比如"故事里的人带恐龙去了哪里""做了什么"，让幼儿对故事的主要情节有进一步的理解。

（2）明确故事创编的核心要素

在回顾故事主要内容的基础上，教师引导幼儿进一步明确故事创编的核心要素，包括人物、时间、地点、事件等。这是幼儿创编的故事结构完整、情节丰富的基础。

（3）有效提问，启发幼儿想象

幼儿能否创编一个好故事，教师的提问至关重要。这里的提问，是教师针对故事创编活动进行的启发式提问。有效的提问能激发幼儿的大胆想象，让幼儿创编的故事内容更有逻辑，也能让幼儿进一步明确故事创编的要素，为正式创编故事做好准备。

首先，运用开放性提问设置悬念，让幼儿大胆想象。教师要围绕故事发展的关键情节，提出一些与故事情节相关且富有想象力的开放性问题，启发幼儿多角度思考。例如，在《飞上天的小恐龙》的故事创编中，教师借助开放性提问"如果你是小恐龙，你还能用什么方法飞上天？飞上天之后，你会看到什么？可能发生什么事？结果会怎么样"，激发幼儿大胆想象，让幼儿思考小恐龙飞上天的好方法。

其次，借助启发式提问启发思维，让幼儿合理想象。在故事创编过程中，幼儿的想象应是合理的想象，对于幼儿不合逻辑的想象，教师可以适当纠正。教师可以借助启发式提问启发幼儿思维，引导幼儿结合自身经验进行合理想象。例如，在《如果恐龙还活着》的故事创编活动中，教师借助启发式提问"如果恐龙还活着，你会带它去哪里？你们在一起会做什么"引导幼儿进行思考和想象。

最后，借助图片提问，让幼儿了解故事创编的关键信息。比如，教师询问幼儿"通过这个图片你想到了什么"，幼儿回答"猴子在吃桃子"，然后教师引导幼儿继续想象猴子喜不喜欢吃桃子等。

（4）幼儿自主创编故事

创编是教师通过多种方式支持和引导幼儿进行大胆想象、自主创编的过程。在幼儿创编过程中，教师要注意观察幼儿的表现，分组指导或个别指导，利用启发式提问激发幼儿的思维，引导幼儿丰富创编的故事情节，如"你想带恐龙去哪里？做什么？中间发生了什么有趣的事？你和恐龙都说了什么？"

拓展阅读：
借助故事创编记录单进行自主创编

（5）幼儿讲述故事

教师引导幼儿按照故事的结构要素及内在联系，大胆、有序、连贯、清楚地讲述故事。讲述的形式主要有自主讲述、集体讲述、小组讲述。教师还应为幼儿创设宽松的讲述氛围，让幼儿想说、敢说、愿意说，在集体和同伴面前大胆讲述。教师要用积极的语言、赞美的手势、肯定的眼神，鼓励幼儿讲述自己创编的故事。

（6）教师评价

教师应对幼儿创编的故事进行积极回应和评价，以帮助幼儿积累故事创编和讲述的相关经验。同时，教师要积极鼓励幼儿参与故事创编的评价活动，以更好地创编符合结构规则和主题中心的完整故事。

故事创编活动应当从创编内容和讲述过程两个方面进行评价。在创编内容方面，评价内容应包括故事结构的完整性、情节的丰富性、故事主题的贴切性、词汇的丰富性、句式结构运用的准确性等；在讲述过程方面，评价内容包括讲述的连贯性、完整性、有序性、表现性等。

故事活动开展的四个层次可以在一个活动中完成，也可以通过3~4次活动完成。故事活动的次数可以根据幼儿对故事的掌握情况而定，但每次活动的目标应有所变化，目标水平由低到高逐步提升。

> **聚焦案例**
>
> 中班的故事活动"三只蝴蝶"分两次进行。第一次活动的目标可以稍低一些，如通过欣赏故事、了解故事内容，学习讲述故事中反复出现的对话和短句；第二次活动的目标则要提升，要求幼儿按故事的发生、发展、结局三部分记忆故事情节，掌握人物对话，进而复述和表演故事。此外，教师可以在美术活动中引导幼儿绘制表演道具（如头饰、花朵、太阳公公等），为故事表演做准备。

拓展阅读：
大班语言活动"乌鸦喝水"

任务三　幼儿园诗歌、散文欣赏活动设计与实施

幼儿诗歌、散文的特点

（一）幼儿诗歌

幼儿诗歌包括儿歌、童谣、幼儿诗、古诗等。幼儿诗歌语言凝练、构思巧妙，用符合儿童心

理特征的丰富想象创造优美的意境，表现童真童趣。幼儿诗歌往往篇幅短小而富有情趣，主题单纯而富有节奏，内容浅显凝练而富有声律美，读起来朗朗上口，便于幼儿理解和记忆，同时能增强幼儿的朗读兴趣，使其表达自己的真情实感，因此是深受幼儿喜爱的一种文学形式。

1. 儿歌

儿歌篇幅短小、节奏鲜明、朗朗上口，是幼儿最早接触的文学体裁。儿歌具有如下特点：内容浅显，篇幅短小，主题单一；结构简单，易唱易记；具体形象，趣味盎然；节奏明快，韵律和谐。

拓展阅读：
儿歌欣赏

2. 童谣

童谣是为儿童创作的短诗，强调格律和韵脚，通常以口头形式流传。如摇篮曲、游戏歌、数数歌、问答歌、连锁调、绕口令、颠倒歌、字头歌、谜语歌等，都属于童谣。童谣的特点如下：朗朗上口，通俗易懂；有趣、好玩，孩子们感兴趣；讲究押韵。

> **资料卡**
>
> **数数歌**
> 一二三，爬上山，
> 四五六，翻跟头，
> 七八九，拍皮球，
> 张开两只手，十个手指头。
>
> **子字歌**
> 张家有个小胖子，自己穿衣穿袜子，还给妹妹梳辫子。
> 李家有个小柱子，天天起来叠被子，打水扫地擦桌子。
> 王家有个小妮子，找个钉子小锤子，修好课桌小椅子。
> 周家有个小豆子，捡到一个皮夹子，还给后院大婶子。
> 小胖子，小柱子，小妮子，小豆子，他们都是好孩子。

3. 幼儿诗

幼儿诗是适合幼儿欣赏、诵读的文学作品。幼儿诗包括叙事诗、抒情诗、童话诗、散文诗、讽刺诗、题画诗等。幼儿诗的特点如下：抒发纯真的情感；营造优美的意境；运用凝练的语言和明快的节奏；运用拟人、比喻、排比、夸张、对比等写作手法。

拓展阅读：
幼儿诗欣赏

（二）幼儿散文

幼儿散文是传达幼儿生活情趣及心灵感受、符合幼儿审美需求和欣赏水平的散文。幼儿散文常常运用记人、叙事、写景、状物、抒情等方法，营造一种优美的意境。幼儿散文的特点如下：抒发幼儿认同的情感；追求富有幼儿情趣的诗意美；带有故事性的叙述方式；形式灵活，语言明丽清纯。

拓展阅读：
幼儿散文欣赏

二 幼儿园诗歌、散文欣赏活动作品的选择

（一）主题明确，题材广泛

在选择幼儿诗歌、散文作品时，教师应注意主题的明确性和题材的多样性。教师可以根据季节、节日的变化，或者根据特定的主题，选择适合幼儿欣赏的作品。比如，可以选择语言清丽、故事性强的散文，如《家》《秋天的雨》；还可以挑选充满童趣与想象、浅显易懂的古诗，让幼儿初步感受中国传统文化的魅力，如《静夜思》《春晓》《登鹳雀楼》《赋端午》《悯农》等，引导幼儿产生热爱祖国、亲近自然、关爱他人、乐意劳动的情感。

活动视频：
大班古诗活动"赋端午"

（二）贴近幼儿生活

作品内容应是幼儿熟悉的，或贴近幼儿生活、与幼儿生活经验有一定联系的。如小班的《小雨点》，大班的《家》《风在哪里》中的人、事、景物都是幼儿熟悉的，有助于幼儿理解和表达。

（三）符合幼儿年龄特点

选择作品时，还应考虑幼儿的年龄特点。

对于小班幼儿，教师应注重作品的游戏性、趣味性，以篇幅短小、语言浅显、韵律和谐、朗

朗上口、动作体验感强的儿歌为主。活动过程以欣赏为主、仿编为辅。作品主题集中只含一个画面；语言生动活泼、构思巧妙，如《小伞兵》《动物宝宝去旅行》《小老鼠上灯台》《小白兔》等。

对于中班幼儿，教师应注重作品的节律美、意境美、情感美、情节美；应以儿歌、儿童诗为主，适当增加抒情诗、散文。作品篇幅稍长，含一个以上的画面；语言要丰富多样，多用重复结构。如《梦》《春天是这样来的》《春雨》《秋天的颜色》等诗歌蕴含意境美，《圆圈歌》《夏天音乐会》等诗歌蕴含语词美和韵律美，都适合中班幼儿。

对于大班幼儿，教师应注重作品样式的丰富性，选择多种体裁的作品，可以增加科学诗、童话诗、古诗、问答诗等。作品篇幅较长，画面丰富，表现方式多样。如绕口令《扁担和板凳》、问答歌《什么船儿》、散文《秋天的雨》、古诗《咏鹅》《一去二三里》等，可以让幼儿体验绕口令、问答式儿歌等形式上的趣味性，感受散文的快乐、甜美，感受古诗的韵律美。

拓展阅读：
欣赏幼儿诗

三 幼儿园诗歌、散文欣赏活动的目标

（一）幼儿园诗歌、散文欣赏活动各年龄段目标

诗歌、散文欣赏活动的认知目标主要为理解诗化、散文化语言的内容，接触叙事、写景、抒情多种题材和样式的诗歌、散文；能力目标主要为将语言表达加以诗化和文学化，运用多种形式让幼儿欣赏和表现，并能够进行续编、仿编；情感态度目标主要为感受诗歌、散文语言的优美、幽默、有趣、韵律、节奏等，感受和想象诗化、散文化语言的意境等。

1. 小班

①喜欢跟读韵律感强的诗歌。
②能听懂短小的诗歌。
③吐字清楚、发音准确地朗读。
④在保持原作品思想内容的基础上，初步尝试改变其中某些词语。

2. 中班

①喜欢听诗歌，乐于分享自己听到的诗歌。
②能大体讲出所听诗歌的主要内容。
③能随着诗歌内容的展开产生喜悦、担忧等情绪反应，体会诗歌所表达的情绪、情感。
④有节奏地、有表情地朗诵诗歌。
⑤能根据诗歌的韵律和内容，进行文学想象和创造，通过替换系列词仿编句子。

3. 大班

①乐意听或朗诵诗歌，并积极参与诗歌活动。

②理解诗歌内容，归纳主题，能在教师的帮助下分析诗歌中运用的特殊表现手法，体会诗歌传达的思想感情。

③有感情地朗诵诗歌；能根据提供的线索猜想诗歌情节的发展，或续编、创编诗歌。

④初步感受文学语言的美。

（二）各年龄段的学习重点

小班欣赏活动的重点是理解作品的语言和画面，教师应帮助幼儿排除语言理解上的障碍，进而帮助幼儿理解作品画面的内容。

中班欣赏活动中，教师要注意在引导幼儿理解画面的同时，帮助幼儿理清作品的思想脉络，并初步感知作品表现方式的特点，例如重复结构或象征手法等。

大班欣赏活动中，教师应帮助幼儿在理解画面、把握作品思想脉络的基础上，感知作品的结构语言方式，以便在语言文学实践活动中应用。

四 幼儿园诗歌、散文活动设计与组织

在设计诗歌、散文活动教学步骤时，应结合诗歌、散文的特点，遵循"趣味导入—欣赏并理解作品—体验与表现—创造与迁移"的思路进行设计。

活动视频：
大班诗歌活动"风在哪里"

（一）趣味导入

活动导入应简洁、生动、准确，迅速吸引幼儿注意力，激发幼儿活动兴趣，同时引出诗歌、散文内容。常见的导入方法有歌曲、谜语、谈话、故事讲述、游戏、情境表演、直观导入、创设情境等。

> **聚焦案例**
>
> 在开展大班诗歌活动"如果我是一片雪花"时，教师先用讲故事的方式讲述小雪花的奇妙旅程，让幼儿和小雪花一起经历、一起感受，引发幼儿共情。

项目四 幼儿园文学欣赏活动

聚焦案例

小班诗歌活动"蒲公英"的导入环节,教师通过猜谜语的方式引发幼儿的兴趣:"'团团绒毛轻又轻,随风飘飘像伞兵。飞呀飞呀乐悠悠,处处安家把根生。'小朋友们,请你们猜一猜这是什么花。"

(二)欣赏并理解作品

一般来说,幼儿欣赏、理解作品可以分为完整欣赏和分句/段欣赏两个层次。完整欣赏主要是让幼儿通过倾听初步理解作品内容,初步感受作品的美;分句/段欣赏是让幼儿在初步感知的基础上深入理解作品内容。此环节的设计有两种模式。

1.通过问题倾听、理解作品

这一种模式注重让幼儿在倾听中欣赏作品,运用范围较广。在这个过程中,教师通过提问、图谱、多媒体等多种教学手段帮助幼儿理解作品内容。

(1)教师朗诵,幼儿倾听作品

教师多次朗诵作品,幼儿倾听与欣赏,幼儿对诗歌、散文的欣赏需要教师用声情并茂、形象生动的语言传递与感染。首先,教师要把握作品的情感基调,是明快开朗、活泼有趣,还是轻松诙谐、幽默风趣,或是抒情委婉。其次,教师朗诵时应注意以下几点:普通话要标准,发音要清楚;根据作品的情感基调有感情、有节奏、有起伏地朗诵,通过语调的变化、表情的变化来渲染气氛;对重点句、难点句反复朗诵。

(2)教师提问,幼儿理解作品

幼儿完整欣赏和分句欣赏之后,教师应围绕目标,由浅入深地提问,引导幼儿大胆表达,说出诗歌、散文内容以及对作品的理解。提问的内容主要有以下几种。

第一,对语言、画面内容的理解,即针对画面内容进行提问,如"诗歌中有谁""垂柳说了什么话"等。

第二,针对难懂的字、词进行提问,这可以为幼儿扫除理解过程中的"语言障碍",如教师通过"飘扬是什么意思,你能用动作表示吗",鼓励幼儿说出或用动作表达自己对词语的理解;再如,教师引导幼儿学学小芽从泥土里钻出来的样子(边做边说"春风吹,芽儿发")、学学春风吹小雨轻轻地下的样子。

第三,对思想脉络和意境的感知。教师针对作品中的思想脉络和意境进行提问,引导幼儿感受作品的意境美、情感美。比如,教师可以说:"你喜欢这首诗歌吗?为什么?"诗歌《小鱼的梦》里有这样的描写:"小鱼玩了一天,池塘妈妈怀里睡。天上星星落下来,为它盖床珍珠被。"教师可以提问:"为什么天上的星星会为池塘里的小鱼盖被子呢?"这样可以启发幼儿领悟诗歌中生动、奇特、优美的意境,也能引导幼儿更好地理解和想象这个画面——星星亮闪闪的倒影映在池塘里,就好像给小鱼盖了一床珍珠被子。

第四，理解诗歌、散文的表现形式。诗歌、散文等作品中常用重复、比喻、象征、拟人、夸张等修辞手法。在作品欣赏活动中，教师应帮助幼儿感受、理解、体会这些文学手法的运用，但不需要幼儿知道"这是什么表现手法"，只要让幼儿感知到"这些说的是什么意思"就可以了。比如，在诗歌活动"我是三军总司令"中，教师可以提问："为什么说小鸟做了我的飞机？小龟做了我的坦克？小鱼做了我的军舰？"帮助幼儿理解诗歌中的象征物，理解A事物与B事物之间的内在联系。

教师的提问还应鼓励幼儿大胆想象和表达，引导幼儿说出对画面和词语的理解，说出对诗歌的感受。教师要注意适时引导幼儿用诗歌、散文里的句式表达，在倾听与表达中感知书面语言。幼儿诗歌、散文内容一般重复较多，教师在教学中还要避免简单重复的提问，以免使幼儿失去学习兴趣。比如，诗歌《春天》有三段内容，分别是：春天是一本彩色的书；春天是一本会笑的书；春天是一本会唱的书。在第一段对诗歌的理解中，教师提问："为什么说春天是一本彩色的书？"如果教师针对第二段和第三段重复提问，会让幼儿觉得乏味、枯燥。因此，在第二段学习时教师可以说："你喜欢谁的笑容？说说理由。"第三段可以这样提问："你觉得春天还会有哪些好听的歌声呢？"开放且有变化的提问既紧扣活动目标，又能很好地拓展幼儿思维，激发幼儿的学习兴趣。

> **聚焦案例**
>
> 在大班诗歌活动"风在哪里"中，幼儿完整欣赏诗歌之后，教师提问："诗歌的名字叫什么？听完诗歌后你有什么感受？诗歌中出现了什么植物？"之后，教师根据幼儿的回答粘贴图片或者点击课件图谱：风儿、大树、花儿、小草。在分句欣赏环节，教师朗诵第一段，然后提问："树儿是怎么说的？请你用诗歌里的话说一说！翩翩起舞是什么意思？"之后，教师再次根据幼儿的回答粘贴图片。

（3）其他教学方法与手段

除了提问，教师还应灵活采用教学方法和手段，如围绕作品内容提供实物、图片、图谱、课件、多媒体，引导幼儿深入理解作品。诗歌、散文中运用的是抽象的语言，教师利用一系列生动形象的图片、动画将作品所表达的较为抽象的意境转化为直观、可感的画面，有助于幼儿深入理解作品内容。

①图谱法。图谱法是教师将诗歌、散文中的内容转换为图片，并按照作品内容的顺序逐一呈现给幼儿的教学方法。对于幼儿来说，图谱直观、形象，是学习诗歌、散文的良好媒介，便于幼儿理解作品的内容、句式和结构。需要指出的是，并不是所有的作品都适合图谱法，教师应根据作品内容的特点选择合适的教具，如提供图片、贴绒、布偶、课件等。教师还要注意把握出示图片的时机，比如，可以在幼儿学习诗歌之前出示图片，让幼儿说出图片中的信息；也可以在幼儿倾听诗歌、教师提问之后，出示相应的图片。

聚焦案例

在大班诗歌活动"风在哪里"中,教师用图谱法将诗歌中的枝叶、花朵、草儿的动态图片按诗歌句式一句句排列出来(见图4-2),便于幼儿记忆诗歌内容,掌握诗歌节奏,感受诗歌的意境美和画面美,充分调动幼儿参与活动的积极性。

图4-2 大班诗歌活动"风在哪里"中图谱法的应用

拓展阅读:
图谱的形式

②多媒体教学法。多媒体技术手段能很好地再现诗歌中的形象,尤其是动态形象,让幼儿获得良好的视觉体验和听觉体验,从而帮助幼儿更好地理解作品内容。比如,诗歌《春天走来了》是这样描写的:"春天悄悄走来了,它在哪里我知道:它在柳枝荡秋千,它在风筝尾上摇,它在小鸟嘴里啼,它在桃花瓣上笑。它用温柔的小手,帮我脱掉厚棉袄。"诗歌中形象的动词,通过多媒体动画得到了生动的展现,有利于幼儿对诗歌内容的理解和对意境美的欣赏。

2.借助图片等理解、欣赏作品

在这种模式中,教师引导幼儿通过充分的观察和操作理解事物之间的关系,之后自然引出作品内容,也就是幼儿观察、操作、交流在前,欣赏在后;先分句理解,后完整欣赏。采用这种模式时,教师不直接朗诵作品,而是出示反映诗歌内容的图片,引导幼儿观察、操作图片,再用问答的形式交流图片内容,等幼儿说出图片内容以及图片中事物之间的关系后,教师分句提炼成诗歌。最后,教师完整朗诵作品,幼儿整体感知作品。

优美的、重在欣赏的作品,适宜采用第一种模式组织教学活动;有趣的、操作性强、事物之间关系明显、重在幼儿体验的作品,适宜采用第二种模式组织教学活动。

> **聚焦案例**
>
>
>
> **家**
>
> 蓝蓝的天空是白云的家，
> 密密的树林是小鸟的家，
> 绿绿的草地是小羊的家，
> 清清的河水是小鱼的家，
> 红红的花儿是蝴蝶的家，
> 快乐的幼儿园是小朋友的家。
>
>
>
> 为了让中班幼儿理解这首诗歌的内容，教师首先为幼儿展示了一幅包括很多美丽景物（如蓝天、树林、草地、小河、红花、幼儿园）的背景图。接着，教师让幼儿借助贴绒图片对应找"家"，引导幼儿依次说出"……是……的家"。最后，教师完整朗诵诗歌。

（三）体验与表现

在熟悉、理解诗歌、散文内容的基础上，教师应引导幼儿朗诵作品，可以采用音乐、动作、表演、游戏、绘画等辅助手段表现作品的美，让幼儿体验作品中的情感和意境。

1.幼儿朗诵的基本要求

教师应引导幼儿以清晰响亮的声音、正确标准的普通话，把作品有感情地朗诵出来。通过多次且完整的朗诵，加深幼儿对诗歌内容的理解，让幼儿在朗诵的过程中学习正确的发音，感受诗歌、散文的语言美、意境美、情感美，提高语言的表现力。

2.幼儿朗诵的形式

教师应引导幼儿通过多种形式朗诵同一个作品。朗诵主要有看图谱朗诵、配乐朗诵、分角色/分小组朗诵、问答朗诵、动作/角色扮演朗诵、打节奏朗诵、在游戏中朗诵、画画朗诵等形式。

（1）配乐朗诵

配乐朗诵即选择与诗歌韵律相符的背景音乐，渲染诗歌的意境。教师应为不同内容的作品配上不同类型的背景音乐，让幼儿体会诗歌、散文的意境美、情感美、节奏美。如古诗《绝句》的内容是美丽雅致的，教师在幼儿朗诵时可以配上旋律舒缓柔美的背景音乐。

（2）动作/角色扮演朗诵

在朗诵过程中，幼儿除了运用语言外，还可以通过眼神、手势、身姿等表情和动作，创造性地表现作品。

> **聚焦案例**
>
> 在大班诗歌活动"风在哪里"中，教师提供头饰和道具等辅助材料，请幼儿分组开展诗歌角色表演，融入自己对诗歌角色"树儿""花儿""草儿"的理解，并加入情感和动作，再现诗歌内容。

（3）打节奏朗诵

教师引导幼儿根据诗歌的节奏做出拍手、拍肩等动作，或者通过打击小乐器表现作品节奏，从而感受作品的语言美。

> **聚焦案例**
>
> **一扇窗**
>
> 一扇窗，四方方；
> 窗里暗，窗外亮。
> 窗里热，窗外凉。
> 窗里闷，窗外香。
> 推开窗，招招手，
> 请进来，阳光！
> 请进来，微风！
> 请进来，花香！
>
> 在这首诗歌欣赏活动过程的第三个环节，教师带领幼儿使用乐器分组感知节奏韵律。教师提供小铃、圆舞板、三角铁、铃鼓。一个小朋友负责一边念儿歌一边打击乐器，另一个小朋友负责做动作。

（4）在游戏中朗诵

借助好玩的游戏，让幼儿边念诗歌边做游戏，实现玩中学。常见的游戏形式有作品接龙、作品拼图、击鼓说诗等。比如，玩"诗歌接龙"游戏，教师说诗歌的上句，幼儿说诗歌的下句，全班幼儿按座位顺序或组成小组一人一句进行接龙等。

3.幼儿朗诵的情感

教师要引导幼儿有感情地朗诵，即用"好听"的声音朗诵，让幼儿通过语音（轻重）、语速（快慢）、语气的变化来表达自己对诗歌、散文的理解，在有感情地朗诵过程中感受诗歌、散文的语言美、意境美、情感美等。因此，在每一次朗诵之前，教师都可以启发幼儿先说说对作品的感受，再引导幼儿有感情地朗诵。比如，教师可以问幼儿"你喜欢哪一句""你们仔细听一听，种子说话的声音是怎样的？什么地方轻，什么地方重""诗歌怎样朗诵才会更好听"，或者在朗诵结束之后与幼儿共同讨论朗诵时声音变化带来的感受，让幼儿明白不同朗诵方式带来的感受差异。

在朗诵活动中，幼儿的情感体验、想象、表现和表达也是不同的，教师要接纳幼儿的差异性，及时给予每一个幼儿鼓励和赞许，使幼儿在朗诵活动中体验到朗诵的乐趣。此外，教师还应注重带领幼儿体验诗歌、散文的意境、情感，让其感受文学作品的魅力。

（四）创造与迁移

此环节为创造性想象和表达环节，主要是引导幼儿在对诗歌、散文进行赏析、理解记忆、完整朗诵的基础上,尝试迁移创新,让幼儿对已掌握的文学句式和词汇加以拓展和应用(即仿编),提高幼儿的想象力和创造力。

诗歌和散文的仿编是幼儿在欣赏诗歌与散文、理解其内容及结构的基础上,依照诗歌和散文的框架,调动个人经验进行扩展想象,模仿原作品的结构(韵律、格式、词语、节奏等),通过替代一个词或几个词甚至是几个句子的方式,仿编新的诗歌和散文段落。

资料卡

各年龄段诗歌活动仿编要求

小班:换一个词。

中班:换系列词,通过变换词句,使画面产生新的内容。

大班:一是换画面,即对原有诗歌、散文的结构进行部分变动,使画面产生新的内容;二是续编,以教师提供的开头作为想象线索,自己完成诗歌和散文的创编。

诗歌、散文仿编步骤如下。

第一步,选择适合仿编的作品。适合仿编的作品一般有比较固定的格式、句子难易适度。在这一步,教师可以带领幼儿回顾诗歌、散文的内容。

第二步,讨论与示范。教师与幼儿讨论作品的结构、句式特点,让幼儿了解仿编的格式和依据,为仿编奠定基础。在难度较大的仿编活动中,教师可以进行示范仿编。教师在示范之前,可以借助图片和提问启发幼儿想象,帮助幼儿将自己的想象纳入一定的语言框架结构之中。如在大班诗歌活动"动物的伞"的仿编环节,教师引导幼儿讨论:大树还可以是谁的伞?小草、蘑菇、荷叶还可以是谁的伞?教师示范:大树是知了的伞,小草是蜗牛的伞……

第三步,幼儿想象与仿编。教师借助教具、语言引导幼儿合理想象,鼓励幼儿结合自身经验大胆想象,按照诗歌、散文结构仿编。具体仿编方式有三种。一是借助直观形象的教具仿编。教师提供直观形象的教具,如图片、实物等,让幼儿借助图片或实物想象仿编。如仿编《绿色的世界》时,教师提供各种颜色的眼镜,让幼儿戴上眼镜来观察周围世界,并仿编诗歌。二是引导幼儿脱离教具想象与仿编。在幼儿可以熟练地进行想象并仿编诗歌后,教师可取消直观教具的使用,鼓励幼儿结合自己的生活经验想象和仿编。三是先画后编。幼儿把自己设想的仿编内容先在纸上画出来,然后再进行仿编。需要注意的是,在幼儿仿编时,教师尽量不要去干扰幼儿。对于需要指导的幼儿,教师应进行启发和引导,如指导幼儿了解仿编的方法、鼓励幼儿展开想象大胆仿编等。

第四步,串联与总结。这一步主要包括两项内容。其一,幼儿分享新编的诗歌、散文,教师记录幼儿仿编的内容。幼儿仿编时,教师应在黑板或纸上随手记画,以便在总结时指引幼儿将仿编段落一段一段地加到原来的作品里。比如,在中班散文诗《抱抱》的仿编活动中,教师记录幼儿仿编的句子(见图4-3)。其二,幼儿朗诵。在幼儿仿编诗歌或散文段落后,教师引导幼儿将原来的诗歌或散文复述一遍，然后将幼儿仿编的段落加上去，反复吟诵。有的诗歌或散文原文有总结句，那么就仍以总结句来结束全文。当然，也可以只朗诵新加内容。

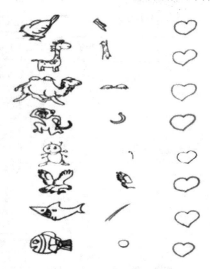

图4-3　教师对幼儿仿编句子的记录

在仿编的过程中，教师除了以支持、鼓励的态度为幼儿营造宽松的心理环境外，还应注重给予幼儿自主仿编的空间和时间。另外，教师不应过度关注仿编诗歌或散文的格式是否工整、词句是否押韵，而应以鼓励、引导为主，提高幼儿仿编的积极性。

聚焦案例

在诗歌《我是三军总司令》的仿编活动环节，教师鼓励幼儿大胆想象，用他们熟悉的小动物象征军用装备。教师提出了以下问题让幼儿讨论："除了小鸟能当飞机，小龟能当坦克，小鱼能当军舰外，还有哪些小动物可以当飞机、坦克、军舰呢？如果你是三军总司令，你愿意用什么当你部队的武器呢？"教师将幼儿讨论象征手法时提出的许多军事象征物用图片表示出来，如当直升机的蜻蜓，当消防车的大象，当降落伞的蝙蝠等。教师选择其一仿编诗歌："蜻蜓妈妈问我，小蜻蜓哪儿去了？我说：小蜻蜓做了我的直升机。"接着，教师让幼儿尝试借助图片按诗歌的格式进行仿编，在幼儿基本掌握仿编的要领后，鼓励他们脱离图片继续仿编，这样能让幼儿的思维更活跃、想象的空间更广阔。

拓展阅读：
诗画创作

拓展阅读：
小图标在幼儿园诗歌编排活动中的应用

项目小结

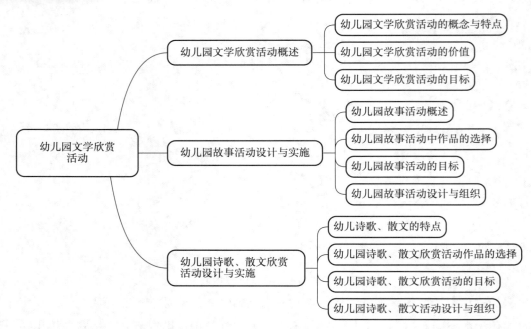

本项目分析了幼儿园文学欣赏活动的概念与特点、价值、目标，以及故事活动、诗歌和散文欣赏活动的选材要求与目标。通过丰富的案例，重点阐述了幼儿园故事活动、幼儿园诗歌和散文活动的设计思路与实施要点。幼儿园故事活动主要通过对故事的欣赏、理解和讲述，培养幼儿理解故事、复述故事和创编故事的能力；幼儿园诗歌活动主要通过欣赏、理解、朗诵和仿编等步骤引导幼儿感受诗歌的美。

自学自测

一、单项选择题

1. 幼儿园（　　）活动是一个包含理解美、欣赏美、表现美以及表达自己对文学作品的理解和想象的系列层次活动。

　　A.文学欣赏　　　　B.谈话　　　　　　C.语言游戏　　　　D.讲述

2. 教师在设计文学欣赏活动时，应围绕文学作品与其他学科进行内容上的整合，促进幼儿（　　）的发展。

　　A.品德　　　　　　B.全方位　　　　　C.语言　　　　　　D.行为习惯

3. （　　）以幼儿日常生活为题材，以叙述事件为主反映幼儿熟悉的生活内容，向幼儿讲述经过提炼、概括的"真人真事"。

　　A.寓言故事　　　　B.童话故事　　　　C.生活故事　　　　D.神话故事

4. （　　）是在现实生活的基础上，通过夸张、象征、拟人等手法去塑造形象，用符合幼儿想象力的奇特情节编织成的具有幻想色彩的故事。

A.寓言故事　　　　　　B.童话故事　　　　　　C.生活故事　　　　　　D.神话故事

5.（　　）适合篇幅较长但部分情节生动、对话精彩、词汇语句优美的故事。

A.细节复述　　　　　　B.全文复述　　　　　　C.片段复述

6."吐字清楚、发音准确地朗读"是（　　）诗歌活动的目标。

A.中班　　　　　　　　B.小班　　　　　　　　C.大班

二、简答题

1. 请简述幼儿园文学欣赏活动的价值。
2. 请简述幼儿园文学欣赏活动的主要目标。
3. 请简述故事活动的设计思路。
4. 什么是续编故事？如何评价幼儿续编故事的能力？
5. 请简述诗歌欣赏活动的设计思路。
6. 请简述仿编诗歌的基本步骤。

实践与实训

（一）故事活动实训

【实训一】

实训要求与形式	制订大班故事活动"金黄色的马车"三维目标（个人/小组完成，上传线上平台）
实训材料	绿油油的草地上，停着一辆漂亮的小马车。这辆马车是金黄色的，由四匹紫色的小马拉着。谁也不知道，这辆小马车从哪里来，他的主人是谁。 　　一只小猫跑过来，高兴地说："多可爱的小马车，让我坐一坐吧。"可是，小猫刚迈上一只脚，车就变成了一个圆滚滚的南瓜，四匹马变成了四个茄子。小猫很害怕，逃走了。 　　一只小狗跑过来，高兴地说："多可爱的小马车，让我坐一坐吧。"可是，小狗刚迈上一只脚，马车就变成了一个圆滚滚的南瓜，四匹小马变成了四个茄子。小狗很害怕，逃走了。 　　这时候，小熊巴巴布来了。巴巴布说："多可爱的小马车，让我坐一坐吧。"巴巴布刚坐上去，四匹小马就飞奔起来。小马车穿过绿色的草地，越过幽暗的树林。月亮升起的时候，小马车跑进了一个美丽的菜园。巴巴布忽然记起来，他以前曾经路过这个菜园，还帮这里的每一棵蔬菜浇过水呢！ 　　"欢迎光临！"一位披着红披风、戴着金王冠的茄子向巴巴布走过来，谁都能一眼看出，他是蔬菜们的国王。 　　"今天是蔬菜们的狂欢之夜，所有的蔬菜今晚都会长出腿来尽情地跳舞。"茄子国王说，"我特别派我的马车去请你，因为你帮助过我们，为我们浇过水。" 　　欢乐的舞曲就在这个时候响了起来，巴巴布惊奇地看到，那些黄瓜啊、白菜啊、番茄啊什么的，一下子都长出腿来。洋葱、萝卜、土豆从地底下钻了出来，他们也都长着短短的小腿。 　　蔬菜们在月光下跳啊，笑啊，旋转啊，哪怕是全世界最伤心的人，见了这个场面都会笑起来。 　　天快亮时，茄子国王亲自把小熊送上金色的小马车："再见了，尊贵的客人。你帮我们浇过水，我们永远不会忘记你。如果你答应保守秘密，明年的狂欢夜，我们的马车会再一次接你到这里。" 　　金黄色的小马车再次飞奔起来。 　　多么美妙的夜晚啊，小熊巴巴布快活地想。

续表

实训记录	

【实训二】

实训要求与形式	中班故事活动"萤火虫找朋友",设计"分段欣赏"环节的提问语 (个人/小组完成,上传线上平台)
实训材料	在一个夏天的夜晚,萤火虫提着绿色的小灯笼,飞来飞去找朋友。萤火虫飞呀飞,飞到灯光下,看见几只小飞蛾,就说:"小飞蛾,你愿意做我的好朋友吗?"小飞蛾说:"好吧!待会儿再跟你玩儿,我们要找小妹妹,你帮我们找找,好吗?"萤火虫说:"不,不,我要找朋友。"说完便飞走了。萤火虫飞呀飞,飞到池塘边,看见了小青蛙,就说:"小青蛙,你愿意做我的好朋友吗?"小青蛙说:"好吧!待会儿再跟你玩儿,我要找我的小弟弟,你帮我找找,好吗?"萤火虫说:"不,不,我要找朋友。"说完便飞走了。萤火虫飞呀飞,飞到大树下,看见了一只小蚂蚁,就对小蚂蚁说:"小蚂蚁你愿意做我的好朋友吗?"小蚂蚁说:"好吧!待会儿再跟你玩儿,我迷路了,帮我照亮回家的路,好吗?"萤火虫说:"不,不,我要找朋友。"说完便飞走了。 　　萤火虫到处找朋友,可是,它一个朋友也找不到。于是,他停在树枝上,伤心地哭了。大树公公听见了,就问萤火虫:"萤火虫,你为什么哭得这么伤心呀?"萤火虫一边哭一边说:"我要找朋友,可是,一个朋友也没找着。"说完,它便对大树公公讲起了事情的经过……大树公公听后,对萤火虫说:"萤火虫,你不帮助人家,人家当然不会做你的朋友了。"萤火虫听后,脸红了。
实训记录	

【实训三】

实训要求与形式	大班故事活动"拔苗助长" 1.设计活动目标、活动准备、活动过程。 2.分组、分片段模拟授课。
实训材料	古时候宋国有个人希望自己田里的禾苗长得快些,天天到田边去看。可是,时间一天天过去,禾苗好像一点儿也没有长高。他就在田边焦急地转来转去,自言自语地说:"我得想个办法帮它们长。" 一天,他终于想到了办法,就急忙跑到田里,把禾苗一棵一棵往上拔。他从中午一直忙到太阳落山。回到家后,他气喘吁吁地对儿子说:"可把我累坏了,但力气没白费,禾苗都长高了一大截。"他的儿子不明白是怎么回事,跑到田里一看,发现禾苗都枯死了。
实训记录	活动目标: 活动过程:

(二)诗歌欣赏活动实训

【实训一】

实训要求与形式	制订中班诗歌活动三维目标(个人/小组完成,上传线上平台)
实训材料	梦 星星在天空中睡觉,做着亮晶晶的梦。 露珠在荷叶上睡觉,做着绿莹莹的梦。 蝴蝶在花丛里睡觉,做着香喷喷的梦。 宝宝在小床上睡觉,做着甜滋滋的梦。
实训记录	

【实训二】

实训要求与形式	中班诗歌活动"你听",请设计诗歌图谱(个人/小组完成,上传线上平台)
实训材料	你听 你听!风儿在吹动树叶,沙沙沙沙。 你听!小鸟在高声鸣叫,啾啾啾啾。 你听!泉水在欢快跳跃,叮咚叮咚。 你听!海浪在轻拍沙滩,哗啦哗啦。
实训记录	

【实训三】

实训要求与形式	大班诗歌活动"月亮",设计"理解诗歌内容"环节的提问语 (个人/小组完成,上传线上平台)
实训材料	月亮 每一棵树梢,挂一个月亮, 　小鸟说:月亮和我好。 每一湾池塘,漂一个月亮, 　青蛙说:月亮和我好。 每一个脸盆,盛一个月亮, 　宝宝说:月亮和我好。
实训记录	

案例赏析

(一)故事活动案例赏析

小班童话欣赏活动"过河"①

【活动目标】

①感受团结友爱、关心同伴的积极情感。

②听教师讲故事时,尝试用动作进行表演。

---

①来源:幼儿园渗透式领域课程(健康　语言　社会)教师用书小班。

③感知、理解故事情节，了解故事中角色形象的特点，学习动词"跳""游""荡""架"。

【活动准备】

经验准备：幼儿认识故事中的小动物。

材料准备：桌面教具（山羊爷爷、小袋鼠、小乌龟、小猴子、大象、小猪、小鸡、小猫），以上小动物的胸饰若干。

环境准备：在桌面和活动室布置有小河的森林场景。

【活动过程】

一、教师引导幼儿认识故事中的角色

教师分别出示山羊爷爷、小袋鼠、小乌龟、小猴子、小象、小猪、小鸡、小猫的桌面教具，并提问它们是谁、小袋鼠有什么本领、小乌龟有什么本领、小猴子会做什么、小象会做什么等，渗透对"跳""游""荡"等动词的感知。

（注：教师引导幼儿讨论小袋鼠、小乌龟、小猴子、小象等动物的本领，调动幼儿已有经验，为幼儿感知故事内容做好准备，同时让幼儿初步感知"跳""游""荡"等动词）

二、教师边操作桌面教具边绘声绘色地讲故事

讲到"小袋鼠说……它跳过河去"时，幼儿学一学跳的动作。

讲到"小乌龟说……它游过河去"时，幼儿学一学游的动作。

讲到"小猴子说……它抓住长长的藤条，荡过河去"时，幼儿模仿抓住藤条荡的动作。

讲到"小象不说话，用长鼻子卷来一棵枯树，横放在河上，架起了一座独木桥"时，幼儿向上举起胳膊，两只手的手指对接做桥状。

（注：针对小班幼儿思维具体形象的特点，教学中，教师可让他们通过做动作感知、理解相应的动词）

三、教师边操作桌面教具边引导幼儿讲故事

教师带领幼儿一起讲故事，讲到小袋鼠、小乌龟、小猴子有办法过河时，教师停下来让幼儿接着往下讲。

故事讲完以后，教师提问："为什么山羊爷爷表扬小象？"

（注：用接讲故事的方式，一方面给幼儿尽可能多的讲述机会，另一方面可以减轻幼儿表达的压力）

四、教师带领幼儿在场景中一起进行听说表演

幼儿自由选择小动物的胸饰挂在胸前，分别扮演相应的角色。

教师带领幼儿边讲故事边表演。

讲到故事中的对话时，分角色进行表演。

【活动延伸】

语言游戏：根据不同动物的行动特点，教师提供相应的材料，引导幼儿玩动词游戏。

语言区：在语言区提供相应的教具材料，供幼儿边表演边讲故事。

【附原文】

过河

一群动物们准备到河对岸摘野果、采蘑菇。它们来到河边，桥被冲坏了。山羊爷爷说："谁有办法过河？"

小袋鼠说："我有办法！"它跳过河去。

小乌龟说："我有办法！"它游过河去。

小猴子说："我有办法！"它抓住长长的藤条，荡过河去。

小象不说话，用长鼻子卷来一棵枯树，横放在河上，架起了一座独木桥。

剩下的动物都一个一个地过了河。山羊爷爷说："小象的办法最好，不仅它自己过了河，我们大家也过了河。"

（二）诗歌、散文欣赏活动案例赏析

案例一　中班诗歌活动"一扇窗"[①]

【活动目标】

①理解儿歌内容。

②有节奏地朗诵儿歌，尝试运用乐器、口头语言表现儿歌的节奏和韵律。

③体会自然与人的关系，感受自然的美好。

【活动准备】

幼儿用来记录的纸、笔（人手一份），教师用的记录卡片（20张），记录笔，儿歌《一扇窗》动作示意图，幼儿常见乐器如小铃、圆舞板、三角铁、铃鼓等。

【活动过程】

一、迁移已有生活经验导入活动

师：最近我们班在改造娃娃家，小朋友们都建议给娃娃家装上门窗。小朋友们的家里都有窗户吧？窗户里边和外边有什么不一样？为什么会这样呢？

（幼儿根据自己的生活经验互相交流，表达自己的想法。比如，关上窗里面没有外面光线好；里面比较暖和，外面空气比较好，因为外面有阳光但风大）

二、理解儿歌内容

（一）欣赏儿歌并记录

有一首儿歌《一扇窗》讲的就是窗户的故事，请小朋友们听一听，把你听到的内容用简单的标记画下来。

（教师朗诵儿歌，幼儿边听边记录。注意，教师要反复、慢速且有节奏地朗诵，便于幼儿听清楚儿歌的内容）

---

①来源：《东方宝宝（保育与教育）》，2015年第5期。

（二）共同制作儿歌图卡，加深理解

教师请幼儿展示自己的标记并一起讨论，为每一句儿歌选择一个最合适的标记制作儿歌图卡。在讨论中，幼儿对儿歌内容有了更深入的理解。

三、朗诵儿歌

（一）展示并朗诵

教师展示大家一致认可的儿歌图卡，和幼儿一起边看图卡边朗诵儿歌。教师可以说："大家朗诵得真好！你们请进了阳光、微风和花香，心情怎么样？"

（二）观察儿歌动作示意图并模仿

教师出示儿歌动作示意图。教师可以说："这首好听的儿歌还可以搭配动作一起玩哦！你愿意试一试吗？现在请小朋友两个人一组，和你的好朋友一起看看这些图片，学着上面的动作来念儿歌。"

幼儿自由结伴，尝试根据图片上的指示，一边念儿歌一边模仿动作。对于幼儿来说，一边记忆儿歌的内容，一边学习新动作，可能有一定的难度，教师可以引导幼儿一个人负责念儿歌，另一个负责学动作，然后交换。

（三）运用乐器分组感受儿歌韵律

教师可以说："刚才我们每组都非常认真地练习了用动作来表现这首好听的儿歌。要是再加点乐器进去，就更好听了，现在我们再试一试好吗？还是像刚才那样，大家两个人一组，一个小朋友负责一边念儿歌，另一个小朋友负责打击乐器，你们觉得怎么样？"

幼儿选择乐器并分组练习。

之后教师可以表扬幼儿，并引导幼儿进行新的尝试："你们朗诵儿歌的节奏真好听！只有这一种节奏吗？能换不同的节奏试试吗？"

幼儿自由尝试、分组演示。

【附原文】

一扇窗

一扇窗，四方方；窗里暗，窗外亮。
窗里热，窗外凉。窗里闷，窗外香。
推开窗，招招手，请进来，阳光！
请进来，微风！请进来，花香！

案例二　大班散文欣赏活动"秋天的雨"

【设计意图】

《秋天的雨》是一篇优美的散文，如诗如画，不仅是幼儿学习语言的范例，还向幼儿展现了多姿多彩的秋之美，让他们在欣赏活动中得到美的享受。作品以秋雨为线索，将秋天富有特点的景物巧妙地串联起来，展现了一幅色彩缤纷、丰收味美、动物忙碌的生动画面。教师设计本次活动时巧妙地运用多媒体课件，引导幼儿感受散文中语言的优美和意境的温馨，启发幼儿无尽的遐想。

【活动目标】

①体验秋雨的美妙意境,产生对大自然的热爱之情。

②理解散文内容,感受秋天的雨给大自然带来的美好变化,理解词语"温柔""轻轻地""五彩缤纷"等。

③用完整、连贯的语句表达对作品的理解,学习"她把×颜色给了××,××××像××"的句式,并尝试仿编。

【活动准备】

有关散文的多媒体课件、录有雨声的磁带或手机、优美的音乐等。

【活动过程】

一、倾听雨声,激发兴趣

听录音,引导幼儿识别下雨的声音。

师:小朋友注意听一听,这是什么声音?

师:小朋友见过下雨吗?雨是怎样下的?(鼓励幼儿借助肢体语言表现雨滴答答下的样子)下雨时,雨点会落在哪里呢?(鼓励幼儿踊跃回答,为仿编散文片段提供经验基础,如大树、屋顶、地面、大海里、小河里等)

二、初步感知散文

师:我们都知道春天的雨是细细的、绵绵的,那么秋天的雨是怎样的呢?小朋友一起来听听《秋天的雨》这篇散文。听完之后告诉老师和小朋友,你最喜欢散文里的哪一句。(教师配乐并有感情地朗诵散文)

师:这篇散文叫什么名字?你喜欢散文里的哪一句?(启发幼儿用语言表达或者用动作表现)

三、结合课件,幼儿分段理解散文的内容

师:我们来看一看秋天的雨在大自然中都有哪些变化。

(一)欣赏散文第二段:想——秋天的雨

师:为什么说秋天的雨是一把钥匙呢?请你和旁边的小朋友讲一讲。

(小结:秋天的雨过后,大自然中发生了许多变化,就像用一把钥匙打开了秋天的门)

(二)欣赏散文第三段:看——秋天的雨

师:为什么说秋天的雨有一盒颜料?她把各种各样的颜料分别给了谁?(学习"她把×颜色给了××,××××像××"的句式)

(小结:秋天到了,各种树都发生了变化,水稻变金黄,水果成熟,农民伯伯准备收割;美丽的菊花都开了)

(三)欣赏散文第四段:闻——秋天的雨

师:秋天的雨还有好闻的气味呢!这些气味是从哪里来的呢?让人感觉怎样?(鼓励幼儿积极思考,谈谈自己的生活体验)

(小结:原来秋天来了,水果都成熟了,会散发出香味,菠萝甜甜的,梨子香香的,还有苹果、橘子、稻谷……）

（四）欣赏散文第五段：听——秋天的雨

师：为什么秋天的雨有一支金色的喇叭呢？它告诉我们冬天快来了，小动物要做什么。（学习词"衔""造""挖""油亮亮"）

（小结：小动物都在忙，小喜鹊造房子，小松鼠囤粮食，小青蛙挖洞，小树叶有的穿上厚厚的油亮亮的衣裳，有的飘到大树妈妈的脚下，它们都在准备过冬了）

（五）欣赏散文第六段

师：秋天的雨会给我们带来什么？

师：秋天的雨为什么会给大地带来一首丰收的歌？为什么会给小朋友带来一首快乐的歌？（引导幼儿培养热爱大自然、热爱生活的情感）

四、完整欣赏散文

师：我们一起再欣赏一遍这篇散文诗，等会儿请把你觉得最美的话记在心里。

五、幼儿想象并仿编句子

师：刚才你们对哪个句子印象最深？你们也来编一句好听的话吧！（引导幼儿学习"她把×颜色给了××，××××像××"的句式，并模仿该句式自己编一句）

结束语：如果你是秋天的雨，你会做什么？（激发幼儿进一步想象）

【活动延伸】

仿编活动：仿编散文片段。

环境创设：幼儿仿编，教师进行整理，并让幼儿为仿编的散文配上插图，展示在活动室里。

拓展阅读：
散文《秋天的雨》

活动视频：
中班语言活动"香喷喷的轮子"活动方案

拓展阅读：
童话故事《小马过河》

拓展阅读：
中班语言活动"春天的电话"活动方案

项目五　幼儿园讲述活动

◇ **学习目标**

1. 了解幼儿园讲述活动的概念与教育价值；熟悉幼儿园讲述活动的特点与基本类型。
2. 明确幼儿园讲述活动的目标。
3. 掌握幼儿园讲述活动的结构，理解幼儿园各类型讲述活动设计与组织的基本思路。
4. 能独立设计幼儿园讲述活动的方案并进行模拟教学。

◇ **情境导入**

毕业班学生在幼儿园实习时开展了各种各样的活动，其中，杨岚在大班开展了"客人来了"的看图讲述活动。她首先出示"客人来了"的相关图片，结合提问引导幼儿理解图片的内容，然后将"客人来了"的故事完整地讲述给幼儿听，幼儿都听得十分认真。幼儿听完故事后，杨岚请幼儿边看图片边讲述故事，幼儿讲完故事之后，该活动结束。

在评课环节，她的指导老师提了这样几个问题：幼儿园讲述活动的主体是谁？幼儿园讲述活动的目标是什么？该活动对幼儿的发展有何意义？

你认为该案例中杨岚的做法是否合理？应该如何组织幼儿园讲述活动？

任务一　幼儿园讲述活动概述

一　幼儿园讲述活动的概念和特点

（一）幼儿园讲述活动的概念

幼儿园讲述活动是幼儿园语言活动中常见的一种组织形式，是有目的、有计划地培养幼儿独白言语能力的教育活动。幼儿园讲述活动为幼儿提供不同于日常谈话的语用情境，要求幼儿在比较正式的语言情境中独立构思，帮助幼儿逐步获得独立构思和完整连贯表述的语言经验。

（二）幼儿园讲述活动的特点

1.幼儿园讲述活动有一定的凭借物

凭借物是指教师为了开展讲述活动而为幼儿准备的，或者教师和幼儿一起准备的图片、实物、情境等讲述对象。因为幼儿的年龄较小，知识经验和表象积累不足，所以幼儿在讲述某个人物、某件事情或某个物品时，不能在头脑中很好地回忆起所要讲述的内容，而是需要借助一定的实物、图片、情境等进行。凭借物可以为幼儿划定讲述的主题，使他们的讲述具有明显的指向性。幼儿园讲述活动中的凭借物如表5-1所示。

表5-1 幼儿园讲述活动中的凭借物

种类	示例
实物	各种生活用品、玩具、食物、服装、动物、植物、材料等
图片	图片、照片、连环画、绘本等
情境	生活情境、游戏情境、故事情境、运动情境等
人物	幼儿的同伴、家人、教师等
事件	参观、游览、探访、亲子活动等
动画	幼儿熟悉的、喜闻乐见的动画片
绘画	幼儿绘画作品、教师绘画作品、名人绘画作品等
音乐	幼儿喜爱的乐曲、音乐剧等

在幼儿园讲述活动中，教师要针对具有不同年龄特点的幼儿提供不同的凭借物。小班幼儿语言组织能力和口语表达能力弱，教师应该选择实物、图片等作为讲述的对象；中、大班幼儿语言表达能力、思维能力和想象力有了进一步的发展，除了实物、图片外，还可以选择情境、事件等作为讲述对象，进一步发展幼儿的讲述能力。

2.幼儿园讲述活动具有较为正式的语境

讲述活动为幼儿提供了一种正式的语言运用环境。这主要表现在两个方面：一是语言规范，在讲述时幼儿需要使用较为完整连贯的语句；二是环境规范，讲述活动中幼儿不能像谈话活动那样自由、随意地交谈，而是需要在小组和集体面前使用规范的语言独自讲述一段完整的内容。在讲述的过程中，幼儿要用词准确，词语搭配恰当，讲述有条理、前后连贯，还要根据具体内容调节自己说话的声调、音量、语速、停顿等。对于小班和中班幼儿来说，讲述活动具有一定的挑战性。例如，大班讲述活动"我的一天"，教师要求幼儿按照时间顺序（如早上、中午、晚上）讲述自己周末一天的生活。

3.幼儿园讲述活动需要幼儿独立构思和表达

在幼儿园谈话活动中，幼儿与幼儿、幼儿与教师围绕某个主题交谈，幼儿想到什么就说什么，能随意与人交谈。与幼儿园谈话活动不同，幼儿园讲述活动通常要求讲述者说清楚一段话，一个人讲给多个人听。因此，幼儿需要自己独立构思，确定先说什么后说什么、多说什么少说什么，然后独自讲述一段完整的内容。

4. 幼儿园讲述活动需要调动幼儿的多种能力

在幼儿园讲述活动中，幼儿需要感知凭借物，自己组织语言，并进行独立的表达。在讲述过程中幼儿需要调动多种能力，比如注意力、观察力、记忆力、想象力、分析能力、概括能力等，以支持自己的讲述。比如，看图时需要运用观察力感知图片；讲述时需要幼儿回忆画面内容，考验幼儿的记忆力；讲述时幼儿需要在头脑中对图片内容进行加工改造，展开丰富的想象，发挥创造力。每一次完整、有序的讲述，幼儿都会综合运用这些能力。

二 幼儿园讲述活动的类型

（一）按语言形式分类

根据不同的语言形式，可以将幼儿园讲述活动分为叙事性讲述、描述性讲述、说明性讲述、议论性讲述等。

1. 叙事性讲述

叙事性讲述即用口头语言讲述人物的经历、行为或事情的发生、发展、变化过程。

2. 描述性讲述

描述性讲述即通过语言描述，把人物的状态、动作或物体、景物的性质、特征等内容讲述清楚。

3. 说明性讲述

说明性讲述即用简洁、平实、规范的语言，说明和介绍事物的形态、构造、特性、种类、功能、关系等。

4. 议论性讲述

议论性讲述即通过摆观点、讲事实来说明自己赞成什么或反对什么，并对问题进行分析与评价。

（二）按凭借物分类

根据不同的凭借物，可以将幼儿园讲述活动分为看图讲述、实物讲述、情境表演讲述、生活经验讲述等。

1. 看图讲述

看图讲述是指将图片作为讲述对象，教师引导幼儿仔细观察图片，理解图片内容，用恰当、准确、生动的词汇和语句，讲述图片内容。看图讲述是幼儿园讲述活动中应用最广泛，也最重要的一种讲述活动方式。

讲述图片的来源方式比较多样，比如，幼儿自己的绘画作品、教师的绘画作品、绘本、网络上下载的适合幼儿讲述的图片等。

2.实物讲述

实物讲述是使用真实具体的物品作为凭借物来帮助幼儿开展讲述活动的一种方式。适合幼儿讲述的实物主要有真实的动物、植物、玩具、日常用品等。实物讲述需要幼儿仔细观察实物，并将实物的特征、功能、使用方法等描述出来。

3.情境表演讲述

情境表演讲述是幼儿在教师的引导下观看情境表演，在理解情境表演的基础上完整、连贯、清晰地讲述情境表演内容的一种活动。情境表演的形式多样，比如动画片、真人表演、童话剧、皮影戏、木偶表演等。教师在选择情境表演的内容时，要考虑到幼儿的兴趣，表演内容应贴近幼儿的生活，适合幼儿讲述。

4.生活经验讲述

生活经验讲述是一种幼儿根据已有的生活经验，用完整、连贯、清晰的语言讲述自己在生活中经历的事情的语言教育活动。所选择讲述的生活经验一般是幼儿印象深刻或感兴趣的事情，比如"我的北京之旅""难忘的周末""热闹的春节"等。

三 幼儿园讲述活动的教育价值

（一）发展幼儿的独白言语能力

幼儿园讲述活动重在锻炼幼儿的独白言语能力。独白言语需要说话人独自构思和表达对某一内容的完整认识。在幼儿园谈话活动中，幼儿的语言交流是双向或多向的，交谈的话语是简短的。而在幼儿园讲述活动中，往往由一个人讲给多人，所讲的话语相对较长。因此，幼儿园讲述活动中，幼儿需要独立构思所要讲述的内容、讲述的重点、讲述的顺序，并在他人面前完整、清楚、连贯地表达自己对凭借物的理解与认识。在讲述的过程中，幼儿的独白言语能力不断发展，同时，语言的流畅性和连贯性也得到提高。

（二）发展幼儿的倾听能力

幼儿园讲述活动中，幼儿讲述某个物品、某幅图片或某件事情时，需要组织语言，并完整、连贯地讲述出来。其他幼儿需要认真、耐心地倾听，学习其他幼儿讲述的方法。因此，幼儿园讲述活动能发展幼儿的倾听能力。

（三）促进幼儿认知能力、思维能力和想象力的发展

看图讲述活动中，幼儿通过观察图片中的人物、动作、表情以及图与图之间的异同，养成仔细观察和有序观察的习惯。为了看懂图片内容，幼儿需要根据画面线索想象和猜测故事情节，判

断事件发生的原因和顺序，由此发展幼儿的思维能力和想象力。比如，看图讲述活动，图片中的人、事、物存在一定的因果关系或前后顺序。幼儿观察图片时，教师适时引导提问："图片中发生了什么事？为什么？结局是怎样的？"幼儿需要经过一定的推理、判断、分析，才能真正认识、理解图片，然后将图片内容完整、连贯地讲述出来。在这个过程中，幼儿的认知能力、思维能力和想象力均得到了发展。

> **聚焦案例**
>
> 《小梅爱锻炼》中有三幅图。第一幅图描述的是下雪了，奶奶出门买菜前告诉小梅不要出门；第二幅图是奶奶买菜回来看见椅子上只有布偶娃娃，在屋里没有看到小梅；第三幅图是奶奶出去找小梅，看到小梅在院子里锻炼身体。有的幼儿看到第二幅图时，会对教师说："小梅偷偷跑出去玩，不听奶奶的话，不是好孩子。"若我们只看前面两幅图，确实是小梅没有听奶奶的话，但是三幅图连贯起来看，答案就不一样了。

拓展阅读：
学前儿童叙事性讲述核心经验的内涵及发展阶段

拓展阅读：
学前儿童说明性讲述核心经验内涵及发展阶段

四 幼儿园讲述活动的目标

（一）幼儿园讲述活动总目标

1.认知目标

①感知、理解讲述对象。
②丰富词语、句式，理解不同的讲述方法。

2.能力目标

①能在集体面前自然、大方地讲述并声音洪亮，不扭捏，不胆怯，不退缩。
②能够完整、连贯、流畅地讲述，且用词规范准确。
③能有中心、有重点、有顺序地讲述，不偏题离题，讲述清晰而有条理。

3.情感态度目标

①愿意认真倾听他人说话。

②乐意说出自己的想法或做出相应的反应。
③愿意根据同伴的反应，尝试调整自己讲述的内容和方式。

（二）幼儿园讲述活动各年龄段目标

根据幼儿园讲述活动总目标和各年龄段幼儿语言发展的特点，确定幼儿园讲述活动各年龄段目标。

1. 小班

（1）认知目标

①理解特征鲜明、内容简单的凭借物。
②知道按照要求进行讲述，知道在集体面前讲述时声音要洪亮。

（2）能力目标

①能正确地讲述凭借物的主要特征或主要事件，在讲述中能够初步使用事物的规范名称和相关词语。
②在集体中安静地倾听他人讲述，并目视讲述者，不随便打断别人的讲话。

（3）情感态度目标

①愿意运用各种感官、按照指令的要求去感知凭借物。
②愿意在集体面前讲述。

2. 中班

（1）认知目标

①知道要先观察后讲述，学习观察的方法。
②逐步理解凭借物中展示的事件顺序。

（2）能力目标

①能用完整句连贯地讲述凭借物内容，声音洪亮。
②学习按照一定的顺序讲述凭借物的内容，能使用准确恰当的词语讲述事物特征或事件。
③能认真、耐心地倾听别人的讲述内容，并发现跟自己讲述的异同，从中学习好的讲述方法。

（3）情感态度目标

①愿意运用各种感官感知讲述内容。
②主动在集体面前讲述，声音洪亮，句式完整。

3. 大班

（1）认知目标

能正确地感知并理解较为复杂的凭借物中蕴含的主要人物关系和思想感情倾向。

（2）能力目标

①能完整、连贯、有重点地讲述凭借物内容，讲述时语言流畅，用词、用句较为准确。
②能根据他人反应调整讲述的内容和时间，能根据场合的需要调节自己讲述的音量和语速。

③能在集体中专注地、长时间地听别人讲述，并能记忆倾听的内容。

（3）情感态度目标

①积极主动地运用各种感官感知理解凭借物内容。

②在集体中能主动地表达自己的想法，态度自然大方。

③认真且有礼貌地倾听他人讲述，乐意说出自己的想法或做出相应的反应。

任务二　幼儿园看图讲述活动的设计与实施

一　幼儿园看图讲述活动概述

幼儿园看图讲述是幼儿对图片进行观察，在理解图片内容的基础上用较为完整、连贯、清楚、有序、生动的语言表达图意的活动。幼儿主要使用叙事性语言把图中人物的经历或事情发生、发展的先后顺序等讲述出来。

看图讲述活动是幼儿园语言教育活动中比较常见的一种讲述活动方式。考虑到幼儿的年龄特征和图片的特点，我们可以将幼儿园看图讲述分为单图讲述、多图讲述、排图讲述、拼图讲述、绘图讲述和绘本讲述等类型。

（一）单图讲述

单图讲述是指教师为幼儿提供一张图片供其讲述，图片上的人物较少，人物形象鲜明，画面、情节简单，背景简洁（见图5-1）。单图讲述是看图讲述中相对简单的一种讲述方式，幼儿只需要简单地说出图片中有什么、发生了什么事情。因此，单图讲述更适合在幼儿园小班开展，重点在于鼓励幼儿用完整的句子说出图片中的内容。

图5-1　《小猫钓鱼》单图讲述

（二）多图讲述

多图讲述是指教师为幼儿提供按顺序排列好的多张图片供幼儿讲述，一般是2~6张图片（见图5-2）。多图讲述的图片和图片之间有一定的联系，幼儿需要按照图片的顺序来描述图片内容。教师要鼓励幼儿关注图片之间的联系、图片中人物和事件之间的联系，将图片中的细节讲述出来。因此，多图讲述对幼儿要求较高，多在中班、大班开展。

图5-2　《小兔搬家》多图讲述

（三）排图讲述

排图讲述是指教师为幼儿提供多张无序，但内容相关的图片，让幼儿根据自己对图片的理解对图片进行排序，然后讲述图片的主要内容（见图5-3）。对幼儿来说，排图讲述具有一定的挑战性，因此，此类型活动更适宜在中班、大班进行。

图5-3　《好玩的跷跷板》排图讲述

（四）拼图讲述

拼图讲述时，教师需要为幼儿提供各种构图材料和背景图。常见的构图材料和背景图包括积木、七巧板、磁铁图片、立体图片等。构图材料和背景图中应尽可能地展现人物、地点等信息。幼儿根据不同的主题进行构思和想象，将各种构图材料拼在背景图上，形成一个完整、有情节的故事画面，然后以此拼图作为凭借物开展讲述活动（见图5-4）。

图5-4 《划船啦》拼图讲述

（五）绘图讲述

绘图讲述是指幼儿根据自己创作的美术作品，完整、连贯地讲述作品内容的活动（见图5-5）。具体来讲，美术作品可以是绘画作品，也可以是折纸作品等。

图5-5 《有趣的户外活动》绘图讲述

（六）绘本讲述

绘本讲述是指教师为幼儿提供绘本，引导幼儿仔细观察、阅读绘本，然后根据自己的理解将绘本内容完整地讲述出来。教师在给幼儿提供绘本时，需要考虑幼儿的年龄特点、兴趣及需要。

二 幼儿园看图讲述活动中图片的选择

（一）主题明确，内容健康

幼儿园看图讲述活动所选的图片主题应该健康、明确，便于幼儿欣赏观看，易于幼儿理解。同时，图片内容应符合幼儿的生活经验与认知水平，能激发幼儿讲述的兴趣和愿望。例如，图片《小鸡和妈妈》教育幼儿如何保护环境，图片《粉红色的雨靴》（见图5-6）引导幼儿学会帮助他人。

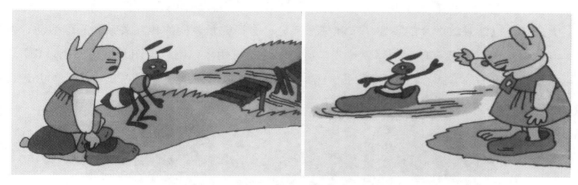

图5-6 《粉红色的雨靴》图片

（二）图像丰富，主次分明

幼儿园看图讲述活动所选的图片在内容上应该情节丰富、主次分明、线索明确，图与图之间有内在的联系，有让幼儿进行想象与讲述的空间；在形式上应该体现美感和多样性，教师要精心挑选适合幼儿欣赏的各类图片，发展幼儿的审美能力。

（三）符合幼儿的年龄特点

不同年龄段幼儿的身心发展水平和语言发展水平不同，所以在选择图片内容时，对于不同年龄段幼儿要选择不同的图片。

小班幼儿以具体形象思维为主，知识经验贫乏，语言能力较弱，因此，教师应为其选择主题明确、线索单一、画面颜色鲜艳、图画中人物动作和神态明显、背景简单的图片，同时注意图片不宜过多，一般以单幅图为主。例如：图片《小猫与刺猬》（见图5-7）色彩鲜艳、画面形象，能激发小班幼儿的观察兴趣；小猫和刺猬都是幼儿熟悉的动物，有利于幼儿把握它们的特征；图片内容简单，有利于幼儿学习用简单句如"请你吃××"以及方位词"上、旁边、里面"等进行图片讲述。

中班幼儿的观察力有了一定的发展，教师可为其选择线索较复杂、角色较丰富、有一定情节变化的多幅图，但图片不宜超过4幅。比如，《兔子搬家》《兔子的小红伞》等图片适合中班幼儿进行讲述活动。

图5-7 《小猫与刺猬》图片

大班幼儿已能观察图片的主要情节和细节部分，会探究角色间的相互关系和心理活动，教师应为其选择情节较复杂有趣、情感表达较丰富的图片，可用多幅图，但图片最多不超过6幅。也可以采用排图讲述的方式。比如，《猴子学样》（见图5-8）、《西瓜船》等图片适合大班幼儿进行讲述活动。

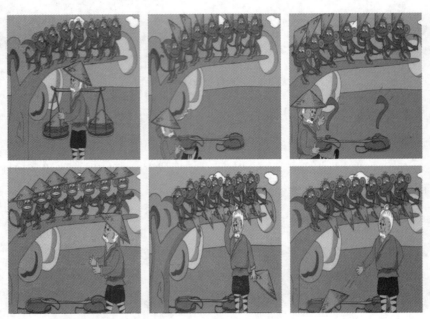

图5-8 《猴子学样》图片

三 幼儿园看图讲述活动设计与组织

幼儿园看图讲述活动的结构清晰、层次分明，主要分为五个环节。

（一）引题激趣

引题激趣为第一环节，即导入环节。此环节的目的在于吸引幼儿的注意力，激发幼儿的学习兴趣，引出主题。导入的方式有很多，如谈话导入、情境导入、图片导入、游戏导入、谜语导入、

项目五 幼儿园讲述活动

音乐导入、音频导入、视频导入等。

聚焦案例

在小班看图讲述活动"小猫与刺猬"的导入环节，教师以角色扮演的形式创设情境，教师戴着刺猬的头饰，用亲切的语气和幼儿打招呼："小朋友们好，我是刺猬医生。"这样能更好地将幼儿带入活动中，激发幼儿参与活动的兴趣。

在中班看图讲述活动"大象的长鼻子"的导入环节，教师出示了这样一道谜语："耳朵像蒲扇，身子像小山，鼻子长又长，帮人把活干。"请幼儿猜测谜语描述的是哪个动物，营造轻松愉快的氛围，激发幼儿的学习兴趣。

 活动视频：
大班看图讲述活动"小兔搬家"

（二）感知、理解图片

感知、理解图片是决定讲述活动能否顺利开展的重要环节。教师演示图片的方式有多种，比如一次性演示、逐幅演示、非顺序一次性演示等。具体选用哪种演示方式，主要是考虑幼儿的年龄特点。一次性演示多用于图片较少的讲述活动，如出示单张图片；多张图片适合逐幅演示；非顺序一次性演示适用于排图讲述活动。

观察和提问是引导幼儿感知、理解图片内容的重要手段。在看图讲述活动中，教师应重点引导幼儿观察图片中角色的特征、表情、肢体动作、背景等，引导幼儿发现图片与图片之间的关系，根据图片提供的线索推测、想象图片故事中的具体情节。

1.提问的类型

（1）描述性提问

描述性提问是教师针对画面内容设置问题，引导幼儿初步感知、认识和理解讲述对象。它要求幼儿用语言描述画面人物名称及角色主要特征、动态等。比如：图片中有哪些小动物？它们在哪里？在做什么？它们的表情是怎样的？

（2）思考性提问

思考性提问是为了引导幼儿对画面进行判断、分析而设置问题，目的在于启发幼儿思考，让幼儿学会有依据地讲述。这种提问重点在于引导幼儿就图片中事件发生的背景、时间、过程等要素进行观察和分析，引导幼儿思考并讲述故事的情节或起因。比如：这是什么地方？天气怎样？现在和刚才有什么不同？发生了什么事情？你怎么知道这块地是小熊的呢？为什么会这样？

（3）假设性提问

假设性提问是指根据凭借物的相关线索，引导幼儿推测相关内容，是一种发散性的提问，其目的在于启发幼儿展开想象，更好地理解凭借物，充实讲述内容。比如：图片中小动物的心情怎么样？你是怎么知道的？你认为他们说了什么话？他们在想什么？他们可能会怎么做？后面会发生什么？如果你是他，你会怎么做呢？

(4) 评价性提问

评价性提问是指引导幼儿对图片中所展现的故事、情境、事件等做出评价的提问。比如：你最喜欢图片中的哪个小朋友？你认为他是懂礼貌的好孩子吗？为什么？你最喜欢图片中的哪个小动物？为什么？

2. 提问的内容

这一环节提问的目的在于帮助幼儿仔细观察图片、理解图意，所以提问要围绕图片内容，抓住关键信息，帮助幼儿构思讲述内容的基本要素，如地点、角色、人物关系、事件、结果、对话、角色的心理活动、细节等；另外，还可以通过提问的方式引导幼儿掌握相关的词语和句式，帮助幼儿准确、清晰地表达图意。比如，引导幼儿观察图片时，教师提问："这是一个什么样的洞？"在观察的基础上，幼儿说："这是一个又黑又深的洞。"再如，教师可以问："四脚朝天是什么意思？"教师可以适当让幼儿重复教师的回答，以此来巩固所学的词语和句式。

> **聚焦案例**
>
> 在小班看图讲述活动"小老鼠运鸡蛋"中，教师围绕讲述内容的基本要素进行提问："图片中有谁？在什么地方？小老鼠和鸡蛋之间发生了什么事情呢？"幼儿跟随教师的提问进行思考，了解图片主要信息。
>
> 在大班看图讲述活动"小兔搬家"中，在幼儿观察第二幅图之后，教师提问："小兔子走到半路时发生了什么事？小兔子想了什么办法？"根据幼儿的回答，引导幼儿学习动词"躲""钻"。

3. 观察与提问的顺序

教师要帮助幼儿学会有顺序地观察图片，使讲述具有逻辑性。同时，教师要注意提问的顺序。具体来说，提问可以按照以下几种思路来设计：一是按照时间顺序，即根据人物出现或事件发生的先后顺序提问；二是按照空间顺序，即从整体到局部、由上及下、由左到右、由近及远来提问；三是由具体到抽象、从画内到画外来提问；四是从主要情节到次要情节来提问；五是对于单幅图，从整体到局部再到整体，对于多幅图，从局部到整体。

> **聚焦案例**
>
> 在看图讲述活动"动物园聚会"中，首先，教师引导幼儿按照从上到下的顺序观察画面，让幼儿注意到画面上方有蓝天白云，下方有池塘，再鼓励幼儿讲述天空中和池塘里分别有什么。"天上有一排小鸟在飞，池塘里有两条小鱼在游。"幼儿能依次答出画面

上方与下方的内容。其次，教师引导幼儿从左到右观察画面，幼儿会回答"左边有一个笼子，里面装着大象。右边有一只长颈鹿和一头狮子"。最后，教师引导幼儿从局部到整体、从四周到中间观察画面，让他们结合观察结果推测动物之间的关系。幼儿这样交谈："树上有只小松鼠，它在和狐狸说话。""狐狸在哪里呀？"幼儿兴奋地告诉同伴："狐狸躲在大树底下。"通过有序观察，幼儿可以对画面产生一个完整、清晰的印象，对动物的认识也更加深刻。在表达时，他们可以连贯、有条理地描述动物园的整体场景和各个动物的特征。

聚焦案例

在大班看图讲述活动"兔子的小红伞"中，教师出示第二幅图片并提问："小兔子来到了什么地方？遇到了谁呢？它们在干什么呢？它们的心情是怎样的呢？这里的小红伞有什么作用呢？这时它们会想什么？"通过这些问题引导幼儿从观察描述到思考推理，从画内到画外，便于他们按照一定的顺序进行整体构思。

4. 提问要考虑幼儿的年龄特点

教师要根据幼儿的年龄特点有针对性地提问。

针对小班幼儿的提问，数量尽量少，主要围绕图片中的角色、地点、事件来进行提问，以描述性问题为主。

针对中班幼儿的提问，增加提问数量，主要让幼儿对图片内容进行简单描述，帮助幼儿厘清图片中角色、地点、事件之间的关系，引导幼儿生动、形象地讲述图片内容。

针对大班幼儿的提问，增加提问数量，设计的问题要更加关注图片的细节部分。提问的类型更多，可以提少量连续性问题，还可以设计一些思考性问题、假设性问题、评价性问题等。

聚焦案例

在小班看图讲述活动"小猫钓鱼"中，教师针对图片提问："图片中有谁？它们在干什么？它们钓到鱼了吗？"

在中班看图讲述活动"小猫被淹"中，教师针对第一幅图片提问："小猫们来到了哪里？它们发现了什么？小猫感觉怎样？它们会怎么说？"

在大班看图讲述活动"猴子过河"中，教师针对第二幅图片提问："河上有什么？小猴子们是怎么过河的？你是从哪里看出来小猴子是抢着过河的？你能学学它们过河的动作吗？可以用一个什么词来形容它们的动作呢？老猴子看到这一幕是什么样的心情呢？老猴子会说些什么呢？"

（三）运用已有经验自由讲述

幼儿充分感知、理解图片后，教师引导幼儿运用自身已有经验进行讲述。在幼儿讲述的过程中，教师应该给予幼儿充分的信任，尽量让幼儿自由讲述，充分调动幼儿过去的知识经验，尽量让每个幼儿都有讲述的机会。

1.讲述前，教师交代讲述的要求

在幼儿正式讲述前，教师要交代清楚讲述的要求。

（1）讲述的基本要素

教师要帮助幼儿了解讲述的基本要素，即人物（动作、对话和内心感受）、地点、事件（开始、过程、结束）、结果等，让幼儿意识到这些基本要素并将它们准确地表达出来，力求讲述的全面性。比如，教师可以告诉幼儿"讲清楚画面中有谁，发生了什么事，结果怎么样，这样才能把故事讲得完整"。

（2）讲述的基本方法

教师可以引导幼儿按顺序讲述，比如从上到下、从左到右、从大到小、从近到远、从表面到本质。注意重点部分多讲，次要部分少讲。

> **聚焦案例**
>
> 看图讲述活动"捉迷藏"中，幼儿讲述之前，教师让幼儿按照"小熊来草地上干什么—后来谁来了—它们一起做什么—在捉迷藏过程中又发生了什么—后来怎么样了"的思路进行讲述。

2.讲述中，教师耐心倾听与指导

在幼儿讲述的过程中，教师不要随意干扰、打断，要做好示范作用，耐心倾听幼儿讲述，及时发现幼儿讲述过程中的问题和闪光点，可以在幼儿讲述完后再针对性地指导。

在这一环节，教师可以采用多种组织形式让幼儿进行讲述。

一是集体讲述。集体讲述是指幼儿围绕图片内容，在集体面前讲述自己对图片内容的认识和理解。集体讲述的优点是可以选择在分组讲述或者个别交流讲述中讲得有趣、有特色的幼儿在集体面前讲述，可以对其他幼儿起到示范学习的作用。

二是分组讲述。分组讲述是指教师根据班级中幼儿的口语表达能力、语言组织能力、个性特征等方面的差异，有针对性地将幼儿分成不同的小组。每个小组尽量保持人数相同，4~6人为一组较为合适。分组讲述的优点是可以在较短的时间内，让每个幼儿都有足够的机会讲述。教师在分组时，要尽量保证同一个小组里面，既有表达能力较强的幼儿也有表达能力相对较弱的幼儿，既有性格外向的幼儿也有性格内向的幼儿，做到以强带弱、性格互补，让讲述活动发挥最大的效用。

三是个别交流讲述。个别交流讲述是指教师和个别幼儿或者幼儿和幼儿之间进行的一对一的讲述活动。这种方式的优点是性格有些内向、不够自信的幼儿可以大胆讲述，真正做到让每个幼儿都有充足的时间讲述。

3.讲述后，集体评价

幼儿讲完之后，集体评价幼儿的讲述情况。教师应鼓励幼儿参与评价，根据幼儿的评价进行总结。评价时应注重幼儿的精彩表现，促进幼儿间相互学习讲述经验，帮助幼儿养成注意倾听他人讲述的好习惯。比如，"哪些地方讲得最生动？哪些地方讲得可以更好些？""蕾蕾小朋友用了'兴高采烈'这一词语，真棒！""他说得很有顺序，早上……中午……晚上……"等。

（四）引进新的讲述经验

引进新的讲述经验是讲述活动的重要环节。在图片讲述活动中引进新的讲述经验，主要是帮助幼儿进一步熟悉讲述的基本要素，理清讲述的思路，了解讲述的基本方法。

1.新的讲述经验

（1）语言内容的新经验

语言内容的新经验即帮助幼儿在讲述时增加新的内容，如角色心理活动、对话等。教师在指导幼儿讲述图片内容时，不仅要引导幼儿细心地观察画面所展示的内容，还要引导幼儿想象图片中角色的心理活动和对话。

（2）语言形式的新经验

语言形式的新经验即指导幼儿在讲述时运用新的字、词、句等语言形式，用生动形象的语言讲述。比如，学会用"有的……有的……还有的"这一句式讲述某一画面。

（3）语言运用的新经验

语言运用的新经验即提醒幼儿注意讲述的完整性、顺序性和条理性。对于大班幼儿，教师还要提醒他们抓住图片的主要内容、突出重点。

> **聚焦案例**
>
> 在大班讲述活动"小猪买气球"中，教师示范讲述后，引导幼儿讨论教师讲得精彩的地方，比如想象小猪的心情，运用"高兴""快乐""兴高采烈""五颜六色"等形容词，以此让幼儿积累新的讲述经验。

2.引进新的讲述经验的方式

引进新的讲述经验主要有以下三种方式。

（1）教师示范新的讲述经验

幼儿自由讲述结束后，教师在幼儿讲述图片的基础上，示范新的讲述经验。教师在讲述时要注意语言的规范性，并帮助幼儿理清讲述思路，使整个讲述过程有顺序、有条理，为幼儿讲述做好榜样；同时，教师的讲述可以更加生动，如使用好听的词语和句子，为幼儿进行示范。需要注意的是，教师不能要求幼儿按照教师的示范内容一字不差地照搬、模仿，幼儿学习的是图片讲述的思路、方法等。

教师示范讲述之后，请幼儿比较讨论教师的讲述与自己的讲述有哪些不同之处，在此基础上，教师归纳讲述的方法，为幼儿引进新的讲述经验。如"老师讲的故事跟你们的故事有什么不一样？""老师用了好听的词，比如'又破又旧''扛''躲''钻''高高兴兴'，还说了他们的口号'一二一、一二一'以及他们的对话和心情"。

（2）教师通过提示引进新的讲述经验

引进新的讲述经验时，教师还可以通过提示的方式来进行。比如教师运用提问、插话的方式来引导幼儿讲述的思路，进而让幼儿学习新的讲述经验。

> **聚焦案例**
>
> 在小班看图讲述活动"小兔搬家"中，教师先让幼儿把图片联系起来讲述，教师再提示："我们不仅要学会把故事连起来说，还要把小兔子们是怎么想的、怎么商量的都讲到故事里去，这样这个故事就会更有趣。"

（3）教师与幼儿一起讨论新的讲述经验

帮助幼儿理清讲述的思路有助于幼儿的讲述更具条理性和逻辑性，所以教师可以与幼儿围绕图片的内容交流讨论讲述的思路和方法，或者是请某位幼儿讲述图片内容，然后围绕该幼儿的讲述进行讨论，讨论其讲述的优缺点，然后再归纳总结新的讲述经验。

> **聚焦案例**
>
> 在大班生活经验讲述活动"夸夸我的好妈妈"中，教师说："刚才××小朋友讲得真好，他在讲述时，先讲了自己的妈妈长什么样、在哪里工作，再讲了妈妈最喜欢做的事情和妈妈对自己的关心、爱护，最后说了自己为什么喜欢妈妈。他说因为妈妈照顾自己很辛苦，所以自己爱妈妈。"之后，通过师生共同讨论，幼儿知道了在讲述时先说什么、接下来说什么、最后说什么，明确了讲述的基本内容，避免了重要信息的遗漏或重复，也学会了有顺序地讲述。此外，教师着重突出了"因为"这一关键词，让幼儿感知并学会用常见的连接词进行描述。

（五）巩固和迁移新的讲述经验

引进新的讲述经验后，教师要给予幼儿练习的机会，检验幼儿学习的效果，因此在看图讲述活动中，巩固和迁移新的讲述经验是不可或缺的环节。

看图讲述活动在迁移讲述经验时往往使用更换作品角色、场景或部分情节内容的方法进行，这样难度既不会太大，也不会影响幼儿讲述的兴趣。巩固和迁移新的讲述经验可以采用以下几种方式。

1. 由A及A

在教师示范新的讲述经验并帮助幼儿理清思路后，让幼儿运用新学的讲述经验来讲同一件事、同一个场景。比如，在讲述活动"粉红色的雨鞋"中，教师先讲述了"小兔子帮助蚂蚁"的内容，为幼儿示范了新的讲述经验，之后出示"小兔子帮助小鸟"的图片，让幼儿运用新学的讲述经验来讲述图片内容，以此来巩固幼儿的讲述经验。

2. 由A及A1

幼儿学习新的讲述经验后，教师在图片内容的基础上，给予幼儿拓展、延伸的机会，让幼儿巩固和迁移新的讲述经验。比如，在大班看图讲述活动"两只笨狗熊"中，教师示范新的讲述经验，讲完整个故事后，让幼儿分角色表演。

3. 由A及B

当幼儿学习了一种新的讲述经验后，教师可以立即提供同种类型不同内容的讲述机会，引导幼儿按照同样的思路来讲述和巩固新的讲述经验。比如，在大班生活经验讲述活动"夸夸我的好妈妈"中，在幼儿学习如何讲述自己的妈妈后，让幼儿按照同样的讲述思路和方法夸夸自己的爸爸。

任务三　其他类型讲述活动设计与组织

一、实物讲述活动设计与组织

实物讲述是幼儿凭借具体的物体（如真实的物品、自然景物等）进行讲述，主要使用说明性语言把实物的性质、特征具体讲述出来。开展实物讲述活动的前提是幼儿对将要讲述的实物非常熟悉，所以教师在组织实物讲述活动前，应该考虑所选择的实物是否贴近幼儿的生活，幼儿对这一实物是否有一定的认识。只有在这个基础上开展实物讲述活动，才能最大限度地发挥讲述活动的作用，如"我的抱枕""我的玩具""美丽的菊花"等。

（一）引题激趣

实物讲述活动可以采用的导入方式有多种。其中，最直观的导入方式就是直接出示所要讲述的实物，激发幼儿的兴趣。例如，在大班实物讲述活动"我的文具盒"的导入环节，教师直接出示文具盒，引导幼儿观察文具盒并提问"这是什么？你知道它是用来干什么的吗"，引发幼儿参与的积极性。

（二）感知、理解凭借物

实物讲述活动的凭借物，应该选择幼儿比较熟悉且有一定了解的实物。幼儿感知、理解凭借物时，教师要引导幼儿观察并掌握实物的基本特征、功能、使用方法等；此外，教师还要引导幼儿学会按顺序进行观察。

在这一环节要注意的是，不要将感知、理解凭借物的环节变成了科学活动中的观察、认识实物。科学活动的侧重点在于引导幼儿使用多种感官认识实物，了解其基本特征。而实物讲述活动的侧重点在于能用比较准确的词语描述实物，并学会倾听他人描述实物的特征、功能等。

> **聚焦案例**
>
> 在大班讲述活动"认识菊花"中，幼儿可以先介绍菊花花朵的特征，再介绍菊花的叶子和根，最后讨论菊花的用途。讲述的时候可以按照一定的顺序来，如名称—颜色—花瓣形状—味道—叶子和根—用途—开花时间，以给人一种完整、清楚的印象。

（三）运用已有经验自由讲述

教师引导幼儿根据自己对实物的认识，以集体讲述、分组讲述或个别交流的形式进行自由讲述。讲述的过程中，教师耐心倾听，不随意打断、干扰幼儿的讲述。

> **聚焦案例**
>
> 在小班实物讲述活动"我的小饼干"中，教师引导幼儿分小组讲述自己带来的饼干的颜色、形状、味道等，然后再邀请两名幼儿到集体面前讲述。

（四）学习新的讲述经验

在说明性讲述活动中，教师可以帮助幼儿学习从整体到局部的讲述方法，引导幼儿有序、完整地进行描述。比如，在讲述活动"小汽车"中，讲述思路可以是：这是一辆什么车—车身的形状是什么样的—车是什么颜色—这辆车有几个轮胎—车里有几个座位。在这个过程中，还可以让幼儿感受连接词，如"首先""其次""然后""最后"等的意义和用法。

> **聚焦案例**
>
> 在中班实物讲述活动"我的娃娃"中，教师通过提问启发幼儿，帮助幼儿理清讲述思路。幼儿自由讲述后，教师提问："这位小朋友哪里说得不合适？为什么？如果换你来说，你会怎样说？怎样说才能让别人一下找到你的娃娃？"

（五）巩固和迁移新的讲述经验

实物讲述活动可以通过更换讲述对象的方法来迁移讲述经验。比如，在幼儿获得讲述某件物品使用方法的相关经验后，引导幼儿按照讲述经验讲述新的物品，或者引导幼儿学习新的讲述思路再次讲述之前的物品。以上方法都能很好地巩固幼儿所学的讲述经验。

拓展阅读：
借力思维导图助推中班幼儿说明性讲述能力发展的实践研究

二、情境表演讲述活动设计与组织

情境表演讲述活动的凭借物是情境表演，教师要引导幼儿在观看表演的基础上，讲述表演内容。

（一）介绍角色、场景，激发兴趣

情境表演开始前，教师应该用生动、形象的语言介绍场景、角色和主要的表演者，由此激发幼儿观看表演的兴趣。同时教师还要注意提醒幼儿仔细观察表演者的表情、动作，认真聆听表演者的语言，记住表演的内容，利于幼儿在表演结束后讲述。

聚焦案例

在大班情境表演讲述活动"大家一起玩"中，教师是这样导入的：今天，老师请了三位小朋友，他们要做一个表演给大家看。你们看——这是真真，这是果果，这是粒粒。这里是幼儿园活动室。有一天，活动室里发生了一件事。请小朋友仔细观看。

（二）感知、理解凭借物

1.观看情境表演

情境表演讲述活动的凭借物是情境表演，因此，开展情境表演讲述活动要让每个幼儿都能看清楚、听清楚，表演者要面向全体观众，语速适中，声音洪亮，动作大方自然。

一般来说，情境表演要观看三次。第一遍是完整观看，对表演有一个整体的、初步的印象；第二遍是分段观看，让幼儿能更加细致地观察、记忆表演中的细节；第三遍是完整观看，让幼儿巩固加深对表演内容的印象，也能通过再次观看增加一些讲述的内容。

2.理解表演内容

教师应在幼儿观看情境表演后，对表演内容进行提问，帮助幼儿理解表演内容。教师要尽量按照表演顺序进行提问，一般针对角色、地点、事件及结果进行提问，帮助幼儿理清讲述思路。

> **聚焦案例**
>
> 在大班情境表演讲述活动"心情预报"中,教师让幼儿完整表演一遍播报天气预报。第一遍表演完后,教师提问:"天气预报和心情预报有什么不同?"第二遍表演完后,教师提问:"小动物的心情和狮子的心情有什么不同?雨天是指狮子的心情怎么样?为什么用雨天来表示?为什么狮子的心情是雨天?"第三遍表演完后,教师结合图片提问:"究竟是什么让狮子的心情是雨天?狮子怎么了?"

(三)运用已有经验自由讲述

教师在引导幼儿充分感知、理解、体验情境表演的基础上,采用分组讲述、个别交流或集体讲述的方式引导幼儿运用已有经验自由讲述。讲述之前,教师要帮助幼儿知道情境表演中的哪些内容是需要多讲的重点内容,哪些内容是可以少讲或略讲的次要内容。

(四)引进新的讲述经验

幼儿自由讲述之后,教师针对幼儿讲述的情况,围绕表演情节提出线索性问题,让幼儿进一步想象、丰富、完善他们的讲述内容。然后,教师进行完整的示范讲述,帮助幼儿了解、学习新的讲述经验。如果幼儿忘记了情境表演中某些重要情节,教师可以请表演者重复表演这一段内容,引导幼儿仔细观察后再讲述。

> **聚焦案例**
>
> 在中班情境表演讲述活动"河边捞球"中,教师示范讲述:"小猴、小松鼠来到小河边,小松鼠抓住河边的一棵树,小猴抓住小松鼠的大尾巴,再把身体探下去……终于把羽毛球捞上来了。"教师在讲述过程中为幼儿示范"抓""探""捞"等动词的使用。

(五)巩固和迁移新的讲述经验

情境表演讲述活动中,教师要帮助幼儿巩固和迁移新的讲述经验,可以改变情境表演中的角色、场景或角色之间的对话、动作、表情等,然后让幼儿重新观看表演后再根据上一环节学习的讲述经验再次进行讲述;还可以让幼儿对表演内容进行仿编、创编或改编,然后再表演出来,引导幼儿在自编自演的过程中,发展想象力、讲述能力和表演能力。

三 生活经验讲述活动设计与组织

在开展生活经验讲述活动时,教师应该选择幼儿感兴趣的、与他们的生活密切相关的主题,调动幼儿参与活动的兴趣,触动他们的情绪情感,帮助他们更好地回忆相关经历。教师可以通过谈话、提问等方式了解让幼儿印象深刻的事情,根据幼儿的兴趣生成有价值、有意义的经验讲述活动，如"难忘的生日""逛超市""周末趣事"等。另外，教师还应注重丰富幼儿的生活经验，因为幼儿的生活经验越丰富，讲述就越完整、越生动形象。

（一）引题激趣

一般来说，生活经验讲述活动运用得比较多的导入方式是谈话导入和图片导入。教师通过提问，和幼儿讨论自身经历的事情，或者出示和本次生活经验讲述活动相关的图片，调动幼儿已有经验，激发幼儿的参与兴趣。

（二）启发引导，回忆经验

生活经验讲述活动的第二个环节是启发引导，回忆经验。教师通过提问帮助幼儿回忆自己经历过的事情，帮助幼儿理清讲述思路。

> **聚焦案例**
>
> 在小班生活经验讲述活动"我的好妈妈"中，教师通过提问帮助幼儿回忆有关妈妈的事情。比如："你喜欢你的妈妈吗？你的妈妈长什么样子？你最喜欢妈妈陪你做什么事？你想对妈妈说什么？"
>
> 在大班生活经验讲述活动"难忘的生日"中，教师可以通过提问"你的生日是什么时候？通常跟谁一起过？你们怎样过生日？你收到了什么生日礼物"帮助幼儿理清讲述思路。

（三）调动已有经验自由讲述

幼儿以形象思维为主，因此，其独立完成讲述往往存在一定的困难，讲述可能缺乏条理性和顺序性。教师可以在讲述活动开始前，告知幼儿讲述主题，给予其充足的时间做准备。这样在活动开展时，幼儿才能快速地调动已有经验自由讲述。

（四）学习新的讲述经验

在这一环节，教师主要通过教师和幼儿的示范引导幼儿学习新的讲述经验。生活经验讲述活动应着重让幼儿学习如何有重点地讲述，如重点内容要多讲、细讲、精讲，非重点内容可以少讲，另外还要注意为幼儿引进新的词语和句式。例如，在大班生活经验讲述活动"我的暑假"中，教师引导幼儿讲述暑假生活，重点让幼儿讲述在暑假发生的印象深刻的事情。再如，介绍暑假外出游玩的活动中，教师引导幼儿重点讲述游玩的地方；在大班经验讲述活动"帮助他人"中，教师要引导幼儿重点讲述是如何为他人提供帮助的。

（五）巩固和迁移新的讲述经验

幼儿按照新的讲述经验再次进行讲述。这个环节可以借助视频、图片、游戏等形式，引发幼儿进一步讲述的兴趣。教师要提醒幼儿有重点地讲述，学习用固定的句式讲述，并提醒其他幼儿认真倾听。

项目小结

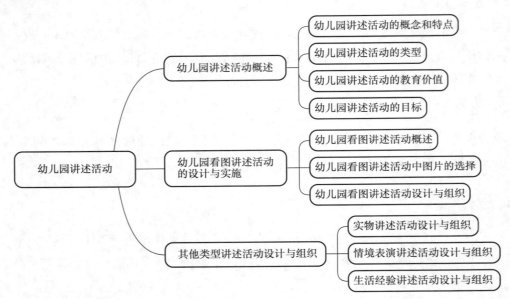

本项目任务一分析了幼儿园讲述活动的概念和特点、类型、教育价值和目标。任务二重点分析了幼儿园看图讲述活动的设计与实施要点，主要内容包括图片的选择，以及幼儿园看图讲述活动的设计与实施。重点分析了看图讲述活动的设计思路和组织要点，如通过引题激趣、感知理解图片、运用已有经验自由讲述、引进新的讲述经验、巩固和迁移新的讲述经验等活动步骤引导幼儿学会理解图片，完整讲述图片内容。任务三主要分析了其他类型讲述活动的设计与组织要点，如实物讲述活动、情境表演讲述活动和生活经验讲述活动。

自学自测

一、选择题

1. 着重培养幼儿独白言语能力的活动是（   ）。

   A. 文学欣赏　　　　　　B. 谈话　　　　　　C. 语言游戏　　　　　　D. 讲述

2. 为小班幼儿选择看图讲述的图片应该（   ）。

   A. 画面大，色彩鲜艳，角色不宜过多

   B. 角色形象突出，能从图中了解角色的心理活动

   C. 多幅图，不少于4幅

   D. 画面内容较复杂，画面各个事物之间都有联系

3. 教师出示图片，引导幼儿讲述《小猴卖"○"》。这种讲述活动是（   ）。

   A. 看图讲述　　　　　　B. 实物讲述　　　　　　C. 情境表演讲述　　　　　　D. 生活经验讲述

4.5—6岁幼儿能（　　）、连贯、清楚地讲述一件事情。

A.有条理　　　　　　B.明白　　　　　　C.简洁　　　　　　D.有序

二、简答题

1.简述幼儿园讲述活动的特点。

2.简述幼儿园讲述活动的价值。

3.简述大班讲述活动的目标。

4.简要说明谈话活动与讲述活动的区别。

5.简述看图讲述活动的设计思路。

实践与实训

【实训一】

实训要求与形式	中班看图讲述活动"小兔的窗户" 1.设计活动目标 2.写出主要环节的标题
实训材料	   
实训记录	活动目标： 活动过程：

【实训二】

实训要求与形式	大班看图讲述活动"好朋友"设计活动并分组、分片段模拟授课。（个人/小组完成，上传线上平台）
实训材料	
实训记录	活动目标： 活动准备： 活动过程：

【实训三】

实训要求与形式	制订小班实物讲述活动"我的鞋子"三维目标（个人/小组完成，上传线上平台）
实训材料	
实训记录	

【实训四】

实训要求与形式	设计活动目标和活动过程（个人/小组完成，上传线上平台）
实训材料	活动名称：大班生活经验讲述活动"我的一天"
实训记录	活动目标： 活动过程：

案例赏析

（一）看图讲述活动案例

案例一　中班看图讲述活动"小兔搬家"

【活动目标】

认知目标：仔细观察图片，感知理解图片内容。

能力目标：学习并确切地运用动词"抬""搬""扛""躲""钻"；能完整、连贯、有序地讲述兔子搬家的过程。

情感态度目标：懂得遇到困难要动脑筋想办法，解决问题。

【活动重点】

理解图意并连贯讲述。

【活动难点】

运用动词"挡""抬""搬""躲""钻"，较完整、连贯、有序地讲述兔子搬家的过程。

【活动准备】

经验准备：个别幼儿在生活中有过自己家人搬家的经历或见过他人搬家。

材料准备：课件、小兔搬家的图片（5套）、小兔头饰（4个）、小桌（4张）。

环境准备：幼儿围坐。

【活动过程】

一、出示字卡"搬家"，引发思考

师：老师给你们带来了两个字宝宝，你们认识吗？搬家是什么意思？那谁要搬家了呢？小兔

子为什么要搬家呢？（幼儿观察小兔家的房屋图）

（小结：小兔子们的房子又破又烂，挡不住风雨了，他们决定搬家）

二、观察图片，理解图意

（一）观察图一

师：他们是怎样搬家的？他们搬新家的心情是怎样的？

（请幼儿上来表演一下抬桌子、搬凳子）

（二）观察图二

师：小兔子们走到半路发生了什么事？他们想了什么办法？他们可能会说什么？（学习词："躲""钻"）

（三）观察图三

师：雨下个不停，如果是你们，还会继续搬家吗？你们会怎么做呢？小兔子们的心情是怎样的？小兔子还会继续搬家吗？

（四）观察图四

师：小兔子们放弃搬家了吗？最后想到了什么办法？小兔子的步子是怎样的？看到新家，小兔子们的心情会是怎样的？

三、幼儿运用已有经验讲述图片内容

师：我们可以按顺序将这些图片编成一个好听的故事，讲清楚小兔子是怎样搬到新家的。还要讲清楚画面中有谁、发生了什么事、说了什么、做了什么、结果怎么样，这样才能把故事讲得完整。

（一）幼儿两两自由讲述

师：请小朋友们一幅幅按顺序仔细观察，把故事讲给旁边的小伙伴听。（或者让幼儿两人一组，先讲两张图片，再与对面的两个小朋友交换）

幼儿根据图片内容讲述故事，教师在幼儿讲述的过程中指导幼儿学习和运用新词和句子。

（二）请个别幼儿运用已有经验连贯地讲述图片内容

师：谁愿意大声地讲给小朋友听？听的小朋友要听仔细他说了什么、说得好不好，并想一想好在哪里。

请个别幼儿在集体面前讲述。

（三）集体评价讲述情况，教师根据幼儿的评价梳理连贯讲述的要素

师：谁来说说他讲得好在哪里？

四、教师示范讲述，幼儿学习新的讲述经验

（一）教师示范讲述

教师讲述时要注意语言的规范性，并帮助幼儿理清讲述思路，使整个讲述过程有顺序、有条理，为幼儿讲述做好榜样；同时，教师讲述可以更加生动。

师：小兔家的房子又破又旧，挡不住风雨了，他们决定搬家。他们有的抬桌子，有的搬凳子，开心极了！走呀走呀，忽然，哗啦啦，哗啦啦！下起雨来了，怎么办呢？一只小兔子想了一个办

法——"快来快来,躲到桌子下面避避雨吧,不然会淋湿的。"大家就躲到了桌子下面。可是,雨下呀下呀,下个不停。怎么搬家呢?小兔子们非常着急。他们想啊想,想出了一个好办法。他们把凳子放在桌子上,四只小兔子在桌子下面各抬一条腿,这样他们既淋不到雨,又能搬家了。"一二一、一二一",他们高高兴兴地喊着口号,很快就到达新家了。

(二)幼儿评价

师:老师讲的故事跟你们的故事有什么不一样?

(教师用了好听的词"又破又旧""扛""躲""钻""高高兴兴",说了他们的口号"一二一、一二一",还描述了他们的对话和心情)

五、幼儿运用新经验再次讲述,巩固和迁移新的讲述经验

(一)幼儿再次分组自由讲述

教师提醒幼儿运用新的讲述经验,如想象更大胆、细节更详细、词汇更丰富、句子更完整等。

师:小朋友们在讲的时候,也可以像老师一样,把故事讲得更好听喔!

(二)在集体面前讲述

请1~2名幼儿在集体面前讲述,并让其他幼儿讨论他们讲得出色的地方,鼓励其他幼儿向他们学习。

(三)集体讨论

师:你喜欢这群小兔子吗?为什么喜欢他们?(或小兔子做了什么事情让你们很喜欢?)

小结:搬新家是一件很高兴的事,但又很麻烦,还会遇到一些意想不到的事。不过只要肯动脑筋想办法,这些都是可以解决的。咱们小朋友也要向小兔子学习,遇到困难要想办法解决!"

【附原图】

《兔子搬家》原图如图5-9所示。

图5-9 《兔子搬家》原图

案例二　大班排图讲述活动"西瓜船"

【活动目标】

认知目标：理解图片内容。

能力目标：能根据图片提供的线索进行合理想象与排序，并较有条理地编讲一个完整的故事。

情感态度目标：体会变换图片顺序的乐趣，有礼貌地倾听他人讲故事，体验故事中助人为乐的美好情感。

【活动重点】

根据图片提供的线索进行合理想象与排序，并讲述故事。

【活动难点】

有条理地编讲一个完整的故事。

【活动准备】

经验准备：幼儿已具备一定的讲述经验和表演经验。

材料准备：教学挂图、一个老鼠妈妈的头饰、一张两只小老鼠的合影图片。

环境准备：在教室里布置一个西瓜船在水上漂着的场景。

【活动过程】

一、情境导入

教师戴上老鼠妈妈的头饰，激发幼儿的兴趣。

师：小朋友们好！知道我是谁吗？我是鼠妈妈。刚才，我上了趟照相馆。瞧！这是我的两个小宝贝——灰灰和吱吱（出示小老鼠的合影图片）。他们可淘气啦！我昨天带他们出去玩，他们把自己弄得湿淋淋的。你们猜猜，发生了什么事？看看我昨天拍的照片就会明白啦！

二、感知、理解讲述对象

（一）教师配合音乐逐幅出示图片，请幼儿认真观察

首先，出示第一幅图"起风了，两只小老鼠在西瓜船里惊慌失措"，再出示第二幅图"一只小老鼠掉进了水里"。（紧张的音乐）

师：两只小老鼠怎么了？发生了什么事？你从哪里看出来的？你能用什么词语形容一下他们的表情？（丰富词汇："惊慌失措""手忙脚乱"等）

师：有什么办法能救它？

师：这两张图怎么排？谁在前？谁在后？为什么这样排？

（引导幼儿结合故事经验，学会自我保护的方法——坐船时不嬉闹，落水时不慌张，想办法自救）

之后，出示第三幅图"小青蛙推着西瓜船，两只小老鼠坐在西瓜船里"，再出示第四幅图"小青蛙坐在西瓜船里，小老鼠站在岸上和他挥手说再见"。

师：你看到了什么？他们在做什么呢？

（二）教师鼓励幼儿大胆想象图片中的情节

师：为什么青蛙在推西瓜船？灰灰和吱吱的心情现在怎样？青蛙为什么会坐在西瓜船里？在此期间，又发生了什么事？

师：这两张图怎么排？谁在前？谁在后？为什么这样排？

三、幼儿分组排序，自由讲述

幼儿对图片进行自由排序，并把灰灰和吱吱的经历编成一个生动、合理的故事，运用连贯的语言讲述出来。在讲述过程中，教师要鼓励幼儿加入自己独特的想法，并对其进行鼓励和指导。

四、学习新的讲述经验

（一）教师示范讲述

教师向幼儿展示自己的排序方法，并完整讲述图片内容。教师通过丰富的语气、变化的语调，引导幼儿感受故事人物不同的心情。

（二）教师启发幼儿颠倒图片顺序进行讲述

师：这些图片如果颠倒位置，故事还会是这样的吗？

五、巩固和迁移新的讲述经验

幼儿分组操作，自由排序，大胆合理想象，形成有发展情节的故事，并完整交流讲述故事。

（一）更换顺序完整讲述

教师引导幼儿尝试更换图片顺序，将图片自由排序，进行大胆想象并完整地讲述故事。

（二）引导幼儿创造性想象并排序

幼儿分组描述图片，教师鼓励幼儿大胆与同伴分享自己看到的图片内容，并为故事起个名字。

（三）小组代表讲述

每组请一名幼儿来讲自己的排序，学习按故事发展的一定顺序讲述。教师提醒并指导幼儿在讲述过程中使用恰当的词语，连贯讲述故事。

【活动延伸】

教师组织幼儿用表演的形式完整地再现故事，增强故事讲述的生动性和趣味性。

【附原图】

故事原图如图5-10所示。

图5-10　故事原图

（二）实物讲述活动案例

小班实物讲述活动"我的玩具"

【活动目标】

认知目标：了解玩具的玩法，学习简单的句式。

能力目标：能够用完整句描述自己的玩具，并表达对玩具的喜爱，学习新的讲述经验并尝试运用。

情感态度目标：乐意按照要求观察图片，愿意在集体中讲述。

【活动准备】

每位幼儿自带一件喜欢的玩具。

教师准备常见玩具的图片或实物，用于活动导入。

【活动过程】

一、图片导入

教师出示玩具图片，激发幼儿对玩具的兴趣，鼓励他们简单说说自己的玩具。

提问：小朋友们，请你们看一看，这些是什么呀？你们家里有没有这样的玩具呢？

二、感知、理解凭借物

让幼儿逐一展示自己的玩具，引导他们摸摸、看看、玩玩，感受玩具的质地、形状、颜色等。

师：你的玩具是什么颜色的？摸起来感觉怎么样？它有什么特别的地方吗？

三、运用已有经验自由讲述

鼓励幼儿根据自己对玩具的观察和感受，用简单的话语描述玩具。

教师巡回指导，倾听幼儿的讲述，给予积极的反馈和必要的引导。

四、学习新的讲述经验

（一）教师示范讲述

教师示范讲述一个玩具，注意使用简单、生动的语言描述玩具的特点和玩法。

师：我的玩具是小汽车，它是红色的，有四个轮子。我按它的喇叭按钮，它就会发出"嘟嘟"的声音，好玩极了！

（二）幼儿学习讲述方法

引导幼儿模仿教师的讲述方式，尝试用更完整的句子来描述自己的玩具。

五、巩固和迁移新的讲述经验

（一）幼儿讲述

组织幼儿进行小组分享，每组选几名代表上台讲述自己的玩具。

在分享过程中，教师引导其他幼儿认真倾听，学习同伴的讲述方法。

（二）教师评价

分享结束后，教师对幼儿的讲述进行总结和点评，强调讲述的完整性和生动性。

【活动延伸】
①在班级区域中设置玩具分享区，让幼儿可以继续分享和交流自己的玩具。
②鼓励幼儿在家中与家人分享自己的玩具和讲述经历，增进亲子关系。

（三）情境表演讲述活动案例

中班情境表演讲述活动"河边捞球"

【活动目标】
①集中注意力观看情境表演，乐意在集体中讲述，懂得遇到问题要齐心协力想办法解决。
②学习动词"打""抓""探""捞"，能用完整句较连贯地讲述小猴和小松鼠在河边捞球的过程。
③理解情境表演的内容。

【活动准备】
材料准备：羽毛球一个，球拍两副，小猴、小松鼠、羽毛球的小图片若干，小猴或小松鼠的头饰（或胸饰）若干。
环境准备：排练好情境表演"河边捞球"，布置表演场景。

【活动过程】
一、介绍场景、角色，引出主题
教师介绍草地、小河、小猴、小松鼠，激发幼儿兴趣。
二、感知、理解凭借物
（一）观看情境表演
教师引导幼儿观看情境表演，在观看表演前对幼儿提出要求：看表演时要仔细看、认真听，想一想故事中都有谁、他们在小河边干什么、之后发生了什么事。
（二）理解表演内容
幼儿与教师共同观看一遍完整的情境表演，之后讨论、交流情境表演的主要信息。
师：小猴和小松鼠在小河边干什么？打羽毛球时发生了什么事情？
幼儿与教师再完整地观看一遍情境表演，教师提醒幼儿注意观察表演者的动作、表情。
师：是谁将羽毛球打入了小河里？为什么会发生这种事情？小猴、小松鼠是如何捞球的？最后捞到球了吗？
三、运用已有知识经验进行自由讲述
（一）幼儿自由讲述
幼儿分组自由讲述或者自由结伴进行讲述。教师认真倾听，巡回指导，重点指导他们讲述小猴和小松鼠在河边捞球的过程，帮助他们理解动词"打""抓""探""捞"，并能在讲述过程中正确使用动词。

（二）个别幼儿讲述

请1~2名幼儿在集体面前讲述。

四、学习新的讲述经验

（一）教师运用图片，引导幼儿进一步理清讲述思路

讲述思路：小猴、小松鼠在草地上打羽毛球—小松鼠不小心将羽毛球打入河里了—小猴、小松鼠齐心协力想办法把羽毛球从小河里捞上来。

（二）教师完整示范讲述

师：小猴、小松鼠来到小河边，小松鼠抓住小河边的一棵小树，小猴抓住小松鼠的大尾巴，再把身体探下去……终于把羽毛球捞上来了。（提醒幼儿比较自己与教师讲述的区别，尤其注意"打""抓""探""捞"等动词的使用）

五、巩固和迁移新的讲述经验

（一）幼儿再次自由讲述

幼儿讲述时，教师提醒他们运用新的讲述经验。

（二）幼儿表演，迁移讲述经验

教师分配角色，分发头饰，引导幼儿边表演边讲述小猴和小松鼠在河边捞球的故事，教师巡回倾听、指导。

六、教师总结

教师评价活动情况，表扬有进步和表现突出的幼儿。

（四）生活经验讲述活动案例

大班生活经验讲述活动"端午节"

【活动目标】

认知目标：了解端午节的来历及其风俗习惯，学习新句型"不仅……还……"。

能力目标：能够运用新句型完整、连贯地讲述。

情感态度目标：在集体面前大方、自然地讲述，产生对节日文化的兴趣和热情。

【活动重点】

完整、连贯地讲述生活经验。

【活动难点】

运用新句型完整、连贯地讲述相关生活经验。

【活动准备】

经验准备：幼儿有端午节的体验。

材料准备：视频（和屈原有关的传说、端午节的来历），各种形状的粽子（如长的、有棱角

的、扁的等）。

【活动过程】

一、引导幼儿感知和理解"端午节"

（一）教师通过提问，引出讲述主题"端午节"

师：你们知道五月初五是什么节日吗？那你们知道人们在端午节都做什么事情吗？

（二）教师播放视频

通过播放视频，让幼儿了解有关端午节的知识，激发其讲述的兴趣。

师：为什么要在端午节包粽子、赛龙舟？

二、引导幼儿运用已有生活经验进行讲述

（一）教师分发粽子，让幼儿进行观察和讨论

师：小朋友们，你们吃过的粽子都是什么样的？今天，老师给你们准备了好多粽子，你们看，这些粽子都是什么形状的？

（二）教师邀请幼儿品尝粽子，并鼓励其自由讲述自己品尝的粽子

教师告诉小朋友们剥开粽叶，尝一尝粽子。

师：你吃的粽子是什么味道的——是甜的还是咸的？是素的还是肉的？喜不喜欢吃？为什么？

（三）个别幼儿讲述

请1~2名幼儿在集体面前讲述。

三、引入新的讲述经验，运用句型"不仅……还……"

（一）教师通过提示引进新的讲述经验

师：在端午节，我们不仅包各种形状的粽子，还要品尝各种口味的粽子。

（二）教师引导幼儿运用句型"不仅……还……"进行集体讲述

师：现在，老师请小朋友们想一想端午节你们还做了什么，用"不仅……还……"编成完整的句子告诉身边的小伙伴。（教师提示：端午节要包粽子、赛龙舟、做香包等。）

（三）幼儿运用新句型进行集体讲述

请1~2名幼儿在集体面前用"不仅……还……"编成完整的句子进行讲述。

四、巩固和迁移新的讲述经验

（一）教师鼓励幼儿运用所学新句型，互相讲述自己的日常经历

师：小朋友们，请想一想我们在平时生活中还可以用"不仅……还……"说哪些句子呢？比如，今天我在家不仅叠了自己的被子，还整理了玩具。

（二）讲述自己在幼儿园的见闻

教师和幼儿一起运用"不仅……还……"句型讲述在幼儿园的见闻。

（三）教师总结

师：通过今天的讲述，我们知道人们庆祝端午节是为了纪念屈原。在这一天，我们不仅会吃粽子，还会看龙舟比赛；粽子不仅有扁的，还有长的；不仅有甜的，还有咸的……

【活动延伸】

教师鼓励幼儿回家后结合课上所学内容，运用句型"不仅……还……"向爸爸妈妈讲述端午节的风俗习惯或讲述自己在幼儿园的见闻。

 拓展阅读：
小班看图讲述活动"小花狗请客"

项目六　幼儿园早期阅读活动

◇ **学习目标**

1. 掌握幼儿园早期阅读活动的含义；理解幼儿园早期阅读活动的目标和内容。
2. 掌握幼儿园早期阅读活动的设计和组织要领。
3. 能设计和实施完整的早期阅读活动。
4. 传承和弘扬中华优秀传统文化；树立正确的儿童观。

◇ **情境导入**

家长们对于幼儿的早期阅读存在不同的看法。有的家长认为，幼儿只要把图画书读完就可以；有的家长认为，幼儿看图画书是为了识字；有的家长认为，幼儿看图画书或者听故事就是为了懂得一定的道理；有的家长认为，幼儿太小，并不需要阅读；有的家长认为，图画书是幼儿想象力的起点，它是一座小小的美术馆，又像一个小小的电影院；还有家长认为，图画书字太少，不值得读，应该让电子产品取代人声讲读。

你同意以上家长的看法吗？你认为什么是早期阅读？如何培养幼儿早期阅读的兴趣和能力？

任务一　幼儿园早期阅读活动概述

一、幼儿园早期阅读活动相关概念

（一）早期阅读与幼儿园早期阅读活动

1. 早期阅读

阅读是人们通过对书面语言和其他书面语言符号的辨认、感知和理解，从中获取知识和信息的实践活动和心理活动过程。

早期阅读是指幼儿凭借变化的色彩、图像、文字，或通过成人形象的读、讲来理解读物的活动过程。早期阅读不仅是读文字，还包括对图片、符号、标记的辨认及对影像资料的阅读，如幼儿观看动画片也属于广泛意义上的早期阅读。早期阅读不局限于用眼睛看，还包括听、写、画、触等其他多种感官的参与。

2.幼儿园早期阅读活动

幼儿园早期阅读活动是一种有目的、有计划的活动，是指教师引导幼儿运用视觉、听觉、触觉、口语、身体动作等手段理解图像、影像、文字等多种符号的活动过程。幼儿园早期阅读活动的开展，不仅能让幼儿养成良好的阅读习惯，学会正确的阅读方法，还能激发幼儿的阅读兴趣，积累幼儿的阅读经验等。

（二）早期阅读活动的类型

1.幼儿园集体早期阅读活动

幼儿园集体早期阅读活动是幼儿园开展早期阅读活动的形式之一，也是幼儿园最常见、最重要的早期阅读活动形式。

幼儿园集体早期阅读活动是指教师根据不同年龄阶段幼儿早期阅读发展水平，选择适合各年龄阶段幼儿阅读的图画书和其他阅读材料，并在教学活动开展之前有计划、有组织、有针对性地制订教学目标，设计教学活动时间和教学组织过程等，将全班幼儿集中在一起共同开展的集体教学活动。

2.阅读区活动

阅读区活动是指教师在班级或园内创设阅读区域，定期更新阅读材料，指导幼儿自主开展阅读的活动。

阅读区应设在活动室光线充足的地方，并设有便于幼儿取放书籍的书橱或书架，投放适宜的图画书。阅读区中投放的图画书应根据年龄差异而有所区别。托儿班和小班一般投放的图画书种类不要太多，但同一内容的书数量要充足。这种做法既有利于幼儿针对同一本书进行交谈，又可以避免幼儿因模仿而争抢图画书发生争执。而中、大班投放的书籍数量要充足，种类要丰富，并且经常替换、增加新的图画书。中、大班图画书的难度要加大，既可以选择文字较少的图画书，又可以选择有较多文字和拼音注释的图画书，便于幼儿根据自己的兴趣爱好来选择。

教师要为幼儿建立阅读情况记录表，对每个幼儿到阅读区活动的次数、阅读图画书的种类、阅读喜好、阅读能力、阅读习惯及讲述水平做详细的观察记录，并以此为依据，及时调整阅读活动目标，指导阅读活动的重点和阅读区各类图画书的设置。

 拓展阅读：
阅读区活动指导

3.渗透的早期阅读活动

渗透的早期阅读活动是指在幼儿园集体阅读活动和阅读区活动之外,存在于幼儿一日生活中的阅读,主要是指幼儿的日常生活、游戏、区角、其他领域等活动中渗透的阅读活动,具有随机性和融合性。

(三) 幼儿园早期阅读活动与讲述活动的异同

幼儿园早期阅读活动为幼儿提供了众多有具体意义的形象生动的阅读内容。幼儿在阅读过程中不仅要理解图画书的主要内容,还要将图画书的主要意思以口头表达的形式表现出来,这是幼儿园早期阅读活动的一个主要目标。因此,幼儿园早期阅读活动与讲述活动紧密结合,幼儿可以边看边说,也可以在看完之后把图画书的大意讲述出来。从阅读讲述的组织方式来看,幼儿可以独自讲述图画书的主要内容,也可以在小组、集体中讲述;可以一个人讲述一本图画书,也可以两三个幼儿共同讲述一本图画书。幼儿讲述的形式多种多样,通过讲述,幼儿不仅可以深入理解图画书的主要内容,还可以发展自身的语言表达能力、思维的综合概括能力。

但是,幼儿园早期阅读活动与讲述活动在目标上有很大的区别。讲述活动发展的是幼儿的独白言语能力,要求幼儿运用正式规范的语言,将图片的内容完整、连贯地表述出来;而幼儿园早期阅读活动更注重让幼儿理解图画书各画面之间、画面与整个故事之间的关系,理解故事情节的发展,在此基础上,将理解的内容以口头表达的形式表现出来。可见,幼儿园早期阅读活动是先理解后讲述,其包含讲述活动的内容,但又不完全等同于讲述活动。教师只有正确地认识幼儿园早期阅读活动,才能避免在设计与实施该活动时走入误区。

(四) 图画书的含义及特征

1.图画书的含义

图画书是一种以图画为主要表现形式的读物,在日本及我国港台地区常被称作"绘本"。图画书是图文结合、共同讲述故事的一种艺术形式。它以简练生动的语言和精致优美的绘画吸引幼儿的注意力,以生动有趣的情节和画面满足幼儿好奇的天性,为幼儿打开了通往新世界的大门。根据图画书的内容,一般将其分为文学类图画书和科学知识类图画书。文学类图画书包括故事型、童话型、散文型、诗歌型图画书。科学知识类图画书主要传递自然界或社会的真实信息和知识,也就是以介绍颜色、形状、数字等概念或动物、植物等自然物和社会生活、科技、历史、文化等知识为主。例如,《长长的》通过介绍动物的身体特征、自然界的事物,让幼儿认识"长"的概念;再如,《小机械立大功》通过介绍各种工具和它们的功用,让幼儿增加机械方面的知识。

拓展阅读:
图画书与插图画书、卡通漫画类作品的区别

2.图画书的特征

(1) 文字和图画完美结合

图画书由文字和图画构成,其文字和图画相互配合、相互丰富、相互激发。图画书围绕一个故事主题,通过连续的画面来讲述故事。在图画书中,图画和文字都是故事表达的媒介,图文结合,共同表达故事。

(2) 图画的叙事性

图画书的主体是图画,图画书的故事主要是借助图画来叙述的。图画不是文字的点缀,而是图书的命脉,甚至有些图画书一个字也没有,只用图画来讲故事。幼儿在最初阶段都是不认识字的,画面是图画书传递信息的主要手段,是与幼儿沟通的桥梁,幼儿通过阅读画面、观察画面来感受故事情节的发展。

> **聚焦案例**
>
> 《可爱的鼠小弟》是典型的字少画多的图画书,带有强烈的绘画特色。全书采用铅笔素描绘画,只有少数带有彩色色彩,比如红色的小背心、红色的苹果等。

> **聚焦案例**
>
> 《疯狂星期二》讲述了有一天青蛙突然会飞并开启了一段有趣的旅程的故事。绘本用极少的文字表达了一个非常有想象力的故事,引发小朋友无限的遐想,激发他们的想象力与创造力。

(3) 内容充满趣味

图画书画面直观生动、幽默风趣,文字优美流畅,符合幼儿的年龄和身心发展特点。幼儿和成人都可以在图画书中找到乐趣。如《鳄鱼怕怕 牙医怕怕》通过重复的对话,幽默诙谐地表现牙医和鳄鱼都感到恐惧的心理,展现出两个不同角色的心理变化过程。

(4) 主题富含哲理

优秀的图画书把人生哲理通过有趣的绘画、简练的文字传达给读者。比如《猜猜我有多爱你》(见图6-1)将"爱"这个抽象的概念用形象生动的画面、简短的对话表现得淋漓尽致。作者通过幼儿熟悉的兔子形象来表现这一主题,通过大栗色兔子和小栗色兔子之间充满趣味的对话,加上夸张的动作和表情,将"爱"这一人类永恒的主题诠释得相当生动。

图6-1 《猜猜我有多爱你》

(5) 艺术性

图画书具备一定的美感与艺术性。幼儿在阅读图画书时,图像信息传达脑海，色彩、构图、线条、绘画技巧等给幼儿带来画面中无穷的艺术感，同时，优美、生动、形象的文字也能给幼儿带来美的享受。

二 幼儿园早期阅读活动的教育价值

（一）培养幼儿的阅读兴趣和阅读习惯

图画书以图画为载体向幼儿传递信息，情节有趣、画面精美，对幼儿具有极大的吸引力和感染力。幼儿天生对周围的世界充满了好奇心和探究欲，他们在阅读活动中通过书中色彩鲜艳的画面、生动有趣的故事情节、丰富的科学知识和社会知识满足强烈的好奇心，获得愉快的情感体验，从而提高阅读的积极性，使阅读逐渐成为一种习惯。在幼儿时期养成阅读的习惯对于个体今后良好的学习习惯的养成有极大的帮助。不管是幼儿园的教师还是家长，都应注重培养幼儿阅读的习惯。经常带幼儿去班级的阅读区、幼儿园里的图书馆阅读，家庭中的亲子阅读，都能让幼儿感受到浓厚的阅读氛围，享受阅读所带来的快乐。

（二）发展幼儿的语言表达能力

幼儿期是个体语言发展的关键期，而图画书为幼儿提供了主动学习语言的机会。直观、形象的画面，辅以教师或家长讲述的故事，有助于幼儿理解和学习新的词汇，增加词汇量。幼儿通过观察图画中的场景和角色，学会用词语表达感受、描述事物，从而提高语言理解和表达能力。很多图画书含有节奏感强的儿歌和童谣，符合幼儿的语言发展特点，易于幼儿学习和模仿。图画书中丰富有趣的对话对于幼儿具有很大的吸引力，能够引导幼儿在角色扮演和游戏活动中自然地学习和使用。总之，通过幼儿园早期阅读活动，幼儿能主动学说词语、学说句子，学会使用恰当的语言进行交流，养成良好的倾听和表达习惯。

> **聚焦案例**
>
> 《我爸爸》是一本讲述父子之情的图画书。图画书通过简单朴实的语言和精心设计的排比句式，用孩子的口吻和眼光来描绘一位既强壮又温柔的爸爸。通过反复阅读这本图画书，幼儿能够迅速地掌握词语"强壮""柔软"等，还能学会"吃得像马一样多，游得像鱼一样快"这种句式。

（三）提高幼儿的观察力、想象力和理解力

早期阅读的读本以图画为主，书中鲜明、直观、生动、具体、形象的画面能让幼儿聚精会神地观察。幼儿要理解图画书的内容，就需要不断集中自己的注意力，对画面进行观察，揣摩画面之间的关系。观察力是阅读最基本的能力，也是想象力、创造力发展的基础。对于连续的画面内容，幼儿只有经过分析、判断、猜想、推理，才能看懂，理解前后画面的联系。因此，早期阅读需要幼儿同时运用注意力、观察力、记忆力、思维力和想象力。在幼儿园长期开展早期阅读活动，

能够促进幼儿注意力、观察力、思维力、记忆力、想象力和创造力的发展。

> **聚焦案例**
>
> 翻阅《母鸡萝丝去散步》这本图画书时，幼儿直接从画面中观察狐狸的狡猾和狼狈、母鸡的憨态和好运；并在成人的讲述中感受"走过""绕过""越过""经过""穿过""钻过"这一系列动作是如何推动情节发展的，并在这个重复而富有变化的故事结构中把握人物、事件的内在联系，对前后画面之间的内容进行预期、想象和质疑。这本诙谐幽默的图画书不仅让幼儿体验到动词的丰富变化，还锻炼了他们的观察力、想象力及推理能力。

（四）丰富幼儿的社会经验

早期阅读是幼儿开阔眼界、增长知识、陶冶情操的有效途径。图画书中有丰富的知识和大量的信息，在阅读过程中幼儿认识社会、丰富生活经验、增长知识、启迪心智、丰富情感、陶冶情操。如科学图画书《蚯蚓的日记》以日记的方式，用幽默风趣的语言和可爱活泼的画面记录了小蚯蚓的观察和思考过程。

（五）发展幼儿的审美能力

图画书表达形式独特，既有美术中的色彩、线条、构图形成的视觉美，又有文学中的词汇、语句、结构构成的语言美。它通过美术和文学两种符号系统的参与，既创造出有利于幼儿理解的拙朴、稚嫩的故事，又营造出意蕴深远的艺术氛围，让幼儿在倾听、欣赏图画与文字编织的叙事节奏中感受美。如《月亮，你好吗》一书中和谐宁静的画面、朴素的情感，使阅读成为一种美的享受。

（六）激发幼儿对中国传统文化的兴趣

图画书不仅是拓宽幼儿视野、促进幼儿发展的读物，也是一种特殊的文化传播载体。教师应有意识地选择适合幼儿欣赏的中国原创图画书，带领幼儿感受图画书里的中国文化，让优秀传统文化在幼儿的心中扎根。近些年，国内优秀作家出版了大量有中国特色和中国元素的图画书，如《小蝌蚪找妈妈》、《牙齿，牙齿，扔屋顶》、《一园青菜成了精》（见图6-2）、《小艾的端午节》、《阿诗有块大花布》（见图6-3）等作品，从民间题材的选用、经典作品的挖掘到本土传统绘画技巧的运用，都浸透着民族文化的精髓；在表现方式上，有水墨画、剪纸画、黑白连环画、木偶画等，理趣与情趣交相辉映，构成了色彩斑斓、丰富多样的艺术世界。幼儿在阅读和赏析图画书的同时，也对绘画类别、绘画风格技巧以及绘画的视觉信息有所了解，同时也为民族文化埋下了传承的种子。

图6-2 《一园青菜成了精》

图6-3 《阿诗有块大花布》

微课：
如何为幼儿挑选适宜的传统文化故事

拓展阅读：
传统文化图画书推荐

（七）为幼儿进入小学后的学习奠定良好的基础

有学者指出，幼儿的早期阅读是一种"读写萌发"活动，是在真实的生活情境中为了真实的生活目的而自然发生的学习活动，是对正式读写学习的准备。4—5岁是幼儿书面语言发展的关键期。早期阅读活动能为幼儿从口头语言向书面语言的过渡做好准备，具体包括引发对书籍、阅读和书写的兴趣，培养对书面语言学习的敏感性，掌握一定的阅读和书写的准备技能，从而积累阅读图画书、早期识字和早期书写的经验，为进入小学后正式学习书面语言奠定良好的基础。

三 幼儿园早期阅读活动的内容

早期阅读活动是幼儿开始接触书面语言的途径，因此，幼儿园早期阅读活动的内容应当包括一切与书面语言学习有关的内容。幼儿园早期阅读活动为幼儿提供以下三个方面的阅读经验，即前阅读经验、前识字经验和前书写经验。

（一）前阅读经验

1. 良好的阅读习惯和阅读行为的养成

①积累阅读图画书的经验。
②掌握基本的图画书翻阅规则，知道要有顺序地翻阅。
③熟悉图画书的结构。
④不撕书，不乱扔书。

⑤能够专注地阅读图画书。

2. 阅读内容的理解和阅读策略的形成

①积累阅读图画书内容的经验。

②形成初步的阅读策略。

③能够通过预期、假设、比较、验证等方式理解图画书内容；能从画面中发现人物的表情、动作、背景，并将其串联起来理解故事情节。

3. 阅读内容的表达与评判

①较完整、准确地叙述图画书内容，表达自己对图画书的理解。

②对图画书中的人物、主旨形成自己的看法，进行自己的判断和思考。

③积累图画书制作的经验。知道图画书上所说的故事是作家用文字写出来的，是画家用画表现出来的。尝试把自己想说的故事画下来，并装订成一本图画书。

拓展阅读：
学前儿童前阅读核心经验的内涵及发展阶段

（二）前识字经验

前识字是指幼儿在接受正式的识字教育前，对符号、图像、文字等视觉符号的初步认识，形成对符号、简单文字的识别和理解能力，提高对文字符号的敏感度。需要注意的是，让幼儿获得前识字经验，并不是要求幼儿集中、快速、大量地识字。家长和教师绝不能要求幼儿机械记忆和认读文字，更不能给他们规定识字量。

1.获得符号与文字功能的意识

①知道文字与符号能够表达一定的意义。如认识"香蕉"两个字，知道它们读"xiāng jiāo"，并知道香蕉属于水果。

②知道文字有记录作用，能够将口头语言或信息记录下来。

③理解文字与符号跟口头语言之间一一对应的关系，知道文字可以念出声音来，可以把文字、口语与概念对应起来（见图6-4）。

图6-4 图画书《我的妹妹是跟屁虫》中的文字表现形式

2.发展符号与文字形式的意识

①知道文字是一种符号且与图画和其他视觉符号有区别，可与其他符号进行转换。比如，认识各种交通与公共场所的图形标志，知道这些标志代表一定的意思，可以用语言文字表现出来。如公共场合禁止吸烟的图形标志可用文字"禁止吸烟"表现出来。

②知道汉字是方块字，由多个部件组成。

③粗略知晓文字的来源，初步了解文字是怎样产生的，文字是如何演变成今天这个样子的。

④知道文字和语言的多样性，认识到世界上有各种各样的语言文字，同样一句话可以用不同的语言文字来表达，不同的语言文字可以互译。

3.形成符号与文字规则的意识

①知道文字阅读要从左到右、从上到下进行。

②初步了解汉字的组成规律，了解识字规律。

资料卡

早期阅读VS早期识字

早期阅读不等于早期识字。早期阅读应当包括一切与书面语言学习有关的内容。识字是学习书面语言的一种内容和方式，但不是唯一的内容与方式。大批地、正规地组织幼儿识字是不足取的，大量、系统地识字不是学前幼儿早期阅读的内容。但是，在组织幼儿早期阅读活动中故意回避与文字的接触，也是错误的做法。

拓展阅读：
学前儿童前识字核心经验的内涵及发展阶段

（三）前书写经验

学前阶段的前书写与正式的汉字书写是有区别的。前书写是指在幼儿接受正式的书写教育之前，教师引导幼儿用笔或者其他书写替代物，通过感知、涂画、涂写、模拟运用文字或符号等形式，用图形和文字向周围的人传递信息、表达情感及构建前书写经验的活动。这类活动主要在幼儿园中、大班进行，是为幼儿进入小学后的正式书写做准备的。前书写经验中的"写"并不是写字或写作，而是写字方面的前期准备，包括空间知觉、方位知觉、字形辨别、书写姿势的学习和培养等。具体要求包括以下几点。

①知道书写汉字的工具。

②学会用正确的姿势写字、画画，包括坐姿、握笔姿势等。

③认识汉字的独特书写风格。

④知道汉字的基本间架结构，如汉字的上下结构、左右结构等。

⑤了解书写的初步规则，尝试用有趣的方式练习基本笔画。

⑥能够用图画、符号、文字等形式表达自己的想法。

前阅读、前识字和前书写既相对独立，又相互融合，最终目的是帮助幼儿获得书面语言的意识和敏感性，发展幼儿学习和运用书面语言的能力，为后期正式的书面语言学习打下良好的基础。

拓展阅读：
学前儿童前书写核心经验的内涵及发展阶段

拓展阅读：
做好前书写准备，助力幼小衔接

四 幼儿园早期阅读活动的目标

（一）幼儿园早期阅读活动总目标

1. 对阅读感兴趣，养成阅读的习惯

激发幼儿浓厚的阅读兴趣，帮助幼儿养成自觉的阅读态度和良好的阅读习惯，是幼儿园早期阅读活动的首要目标。

2. 初步建立口头语言和书面语言的对应关系

幼儿期是个体口头语言发展的关键期，丰富的口头语言是书面语言发展的基础。幼儿的早期阅读过程及阅读水平与他们已经获得的口头语言经验密不可分。在学习书面语言的过程中，幼儿会调动自己的口头语言经验，使书面语言的信息与自己的口头语言经验对应。教师和家长应努力帮助幼儿在发展语音敏感性的基础上发展语法敏感性，为幼儿进一步学习书面语言奠定基础。

3. 对符号及文字符号具有敏感性

《幼儿园教育指导纲要（试行）》指出："培养幼儿对生活中常见的简单标记和文字符号的兴趣"，"利用图书、绘画和其他多种方式，引发幼儿对书籍、阅读和书写的兴趣，培养前阅读和前书写技能"。早期阅读活动的目标之一，便是培养幼儿对常见的简单标记和各种符号的敏感性，激发他们探索、感知文字符号的积极性。

书面语言的学习途径与口头语言不同，书面语言的学习更多的是通过视觉通道来完成，所以早期阅读应重视培养幼儿对各种符号、汉字特征的敏感性和对汉字构成规律的敏感性。

符号的种类繁多，有文字符号、图画符号，以及日常生活中的各种标志（见图6-5）。阅读就是理解符号的含义。尽管幼儿尚未进入正式学习文字的时期，但仍需要通过一系列的活动来培养他们对常见的简单标记和各种符号的兴趣，同时要遵循循序渐进的原则，由培养幼儿对图画、各种标志的兴趣过渡到培养幼儿对文字符号的兴趣。

图6-5　日常生活中的各种标志

4.掌握正确的阅读方法和技能

掌握正确的阅读方法和技能是早期阅读活动的基本目标。早期阅读活动可以使幼儿获得早期阅读的相关技能，为幼儿今后进行流畅阅读做好准备。早期阅读的相关技能涵盖观察、反思、预期、质疑、假设、理解、概括、表达、讲述等多个方面。

①掌握图画书阅读的一般规则和方法，如拿书、翻书的方法，指读、浏览的方法，根据目录找到相应书页的方法等。

②观察。观察画面细节，能够根据先前经验、故事线索、故事情节、故事主题进行预测。

③理解。在阅读过程中，幼儿通过对画面形象、背景进行观察，运用已有经验进行分析、判断，理解画面之间的关系，理解图画书所表述的内容、所表达的中心思想。

④概括。在理解图画书画面的基础上尝试用口语表达的形式概括图画书的主要内容。

⑤表达和讲述。阅读图画书后能讲述画面主要情节，能用表演、绘画的方式表达自己对图画书的理解。

5.具有书面表达的愿望和初步技能

《幼儿园教育指导纲要（试行）》的语言领域"内容与要求"指出，"利用图书、绘画和其他多种方式，引发幼儿对书籍、阅读和书写的兴趣，培养前阅读和前书写技能"。成人应支持幼儿涂涂画画的行为，支持幼儿用图画和符号表达自己的愿望和想法，提醒幼儿写画时姿势正确。

（二）幼儿园早期阅读活动各年龄段目标

1.小班

（1）认知目标

①知道书是由封面、正文、封底几大部分构成的。

②能初步看懂单幅图画书的主要内容。

③初步感知文字与其他符号的不同，了解图像与文字的对应关系。

④认识简单的标记、符号和自己的名字。

（2）能力目标

①能运用简单句讲述画面的主要内容。

②尝试复述图画书中的角色对话。

(3) 情感态度目标

①喜欢翻看图画书,喜欢和同伴、教师一起阅读。

②主动要求成人讲故事、读图画书;喜欢倾听他人讲述图画书的内容。

③喜欢模仿成人看书读报,会轻拿轻放图画书;不撕书,不乱扔书。

④喜欢阅读材料中感兴趣的人或事,并试图模仿。

⑤关注生活中的简单标记和符号。

⑥喜欢用涂涂画画的方式表达一定的意思。

2. 中班

(1) 认知目标

①知道图画书的结构,了解图画书的扉页和环衬;了解图画书的方向性和种类。

②知道按页码有顺序地看书,认真地逐页翻书和阅读。

③对生活中常见的标记、符号感兴趣,知道它们表示一定的意义。

④初步了解汉字的由来和简单的汉字认读规律,能主动认读常见的文字。

⑤知道要在光线充足的地方看书;在成人提醒下,写画时姿势正确。

(2) 能力目标

①能仔细观察画面细节,能有顺序和比较性地观察画面,看懂单页多幅图画书的主要内容。

②能根据图画或者部分情节猜想和推测故事的发展趋势。

③能用较完整的语言比较连贯地讲述图画书的主要内容。

④复述、表演熟悉的故事情节。

(3) 情感态度目标

①喜欢到书店、阅览室、阅读区寻找自己喜欢的读物,喜欢阅读图画书。

②懂得爱护图画书,愿意按一定的规则整理或叠放图画书。

③喜欢模仿阅读材料中角色的良好言行。

④愿意用图画和符号表达自己的愿望和想法。

⑤对阅读的文字感兴趣,愿意与同伴分享阅读材料。

⑥喜欢描画图形和符号,喜欢模仿制作图画书。

⑦尝试用有趣的方式练习汉字的基本笔画。

3. 大班

(1) 认知目标

①认识图画书的开本类型、留白与空白页,感受图画书潜在的节奏、文字排列、框线的特点

和不同功能。

②熟悉不同文体（如故事、诗歌和日常生活中的印刷品）的图画书。

③了解图画书中的画面与文字的对应关系。

④对图画书和生活情境中的文字符号感兴趣，知道文字表示一定的意义；进一步了解汉字认读的规律。

⑤能用绘画、剪贴等方式与同伴合作制作图画书，进一步了解图画书的构成。

⑥了解基本的书写姿势，尝试用连点描画的前书写方式练习汉字的基本笔画。

⑦认读常见的文字，并理解其含义。

⑧了解汉字的笔画结构、文字间架结构和独特的书写风格。

（2）能力目标

①能仔细和全面地观察画面，理解图画书的内容。

②能预测图画书的内容，并随阅读过程调整预测内容。

③能准确地用普通话完整连贯地讲述图画书内容。

④能用恰当的字、词、语句进行描述和评价，学习并归纳图画书的主题思想。

⑤会正确书写自己的名字，写画时姿势正确。

⑥知道常见图示、标记、符号代表的意思，并能在实际生活中运用。

⑦能复述、表演故事，能根据故事的部分情节或图画书画面的线索续编、创编故事。

⑧掌握图画书中的基本信息（如时间、地点、人物、事件等）、基本内容、图画特点、语言特点、故事结构特点和整个故事的风格。

（3）情感态度目标

①喜欢借阅、购买各类图画书，经常主动、自觉地阅读图画书；乐于欣赏不同体裁、不同风格的图画书。

②喜欢修补图画书，会独立分类整理图画书。

③喜欢指着文字阅读，对图画书中的简单文字感兴趣。

④能独立、有序地按正确的方式专注地看完一本图画书。

⑤喜欢与他人一起谈论图画书的有关内容；能用阅读材料中角色的良好言行规范自己的行为。

⑥能够主动发现并理解生活中的各种图形、标志、文字符号。

⑦喜欢描画和临摹汉字，喜欢书写自己的名字；愿意用图夹文方式表达自己的想法。

任务二　幼儿园早期阅读活动设计与实施

创设早期阅读活动环境

早期阅读活动重在为幼儿提供阅读经验，因而需要向幼儿提供含有较多阅读信息的教育环境。早期阅读活动环境包括物质环境和精神环境两个方面。

（一）物质环境

年龄越小的孩子越容易受环境的影响，因此，教师要努力为幼儿创设丰富的早期阅读物质环境。这种物质环境包括为幼儿提供阅读的时间和空间两个方面。

1.时间方面

幼儿仅通过几次专门的阅读活动是不可能获得早期阅读经验的。早期阅读经验需要在大量的日常阅读中习得，并获得巩固和发展。因此，教师在安排每月有计划的阅读活动之后，应该在日常活动中保证幼儿有一定的阅读时间。这种时间的安排可以是随机的、不固定的。教师可以利用幼儿日常生活的各个过渡环节让幼儿进行阅读，培养幼儿充分利用各种机会阅读图画书的习惯，但要提醒幼儿阅读时保持安静，不要喧哗，以免影响其他小朋友的正常活动。

2.空间方面

丰富的物质环境应包括前阅读、前识字和前书写的空间。首先，教师应为幼儿提供相应的学习场所，如阅读区、语言角、纸笔互动区等。这些区域应有较为丰富的阅读信息、前识字和前书写信息。在阅读区，教师要投放大量适合幼儿阅读的图画书。幼儿在欣赏完一本图画书后可以到语言角，将图画书的内容讲述给其他幼儿听。在纸笔互动区，教师投放纸、笔等书写材料。其次，教师应合理划分阅读空间，营造温馨、静谧的阅读环境。如将阅读区安排在采光通风的区域，将阅读区与表演区等相对喧闹的区域隔开。最后，教师还应该将活动室作为幼儿阅读活动场所的扩展，在活动室的各个区域贴上相应的标记、符号、文字，使幼儿在潜移默化中获得有关书面语言的知识。比如，在电灯开关处贴上"开关"，在动手区贴上"小巧手"，在鱼缸边贴上"小鱼""蝌蚪"的文字和拼音等，从而为幼儿提供含有丰富阅读刺激和信息的教育环境。

（二）精神环境

在早期阅读中，教师或家长要为幼儿创设宽松、自由的阅读氛围。宽松、自由的阅读氛围有助于幼儿全身心地投入阅读活动，在阅读活动中获得无穷的乐趣。在一个特定的时间段内，幼儿可以自己阅读图画书，也可以和同伴一起阅读图画书，还可以围坐在教师或家长旁边阅读图画书。

此外，教师和家长还要为幼儿创设浓厚的阅读氛围。要做到这一点，教师和家长首先要为幼儿树立良好的阅读榜样，幼儿是好模仿的，他们会模仿成人看书的样子并自觉地阅读。幼儿会在浓厚的阅读氛围中耳濡目染，并潜移默化地养成良好的阅读习惯。

二、选择适宜的阅读材料

（一）注重阅读材料的多样化

从语言教育角度来看，图画书是幼儿从理解图画符号到理解文字符号、从学习口头语言向学习书面语言过渡的有效工具。因此，教师在为幼儿挑选阅读材料时，应注重阅读材料的多样化。

1.关注日常生活中的阅读材料

教师可以引导幼儿欣赏并理解日常生活中的多种符号、标记、文字，如各种广告牌、交通标志、安全标志、商店名称等。此外，各种内容适宜的电视节目、多媒体软件也可以提高幼儿的阅读水平和阅读能力。

2.选择多种主题和体裁的图画书

图画书的主题应当广泛，体裁应当多元，以满足幼儿日益增长的认知需求。在主题方面，尽量涵盖认知、情感、交往、探索等多种主题。教师可以根据幼儿的兴趣和需求，挑选某一主题的图画书。比如：以培养良好的生活习惯为主题的《小熊不刷牙》；以体会生命的意义为主题的《我的外公》；以体会爱和友情为主题的《三个强盗》；以识别和调节情绪为主题的《小老鼠的漫长一夜》《菲菲生气了》；以提高自信心为主题的《我真棒》《小树熊出门》；以保护环境为主题的《小房子》《鸟窝》；以赋予孩子想象力为主题的《小真的长头发》《假装是鱼》；以学会自我保护为主题的《贝贝熊 陌生人》。在体裁方面，可以选择幼儿散文、幼儿诗歌、幼儿故事类图画书，实现幼儿阅读的多元化。

（二）根据幼儿阅读经验和阅读水平选择阅读材料

由于幼儿之间存在年龄差异，因此在选择图画书时一定要结合幼儿的年龄特点和已有经验，遵循循序渐进和难度适宜的原则，为不同年龄段幼儿选取不同的图画书。

小班幼儿生活经验有限，语言表达能力和理解能力较弱，因此，应该为小班幼儿选择实词较多、句子较短、字数和页数较少、字体较大、材质结实、故事情节简单有趣、色彩鲜艳、单页单幅的图画书。在内容上，选择生动有趣的动物故事、家庭生活以及各种与幼儿生活经验相符的图画书，如《小狗去散步》《好饿的毛毛虫》《子儿吐吐》《想吃苹果的鼠小弟》等。在图画上，拓印、水彩、泥塑等艺术形式更适合小班幼儿。

中班幼儿的想象力有了长足的发展，他们一般对新奇的事物比较感兴趣，在观察事物的细致性和全面性上有了一定提高，而且有意注意、有意记忆和思维的分析、推理能力都有了很大的提高。中班幼儿的图画书在字数和页数上有所增加，字体变小、材质变薄。教师可以为他们选择情节较为复杂、画面之间关联较明显的单页多幅图画书，增加反映周围事物的故事、拟人化的动物故事和充满幻想色彩的童话故事，如《木偶奇遇记》《世界上最大的房子》等。同时，还要为他们增添认知、社会类阅读材料，如动植物、季节变化、自然现象和动画、卡通类阅读材料。

大班幼儿思维的分析能力、概括能力、判断能力和想象力都有了很大的发展，对图画书前后画面的联想、事物发展变化连续性的注意力增强，因此，可以为他们选择情节较丰富、曲折的图画书，如《狼大叔的红焖鸡》《小蝌蚪找妈妈》。教师还可以为他们选择以欣赏为主的文字较多的童话故事或名篇名著。对于这类作品，可以先由教师为幼儿朗读，待幼儿对图画书基本内容有一定的了解后再让他们自由翻阅，这样既有利于幼儿将文字与画面内容结合起来进行阅读，又可以提高幼儿对名篇名著的兴趣和欣赏水平。大班幼儿喜欢有文字的阅读材料，词汇量也更加丰富，可以为他们选择常用字较多的图画书和阅读材料，培养幼儿的识字兴趣。在日常生活中可以多挑选社会类、生成性阅读材料，如标志、广告、小实验、周围变化、重大新闻等。

> **聚焦案例**
>
> 大班图画书《小蝌蚪找妈妈》的画面简洁、生动，文字中常用句、重复句多，最关键的是，幼儿对故事内容已相当熟悉。在这种情况下，教师只要稍加提示和点拨，就能有效地培养幼儿对文字的初步感知能力，使他们获得识字的乐趣。

三、幼儿园早期阅读活动设计与组织

幼儿园早期阅读活动设计的内容包括前阅读、前识字和前书写三个方面。其中，前阅读是幼儿园早期阅读活动的主要内容，其活动设计一般分为六个层次，即阅读封面、幼儿自主阅读、师幼共同阅读、归纳图画书内容、幼儿讲述阅读内容、创造性表达。

活动视频：
大班早期阅读活动"菲菲生气了"

（一）阅读封面

封面可以说是一本书的眼睛，一本书的精气神之所在。读者对书的第一印象，往往也来自封面。图画书封面上有书名、图画、作者和出版社等信息。而在这其中，最能引起读者关注的就是书名和图画了。阅读封面可以激发幼儿的阅读兴趣，让幼儿养成良好的阅读习惯。

在幼儿阅读图画书正文之前，教师可以通过书名提问和封面观察，让幼儿了解和猜测一本书的主要内容，把单纯听故事的被动阅读变成主动进入故事、和故事发生互动、引发思考的过程。阅读封面时，教师可以和幼儿一起看看封面上有什么，对图画书的内容做一个大体的预测；同时，通过阅读书名，让幼儿进一步了解这本书可能会讲什么；另外，结合封面文字和图的内容，让幼儿说说自己的想法，提出自己的问题。

拓展阅读：
基于儿童视角探秘图画书结构

> **聚焦案例**
>
> **《大卫，不可以》封面和书名阅读**
>
> 　　对于《大卫，不可以》这本书的封面，我们可以和幼儿一起看看画面中"有什么""是什么样的"，尽可能从画面中找到更多的信息。如果幼儿忽略了画面中的一些内容，教师可以引导幼儿关注画面细节。在这一步，教师可以这样提问："你看到了什么？（一个小男孩、鱼缸、堆在地上的书、桌子）""小男孩在做什么呢？（站在一堆书上够桌子上的鱼缸）""你觉得后面会发生什么事情呢？（请孩子想象并说说后面可能会发生的事情）"
>
> 　　除了封面图画，教师还可以就书名提出一些问题。对于《大卫，不可以》，教师可以这样和孩子一起聊一聊："你认为'大卫，不可以'这句话是谁说的呢？为什么他/她会说这句话？如果你是大卫，你觉得会发生什么样的事情呢？你认为这个小男孩是一个什么样的人呢？"
>
> 　　打开一本书之前的这些"热身运动"，让幼儿对这本书有了大概的预期，并由此引发幼儿的主动阅读和思考。

（二）幼儿自主阅读

教师在简单地介绍图画书的名称及封面内容后，就要提供机会让幼儿自主阅读，初步掌握图画书的主要情节和内容。自主阅读的过程中，应保持环境安静，教师以全面观察为主，着重了解幼儿在阅读中的具体表现，一般不要随意干预和介入他们的阅读活动。

1.借助启发性提问引导幼儿阅读

在阅读之前，教师应向幼儿提少量启发性的问题，让他们带着问题边阅读边思考。教师的提问可以帮助幼儿思考并获得图画书中的关键信息，比如主要角色、主要事件、天气、画面颜色等。

2.提出阅读要求，教会幼儿翻阅图画书的方法

在阅读之前，教师应提出阅读要求，引导幼儿安静、专注地翻阅图画书。对于低年龄段幼儿，教师还应为其示范翻阅图画书的方法，如"轻轻翻书，一页一页地翻""先看红色画面""捏住小圆点，轻轻翻一页""找到小圆点了吗""怎么翻到下一页"。

3.教师在巡回指导时，要注意观察每位幼儿的表现

对于那些阅读速度很快的幼儿，教师要鼓励他们仔细阅读图画书中的细节部分，鼓励他们边

阅读边小声地讲述图画书中的内容。对于那些阅读速度较慢的幼儿，教师要予以重点观察，了解他们是在哪些画面、哪些环节上出现了问题，哪些内容是他们不易理解和掌握的，从而为下一步的学习活动提供必要的依据。

（三）师幼共同阅读

在幼儿自主阅读的基础上，教师带领幼儿再次观察画面和书面语言信息，进一步理解图画书内容。教师需要提前预习图画书内容，按故事线索和情节发展将故事合理拆分成几个相互关联的部分。比如，在大班早期阅读活动"菲菲生气了"中，教师将故事分为三个部分，即菲菲生气了、菲菲不生气了、菲菲生气了。

该阶段的内容包括以下几个步骤。

1.组织幼儿阅读和讨论，进一步理解故事内容

将故事分为几个部分或片段之后，教师与幼儿再次阅读图画书，展开进一步讨论。教师将重点、难点画面做成大书或PPT，引导幼儿阅读图画书，观察课件中的重点画面，通过画面猜测、判断和推理，进一步理解故事内容。在大班早期阅读活动"菲菲生气了"中，幼儿可以先讨论第一部分内容"菲菲生气了"，再围绕"菲菲不生气了"的画面展开讨论，最后观察讨论"菲菲生气了"的内容。

这一阶段的主要目标是让幼儿深入理解图画书的主要内容，因此教师必须调动幼儿的多种感官，让他们通过听觉（倾听）、视觉（阅读）、动作（表演）、语言（讨论和讲述）等多种形式感受图画信息，以达到理解图画书内容的目的。教师可以运用观察、提问、课件展示、讨论、对话学习、肢体动作、表演、游戏、记录、倾听故事等多种形式与幼儿互动。下面简要介绍其中几种。

（1）观察

对于幼儿来说，读图能力是看懂图画书最重要的能力。读图能力包括辨别角色、分析图意、联系前后画面等。在师幼共读环节，教师应引导幼儿仔细观察画面中角色的动作、表情、姿态，以及图画书的画面布局、构图、视角、笔触、色彩等，以理解和推测主要故事情节。在大班早期阅读活动"菲菲生气了"中，教师引导幼儿观察画面中菲菲的动作、表情、画面中的颜色变化，充分想象菲菲的心理活动，预测情节的发展。

（2）提问

提问是帮助幼儿理解图画书内容的主要形式，但是在使用时一定要谨慎，避免一问一答。图画书具有前后联系和连续性强的特点，教师要提出具有概括性或覆盖面较广的问题，引导幼儿将多幅画面的意思联系起来讨论和讲述。每一部分问题的数量不要太多，3~4个即可，但问题涵盖的画面要多，即幼儿必须在理解1~2个画面的基础上回答，这样可以有效地将阅读图画书与看图讲述区分开，避免了反复观察一个画面的单调乏味的做法，使活动的形式更活泼、活动的流程更顺畅。

教师提问的角度主要有以下几种：一是观察单张画面内容，即指导幼儿观察每幅画面中角色的动作、表情、背景、站位、姿态、神态变化、颜色等；二是情节的想象和猜测，即指导幼儿想

象故事中的对话、角色的心理状态、情节等；三是前后画面的异同、故事角色的变化，即指导幼儿观察前后画面，找出异同和衔接点，比如比较角色人物前后的心理状态、比较故事的场景发生了怎样的变化；四是文字、口语和画面的对应，即指导幼儿将画面与文字和口语对应起来；五是单页多幅画面的理解，即指导幼儿按顺序观察小画面，理解一页多幅画面与完整故事构成的关系；六是连续画面的理解，即指导幼儿理解连续画面、理解画面与画面之间的关系；七是故事主题的理解，即在完整阅读、理解故事情节的基础上提出与图画书主题相关的问题。

> **聚焦案例**
>
> 在早期阅读活动"鸭子骑车记"中，教师提问："鸭子刚骑车时是什么样子的？鸭子到后面是怎样骑车的？"
>
> 幼儿讨论，教师总结鸭子骑车的三个阶段：摇摇晃晃—稳稳当当—潇洒自如。

> **聚焦案例**
>
> 在早期阅读活动"母鸡萝丝去散步"中，教师将画面中的人物、动物和情节进行适当遮盖，便于幼儿调动已有经验，加以想象和思考，建立故事前后的联系。如幼儿阅读至第三、四页时，教师引导幼儿想象"萝丝穿过农家院子，身后的狐狸扑了上来，结果会怎么样"，把"狐狸被钉耙打到脸"的图画遮盖起来，启发幼儿展开想象。

 拓展阅读：
开放式提问和封闭式提问

（3）课件展示

教师将幼儿难以理解的画面或重点画面制作成课件，引导幼儿观察画面细节。要注意的是，不能将整本图画书的画面制作成课件，因为大量使用课件代替图画书开展早期阅读活动会剥夺幼儿自主翻阅图画书的机会。亲手翻阅图画书有助于幼儿了解图画书的基本结构，感受翻页、想象的乐趣，培养阅读的兴趣和习惯。

（4）游戏

在阅读过程中开展与主题相关的游戏活动或者以游戏的形式组织活动，能增强幼儿对阅读活动的兴趣，提高幼儿的语言表达能力，加深幼儿对阅读内容的理解。比较常见的是角色游戏，即幼儿以口头扮演或动作扮演等形式，扮演阅读材料中的某一角色，说某一角色的语言、做某一角色的动作等。或利用配乐的方式，让幼儿跟随音乐做动作，体会图画故事所表现的情节和人物角色心理，加深对故事的理解。

> **聚焦案例**
>
> 在大班早期阅读活动"菲菲生气了"中，伴随着轻音乐，教师有感情地讲述了"菲菲不生气了"这个片段的故事："然后她哭了一会儿，她看看石头看看大树，又看看羊齿草，她听见了鸟叫……她感觉到微风轻吹着头发，她看着流水和浪花，这个广大的世界安慰了她。"幼儿伴随轻音乐想象和体验菲菲的情绪变化。

> **聚焦案例**
>
> 在大班早期阅读活动"一园青菜成了精"中，在幼儿深入阅读及讨论之后，教师组织幼儿借助乐器分小组表演童谣。幼儿对表演环节非常感兴趣，在游戏中感知童谣的节奏和趣味。

（5）记录

教师应创造机会让幼儿与纸、笔互动，用多种方式表达自己的想法，支持幼儿从前书写逐步走向书写、从前识字逐步走向识字。如在大班幼儿阅读《14只老鼠吃早餐》时，教师提出问题——谁最快起床？谁和谁外出采树莓？它们遇见了什么小动物？谁的头上戴了漂亮的帽子？老九为什么哭了？大家吃到了什么样的早餐？讨论之后，幼儿综合使用图像、符号、拼音、汉字等记录自己的想法。

（6）倾听故事

针对个别难懂的画面，教师可以讲述该部分画面内容，帮助幼儿理解。要注意的是，早期阅读活动以阅读画面为主，重点是让幼儿通过观察画面理解故事情节，而不是通过倾听理解画面内容，因此只能在理解个别画面时采用此方法。另外，在完整欣赏画面的基础上，教师也可以采用此方法，即教师完整朗读故事，幼儿倾听或跟读。

> **聚焦案例**
>
> 在大班早期阅读活动"大脚丫跳芭蕾"中，幼儿对"芭蕾舞团的指挥"这个角色不了解，在阅读该画面时容易产生困难。教师将这一段故事念给幼儿听："大都会芭蕾舞团的指挥听说了这件事，他的朋友叫他一定要去看贝琳达跳舞。他去了。他很惊讶！他很赞赏！他觉得好感动！'你一定要来大都会剧院表演！'他激动地说，'请你答应我！'贝琳达笑着回答：'噢，当然好啊！'餐厅里的客人都鼓掌欢呼起来。"幼儿听完这段故事后，便能继续自主阅读并理解后续画面"贝琳达在剧院表演"了。

以上活动方法既有教师的教学方法，也有幼儿的学习方法。教师在设计时应根据图画书的特点和幼儿的年龄特点，灵活地选择教学方法。

（四）归纳图画书内容

在幼儿对图画书的主要内容有深入的理解后，教师要鼓励幼儿将主要内容总结、归纳出来，从而巩固、消化所学的内容。归纳图画书内容可以有以下三种形式。

1.一句话归纳

这种形式要求幼儿用一句话将图画书的主要内容总结出来，适合小班幼儿。

> **聚焦案例**
>
> 在小班阅读活动"小白兔上公园"中，幼儿这样总结图画书内容："这本图画书讲的是小白兔和它的朋友们上公园时爱护环境、不乱扔东西的故事。"

2.一段话归纳

这种形式要求幼儿用一段话将故事的主要内容讲述出来，适合中、大班幼儿。

> **聚焦案例**
>
> 在中班阅读活动"小鸡和小鸭"中，幼儿这样归纳图画书内容："有一天，小鸡和小鸭去河边玩。小鸡一不小心掉到河里，小鸭将小鸡救了上来。中午时，他们的肚子都饿了，小鸡说：'小鸭，我来帮你找食物吧。'小鸡用自己尖尖的嘴巴叼起一条小虫喂给小鸭吃。小鸡和小鸭真是一对好朋友。"

3.图画书命名

这种形式要求幼儿用简练的词或短句给图画书起个名字，实际上是让幼儿学习归纳图画书内容的主题，适合大班幼儿。

> **聚焦案例**
>
> 在给图画书《小鸡和小鸭》命名时，有的幼儿想出了"好朋友"的名称，有的幼儿想出了"相互帮助"的名称。只要幼儿所想的名称符合故事的主题，教师就应予以支持和鼓励。

（五）幼儿讲述阅读内容

在幼儿理解图画书内容的基础上，教师引导幼儿边翻页边讲述图画书内容。这个阶段是幼儿将所理解的图画书内容以口头语言的形式表达出来。它是幼儿将图画符号转化为语言符号的阶段，因此也是阅读活动中不可缺少的一个环节。讲述可以分为三种形式，即个人讲述、合作讲述和轮流讲述。个人讲述即教师请能力较强的幼儿在集体面前完整讲述阅读内容；合作讲述即每组两名幼儿合作讲述阅读内容，对话部分分角色讲，旁白部分一起讲；轮流讲述即幼儿约定每人讲一页，用接力的形式把这个故事完整地讲一遍。

教师指导时应注意以下两点。

第一，幼儿讲述的内容是他们经过思维加工所理解的图画书的主要内容，因此只要他们将图画书的主要内容讲述出来即可，不必就每个画面进行反复斟酌、反复认知，否则势必会降低幼儿对阅读的兴趣。此外，教师还要鼓励幼儿大胆想象，将与情节有关的人物、动作、对话和内心体验讲述出来。当然，这并不是要求幼儿用规范的语言将每个画面的意思都讲清楚，而是引导幼儿围绕图画书重点，将主要情节尽可能讲得生动、详细。教师在指导时，一定要将看图讲述活动和早期阅读讲述区分开来，使幼儿能自由地依据自己的理解和想象，将图画书的主要内容完整连贯地表达出来。

第二，在讲述时要注意幼儿的个体差异。当幼儿在集体面前独自讲述或与小组成员合作讲述时，教师一定要注意兼顾对语言能力较弱幼儿的指导。教师可以让语言能力较弱的幼儿选择较简单的阅读内容进行讲述，从而使这部分幼儿也能在讲述中获得乐趣、提高自信。

（六）创造性表达

创造性表达的形式多样，如续编故事，想象创编新的故事，开展绘画活动、音乐活动、戏剧活动等，促使幼儿进一步理解、体验图画书内容，迁移经验、扩展想象。

> **聚焦案例**
>
> 在小班早期阅读活动"小狗去散步"活动中，环节三是结合已有的故事情节和自身经验创编故事。
>
> 师：有点难过的克莱门汀接下来会做什么？之后又会发生什么事呢？
> 幼1：克莱门汀会去找爷爷，爷爷可能在烧饭。
> 幼2：克莱门汀会去找外婆，外婆肯定在买菜。
> 幼3：克莱门汀会去找姐姐，姐姐肯定在唱歌。
> 幼4：克莱门汀会去找哥哥，哥哥在打篮球。
> 幼5：克莱门汀会去找外公，外公在种菜。
> 幼6：克莱门汀会去找小猫，小猫在吃鱼。
> ……

由于图画书信息量大，在设计活动方案时可考虑设计2~3次活动。另外，每一本图画书都有独特的构思和呈现方式，因此，早期阅读活动没有完全固定的活动模式，下面四种思路可供参考。

思路一：自主阅读（阅读、讨论）—师幼共读（边阅读边讨论、重点阅读）—用不同的方式表达、讲述。

思路二：师幼共读（边阅读边讨论、重点阅读）—幼儿自主阅读（阅读、讨论）—用不同的方式表达、讲述。

思路三：小组阅读（阅读、讨论）—幼儿自主阅读（阅读、讨论）—用不同的方式表达、讲述。

思路四：师幼共读前几幅图画—幼儿自主阅读后几张图画—师幼再次共读。

四 幼儿园早期阅读活动指导策略

（一）前阅读活动指导策略

教师应根据不同年龄段幼儿阅读的实际水平开展阅读活动，并进行适当的指导。

对于小班幼儿，可以从教师先读、师幼共读慢慢过渡到幼儿自己阅读，自制或购买大型图画书；重点组织小班幼儿按顺序仔细观察画面；指导幼儿从前往后一页一页地理解单幅图画的内容；指导幼儿用一段话归纳图书的主要内容；指导幼儿学会翻书的方法。

对于中班幼儿，可以先引导幼儿独立阅读，再进行师幼共读；引导幼儿知道图书下方页码的作用，能在问题的引导下理解2~3个单页单幅图画或1个单页多幅图画的主要内容；指导幼儿掌握正确翻阅图画书的方法，并能安静地阅读图画书；指导幼儿掌握阅读策略，如预测、关联、推理、质疑、假设、反思、判断等；指导幼儿对图画书画面中的空白点进行合理想象并能比较阅读内容的不同点，从连续的画面中发现事物的联系与变化；指导幼儿大致讲述故事情节、用一句话归纳图画书内容。

对于大班幼儿，教师可以帮助幼儿将情节复杂的图画书按情节发展分成几部分，并预测故事情节的发展；指导幼儿完整阅读并理解图画书内容，帮助幼儿梳理故事的主要结构，如时间、地点、人物、起因、经过、结果等，更好地实现对于整个故事内容的把握；提高幼儿的概括能力，如概括单页内容、分段内容，把握整本图画书的大意，学习为图画书命名；阅读后鼓励幼儿大胆提出问题，针对幼儿尚未理解的内容进行讨论；增加少量游戏性质的文字认读活动，帮助幼儿准备由运用口头语言向运用书面语言过渡。

（二）前书写活动指导策略

第一，创设前书写环境，激发幼儿书面表达的兴趣，如创设新闻角、故事角、天气预报角等区角，让幼儿用符号、文字、图标等不同形式记录活动或所思所想。第二，利用游戏的形式引导幼儿关注文字符号、了解汉字的主要笔画和结构、对书写练习产生浓厚的兴趣，比如，认识"大"字时，让幼儿用肢体摆出动作，双手侧平举是横，两腿分开是撇和捺。第三，各类活动应与前书写活动有机结合，如主题活动"春天的植物"中记录向日葵的生长过程。第四，根据幼儿年龄特点循序渐进地开展前书写活动。幼儿园前书写活动应由浅入深、由易到难，不能急于求成，比如，小班幼儿开展涂鸦游戏，中班幼儿用数字、图形或似字非字的符号等书写，大班幼儿的前书写内容更加丰富，逐渐形成具象、直观或有明确解读的信息，逐渐包含规范的汉字等符号，鼓励大班幼儿书写自己的名字和简单的汉字（见图6-6）。

要注意的是，前书写并不是真正意义上的书写，幼儿前书写活动主要是培养幼儿的书写姿势、书写技能和书写习惯，激发幼儿对书写的兴趣，丰富幼儿的书写经验，为幼儿正式进入小学学习书写打下良好的基础。

图6-6 前书写活动"祝你生日快乐"

聚焦案例

巧用妙招，助力识字

教师可以有意识地选择常见的有意义的偏旁，如草字头、木字旁、三点水等，做成卡片贴在墙上或纸上，然后请幼儿将他们在报纸上、杂志上、广告纸上找到的带这些偏旁部首的字剪下来贴在相应的位置。

教师可以利用幼儿对动物的兴趣，引导幼儿去寻找带动物名字的成语，以帮助幼儿获得关于文字符号的相关经验。例如，当幼儿找到"狐假虎威""调虎离山"等成语后，教师通过引导幼儿画出成语故事、讲成语故事、表演成语故事等方式，使幼儿获得整合的识字经验。

教师可以通过拼字组词活动，提高幼儿对文字结构、文字组成规律的认识，有效帮助幼儿构建了解识字规律的经验。

拓展阅读：
大班前书写活动"白鹤日记"

（三）前识字活动指导策略

教师在幼儿园一日生活各环节要注意自然渗透、趣味识字，让幼儿在有准备的环境中获得前识字经验，产生对文字的兴趣，为幼儿进入小学学习奠定良好的基础。幼儿园一日生活中前识字环境的创设，既能将单独的字呈现在幼儿眼前，又能让幼儿将字与物进行匹配。比如，将幼儿的玩具、生活用品、工具等用图画或图夹文的形式呈现，让幼儿自然地获得对符号和文字的形式及功能的理解，进一步感知文字、符号和口头语言及具体事物之间的对应关系。再如，集体制定规则或公约时，引导幼儿用图示、图画或文字等方式将规则或公约的内容呈现出来，帮助幼儿在应用中进一步理解文字、符号的意义。除了教师，家长也要注重在生活中对幼儿进行前识字指导。家长带幼儿到外面玩，可以顺便引导幼儿认识路牌、门牌、商店标牌等；为幼儿讲绘本前，先跟幼儿一起阅读封面上的书名，或请幼儿自己去取想看的书，把书名念出来；引导幼儿学认好朋友、教师、家人的名字等。家长还可以通过一些有趣的游戏促进幼儿前识字能力的发展，如和幼儿玩棋类游戏、打卡片游戏时，让幼儿大声说出棋子、卡片上面的汉字。家长需要注意的是，教幼儿识字，并不在于幼儿学会字的数量的多少，而是让幼儿知道字与我们生活的联系，知道字的用途，让幼儿体验认字、用字的乐趣。

拓展阅读：
教师如何引导幼儿自制图书

项目小结

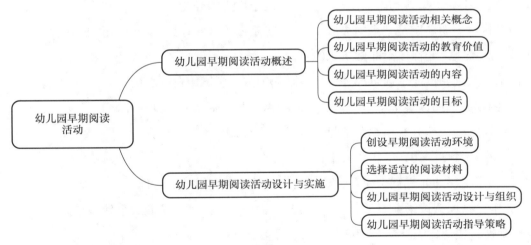

本项目的任务一分析了幼儿早期阅读活动的含义、教育价值、内容、目标等。任务二重点阐述了幼儿园早期阅读活动的设计流程与实施要点。幼儿园早期阅读活动的设计流程为：阅读封面—幼儿自主阅读—师幼共同阅读—归纳图画书内容—幼儿讲述阅读内容—创造性表达。在分析活动设计流程时，对早期阅读活动过程中的教学方法和组织要点也进行了整理与分析。最后从前阅读、前书写和前识字三个方面对幼儿教师在早期阅读活动中的指导策略进行了探讨。

案例赏析

案例一 小班早期阅读活动"小狗去散步"[1]

【活动目标】

①仔细观察画面，根据画面呈现的信息进行推测和想象，并大胆表达。

②喜爱阅读活动，感受小狗的心情变化。

【活动准备】

①绘本《小狗去散步》PPT。

②与情节相对应的图片6组（詹姆斯—玩拼图，奶奶—织毛衣，爸爸—看报纸，妈妈—画画，宝宝—哭闹、公鸡母鸡—叫叫嚷嚷）。

【活动过程】

一、仔细观察封面及扉页，认识故事的主人公克莱门汀。

（一）观察封面

猜测小狗克莱门汀在做什么。教师出示封面，引导幼儿观察并猜测。提问：封面上是谁？它可能在做什么？（教师要尽可能请幼儿说出自己的看法，在幼儿充分表达之后进行小结）

（二）揭示书名，集体聊聊散步，唤起幼儿关于散步的经验

提问：这本书的名字是"小狗去散步"。散步是做什么？你散过步吗？和谁一起？

小结：和家人一起散步是非常快乐的事情。

二、师幼共同阅读绘本前半部分，观察画面细节，尝试用自己的语言表达对故事的理解

（一）师幼共同阅读绘本第2~3页，了解故事背景并形成阅读期待

提问：这是什么地方？小狗克莱门汀做了些什么事？

提问：小狗看到了什么？它会去做什么？

（教师注意引导幼儿进行全面、细致的观察，关注画面中的关键信息）

（二）师幼共同阅读第4~15页，仔细观察画面信息，思考并猜测故事发展走向

1.教师通过提问，引导幼儿读第4~7页，了解故事

提问：克莱门汀去找谁了？小男孩在做什么？你从哪里看出来的？

提问：你觉得小男孩会不会和小狗克莱门汀一起去散步呢？

提问：接下来又发生了什么事呢？我们一起来看看。

提问：奶奶在做什么？她会不会和小狗一起去散步？

2.教师提出问题，连续播放绘本PPT第8~15页，之后师幼共同回顾、总结情节发展

提问：小狗克莱门汀非常想找人和它一起出门去散步，可好像每个人都有自己在做的事情，

---

[1] 本活动所用绘本选自《东方娃娃》绘本版2015年第2期，作者安妮·怀特。案例来自江苏省常州市新北区银河幼儿园王辉。

不愿意去散步，小狗到底有没有找到人陪它一起去散步呢？它还会不会去找呢？接下来，请小朋友们仔细往下看，看完告诉我答案。

（教师可以根据幼儿的需求多次播放绘本PPT）

提问：小狗又去找了谁？

（教师根据幼儿的回答出示相应的组图图卡，帮助幼儿梳理故事情节，鼓励幼儿用较为完整的话语表达）

（三）师幼共同阅读第16~17页，感受克莱门汀的心情

提问：克莱门汀在家里转来转去，找了好多人，但大家都没空陪它去散步。你们说，小狗的心情怎么样？为什么？

三、结合已有的故事情节和自身经验创编故事

提问：有点难过的克莱门汀接下来会做什么？接着又会发生什么事呢？

幼1：克莱门汀会去找爷爷，爷爷可能在烧饭。

幼2：克莱门汀会去找外婆，外婆肯定在买菜。

幼3：克莱门汀会去找姐姐，姐姐肯定在唱歌。

幼4：克莱门汀会去找哥哥，哥哥在打篮球。

幼5：克莱门汀会去找外公，外公在种菜。

幼6：克莱门汀会去找小猫，小猫在吃鱼。

……

（教师可以把幼儿创编的故事画在卡片上，作为幼儿语言区域游戏的材料）

四、共读绘本后半段，感受故事所传递的快乐

（一）共读绘本第18~30页

提问：克莱门汀到底有没有能去散步呢？我们一起来看看。教师一边播放绘本画面，一边朗读文字。

提问：后来的故事是什么样的？

（教师鼓励幼儿用自己的语言说出故事的发展，但不要求完整和细致，只要幼儿能说出"他们做完事情到处找小狗，最后终于找到了正在睡觉的小狗，大家一起去散步了"就可以）

提问：再看看这个时候克莱门汀的心情怎样。

（二）共读绘本的后环衬，也就是第34~35页

师：一起来看看，他们一家人散步经过了哪里？

五、阅读结束，大家一起去散步

引导语：这么好的天气，我们大家也一起出门去散步吧！

案例二　中班前识字活动"我的妹妹是跟屁虫"①

【活动目标】

①在理解故事的基础上,仔细观察符号、文字的表现形式,理解图画书中符号和文字在表现人物情绪上的功能。

②能根据符号和文字的变化,体会人物的情绪变化,并用恰当的方式、有情感地表现图画书中人物的对话。

③喜欢阅读故事,感受故事的风趣幽默。

【活动重点】

在理解故事的基础上,仔细观察符号、文字的表现形式,理解图画书中符号和文字在表现人物情绪上的功能。

【活动难点】

能根据符号和文字的变化,体会人物的情绪变化,并用恰当的方式、有情感地表达图画书中人物的对话。

【活动准备】

经验准备:有较好的阅读习惯和一定的阅读经验。

物质准备:课件,幼儿人手一本《我的妹妹是跟屁虫》图画书。

环境准备:幼儿分小组围坐桌前。

【活动过程】

一、回顾经验,激趣引题

师:你们有妹妹吗?你们的妹妹是怎样的?今天,老师给你们带来了一本有关妹妹的故事书。故事里的妹妹会是怎样的呢?一起来看看吧!

二、理解故事情节和内容

(一)观察封面和扉页,了解故事里的主要角色,理解"跟屁虫"的含义

观察封面:谁知道这本图画书的题目是什么?

师:什么是"跟屁虫"?

小结:原来总是跟在别人后面学这样那样的就叫"跟屁虫"。

观察扉页:看一看妹妹是谁的跟屁虫。

师:哥哥是什么表情?妹妹又是什么表情?哥哥为什么会生气呢?妹妹是怎样做哥哥的跟屁虫的呢?

(二)自主阅读第一部分,初步理解故事内容

1.教师提阅读要求

师:先从第1页看到第11页,看书时应该注意什么?

---

①《学前儿童语言学习与发展核心经验》第十章学前儿童前识字学习的核心经验第三节。

2.引导幼儿自主阅读

师：妹妹是怎样做哥哥的跟屁虫的？他们之间可能说了什么、做了什么？

（三）集体阅读，梳理前识字核心经验

1.边看边说，理解故事内容

师：谁看明白了，妹妹是怎么做哥哥的跟屁虫的？（动作、表情、对话）

师：你怎么知道妹妹是在学哥哥说话，从哪儿看出来的？（话里面的字是一样的）还有哪儿也是表现妹妹跟哥哥学说话的？

师：妹妹学哥哥说话时是什么表情？（微笑、调皮、哈哈大笑）哥哥说话的时候表情有什么变化？（疑惑、生气/恼火、暴怒）

2.了解符号与说话方式以及情绪之间的关系

（1）理解"～"符号在图画书中的意义和功能

师：什么是怪腔怪调？找找妹妹什么地方学哥哥说话是怪腔怪调的。"～"这个弯弯的符号在这里表示什么意思呢？（拖音）

（2）幼儿个别练习对话

师：如果你是妹妹，这句话你会怎么说？（引导幼儿观察画面上妹妹调皮的表情，有感情地学说这句话）

（3）教师引导集体练习，迁移经验

师：哈哈，怪腔怪调的！真有趣！大家一起试试吧！大家看看还有哪些句子妹妹也说得怪腔怪调的。

3.理解故事中重点文字的表现形式与功能

（1）重点理解"妈，你看讨厌的妹妹啦！"

师：找找看哥哥最生气的情节在哪一页。从哪儿可以看出来哥哥很生气？（表情、动作、折线、字很大等）如果你是哥哥，这时候你会怎么说？

（2）重点理解"你是只讨厌的跟屁虫"

师：这句话里有什么特别的地方吗？"跟屁虫"这三个字跟别的字有什么不一样？（又大又粗、不整齐、跳起来）那应该怎么说？

（3）重点理解"啊！"的表现形式与功能

师：兄妹的"啊！"有什么不一样？（哥哥的"啊"字粗大、妹妹的"啊"字细小）

师：哥哥应该怎么说？妹妹应该怎么说？

小结：这个故事之所以有趣，就是因为我们学会了看书本里字的不同变化，还学会了把表情、符号和字结合起来看，所以书本里的话会有时生气、有时调皮、有时开心、有时愤怒。

三、分角色完整阅读故事前半部分

男孩子扮演哥哥，说哥哥的话，女孩子扮演妹妹，说妹妹的话，教师说旁白，大家一起边看边说，让幼儿充分进入角色情境，有感情地对话。

四、拓展运用前识字核心经验.

自主阅读第二部分。

(一)教师提出阅读要求,引导幼儿自主阅读

提问:从第12页看到最后一页,仔细观察画面和文字的形式。哥哥向妈妈告了状,妹妹还会做跟屁虫吗?仔细观察哥哥和妹妹说的话有什么不一样。对于他们的话分别应该怎么说?

(二)集体阅读,引导幼儿对哥哥、妹妹说话的语气和情感进行分析

师:妹妹有没有继续做跟屁虫?哥哥是怎么说的?妹妹又是怎么说的呢?为什么会这么说?

师:妹妹有没有不做跟屁虫的时候?在哪几页?为什么这里妹妹没有做哥哥的跟屁虫呢?("妹妹是动物园里的猪"这句是骂自己的,不能学;妹妹睡着了,听不见哥哥说的话了)

(三)完整阅读后半部分内容

1.幼儿自由练习

幼儿自由选择哥哥或妹妹的角色,运用前面获得的前识字核心经验理解文字的功能和形式,有感情地学说哥哥与妹妹之间的对话。

2.师幼讨论

师:第二天,妹妹还在学哥哥说话,为什么哥哥却没有生气呢?

3.小结

看来,我们只要学会了看文字和符号,不用大人帮忙,也能清楚地知道故事里讲的是什么了。

【活动延伸】

教师在阅读区投放更多情节丰富的故事书,引导幼儿自主阅读。

案例三　大班前书写活动"河马妹妹买新衣"(第二课时)[①]

【活动目标】

①为河马妹妹买过冬物品,初步了解电视购物的方法。

②学会制作购物计划书,懂得要买需要的东西,不随意购物。

③感受用书写的方式解决问题的快乐和成就感。

【活动准备】

①教学用PPT(小猴子电话购物的画面和声音;河马妹妹过冬前的装束和家里的陈设;购物广告单;电话订购—物品包装—快递送达的物流过程);第一课时完整听故事,初步了解商店、电话、电视、网络、定制等多种购物方式。

②购物广告单人手一份、购物计划书空白纸条人手一张、笔。

[①]《学前儿童语言学习与发展核心经验》第十章学前儿童前书写学习的核心经验第四节。

【活动过程】

一、听小猴的电话

（知道电话购物时要说清楚物品的名称、尺寸、数量、送达的地点等要素）

师：上次我们的故事讲到哪里啦？（PPT出示河马妹妹穿上漂亮衣服的画面）

师：朋友们告诉河马妹妹许多购物的方法，最后河马妹妹到裁缝店定做了自己的衣服，满意地回家了。

二、教师继续讲述，幼儿倾听故事，带着问题回顾故事内容

师：今天，河马妹妹想去找小猴玩。她来到小猴子家。听！小猴子家好像有声音。小猴子在做什么？（PPT2倾听小猴子的电话对话）

小猴子：您好，请问是不是哈哈电话购物商店？

接线员：您好，哈哈电话购物商店欢迎您。请问您需要什么？

小猴子：冬天马上要到了，我想购买一台空调。

接线员：好的，空调有大、中、小三种型号的。你要哪一种？

小猴子：我一个人住，买小的就行。请送到森林街1号。

接线员：好的，我们明天送货。谢谢您的购买，再见！

小猴子：再见！

提问：小猴子在和谁说话？他们在说什么？（为什么要买空调？小猴子买的哪一种型号的空调？为什么不买大的？送到哪里？）

总结：买需要的东西，要说清楚买什么、大小是怎样的。

三、为河马妹妹做购物单（学习有计划地购物）

（一）教师讲述，创设问题情境

师：天气马上就要变得更冷了，小猴子已经在做过冬的准备了。河马妹妹也想做好准备，过一个暖和的冬天。河马妹妹到家就收到了一封信，原来是购物广告。（PPT3购物广告：广告中有与季节无关的物品）

师：快来帮河马妹妹想想她还需要哪些东西！（PPT4画面中河马妹妹穿着棉衣、棉裤，戴着帽子）仔细看看河马妹妹和她的家，看看她还需要哪些东西。

师：大家都想帮忙，那我们就为河马妹妹做一张购物清单。（教师出示纸条）请你们把河马妹妹需要的东西记下来，要记清楚哦！

（二）幼儿自己制作购物单

教师巡回指导，观察幼儿记录的内容是否是冬天的、还没有买的，是否关注到物品的大小和数量等。

（三）交流购物单

师：谁来介绍自己制作的购物单？

幼儿介绍购物单（我给河马妹妹买了……）

师：为什么要买××（正确的）？为什么要买××（不正确的）？你们买了吗？你们为什么不买？

总结：要买冬天的东西，并且是家里没有的东西。

师：很多小朋友都给河马妹妹买了××。看看大家是怎么记录的。

引导幼儿关注东西的尺寸、数量等要素。

总结：如果把大小、尺寸、数量多少也记录一下的话就更清楚了。

（四）了解电话购物流程

师：看看东西是怎样送到家的。

观看PPT（PPT5电话订购—物品包装—快递送达的物流过程）。

结束语：河马妹妹做好了过冬的准备，你们家呢？小朋友们请你回家看看，帮妈妈制作一张购物清单。

【活动延伸】

请幼儿回家之后帮妈妈制作购物清单。

自学自测

一、名词解释

早期阅读

二、单项选择题

1.用于帮助幼儿深入理解图画书内容的早期阅读活动环节是（　　　）。

　A.幼儿自己阅读　　　　　　　　　　B.师幼共同阅读

　C.围绕阅读重点开展活动　　　　　　D.归纳阅读内容

2.幼儿园早期阅读活动向幼儿提供的前识字经验不包括（　　　）。

　A. 知道文字是一种符号，与其他符号系统可以转换

　B. 可以把文字和口头语言对应起来

　C. 了解文字的构成规律

　D. 能将汉字书写区别于其他文字

3.教师在幼儿书写准备的指导中，不恰当的做法是（　　　）。

　A. 引导幼儿书写自己的名字

　B. 引导幼儿养成正确的写画姿势

　C. 引导幼儿学习书写常见的汉字

　D. 引导幼儿用图画和符号表达自己的愿望和想法

4.下面属于前阅读经验的是（　　　）。

　A.通过预期、假设、比较、验证等方式理解图画书内容

　B.认识汉字的独特书写风格

C.知晓文字的来源

D.知道汉字的间架结构

三、简答题

简述如何对幼儿的早期阅读教育活动进行指导。

四、材料分析题

有家长说幼儿园天天让孩子玩，什么都没教，不教拼音，不教写字，孩子连字都不认识几个。家长的这种说法是否正确？请说明理由。

实践与实训

【实训一】

实训要求与形式	阅读图画书《朱家故事》，按故事发展情节将故事分为几部分（如片段一、片段二、片段三；或第一部分、第二部分、第三部分） 设计活动名称、活动目标、活动准备、设计活动过程（活动过程只需要写出主要环节）
实训材料	图画书《朱家故事》
实训记录	

【实训二】

实训要求与形式	以小组为单位，修改完善下面的教案，分组、分片段模拟授课。 （个人/小组完成，上传线上平台）
实训材料	大班早期阅读活动"有趣的'扌'" 【活动目标】 1.理解带有"扌"的字和手部动作之间的对应关系。 2.尝试根据"扌"寻找有关手部动作的文字，并猜测文字含义。 【活动过程】 一、开始部分 1.热身游戏 "猫捉老鼠"。 2.音乐游戏 播放音乐《你好》，教师带着幼儿在音乐中做拍、抱、握的动作。 二、基本部分 1.回忆并感受 引导幼儿回忆游戏中的动作，让幼儿感受这些动作是用手做出来的。 2.依次出示抬、抱、握的图片 提问：你们知道这三个动作的字宝宝是怎么写的吗？（出示"拍、抱、握"） 提问：你们发现这几个字有什么相同的地方？（显示红色"扌"的三个字） 提问：我们的中国字是由许多偏旁部首组成的，这三个字相同的地方就叫提手旁。（显示"扌"） 小结：大多数带有"扌"的字宝宝都和我们的小手有关。（显示手的图片） 老师今天还带来了几个字，我们看看是不是都和手有关。（出示"扫、扣、摸"的图片和字） 3.找一找"扌" 刚才我们一起认识了"扌"，现在是我们的阅读时间，今天老师要交给小朋友一个新任务，在阅读的过程中，找一找有"扌"的字，并用笔把它圈出来。 幼儿寻找，教师将幼儿找到的字书写在星形卡片上，由幼儿将卡片粘贴到黑板上。 三、结束部分 选择有代表性的字，集体做动作，再次感受字和手的关系。
实训记录	

项目七　幼儿园谈话活动

◇ **学习目标**

1. 了解幼儿园谈话活动的概念、类型、价值和特点。
2. 理解幼儿园谈话活动的目标与内容。
3. 掌握幼儿园谈话活动的设计和组织要领。
4. 重视与幼儿谈话时的积极价值观导向。

◇ **情境导入**

夏日雨后,大三班的幼儿进行户外活动,有几个幼儿围在一起讨论着。

幼儿A:哎呀,这里好多蜗牛。你看,这个蜗牛卡到地板缝儿里面了,怎么办?

幼儿B:它一定很疼吧,晚上就回不了家了?

幼儿C:大家想想办法来帮帮小蜗牛吧!

师:我们怎么帮助蜗牛呢?可以用什么办法?

幼儿D:找个小树枝就可以了。

师:小朋友们去找树枝吧!

(树枝找到了,蜗牛被小朋友救出来了)

师:蜗牛这会儿要休息一下,吃点东西。我们给蜗牛吃点什么呢?

……

这一情境中的活动属于什么类型的语言活动?你所了解的幼儿园有哪些常见的谈话主题?活动中教师是如何引导幼儿的?

任务一　幼儿园谈话活动概述

一　幼儿园谈话活动的概念和类型

（一）幼儿谈话活动的概念

1. 谈话的语言要素

谈话是指两个或两个以上的人就某一主题进行交谈。一个完整的谈话过程包括谈话的传递、谈话的导向和谈话的推进等语言要素。其中较为关键的是谈话的发起、谈话的应答与轮流、谈话主题的深入与转换、谈话的总结与结束等。

2. 幼儿园谈话活动

幼儿园的谈话活动是一种有目的、有计划地组织幼儿围绕一定话题进行谈话的语言教育活动，其以提出问题及回答问题的方式发展幼儿的对话能力。这种活动旨在创造一个良好的语言环境，帮助幼儿学习倾听别人谈话的技巧，学习与别人交流的方式、规则，从而提高幼儿的言语交往水平。

拓展阅读：
各年龄段幼儿谈话能力的特点

（二）幼儿园谈话活动的类型

1. 有计划的谈话活动

有计划的谈话活动即集体谈话活动，指的是教师有目的、有计划地组织幼儿围绕设定的话题进行谈话的集体教学活动。它是幼儿园谈话活动的主要类型。

2. 日常生活中的谈话

谈话不仅存在于集体教学活动中，还存在于日常生活中。幼儿的一日生活离不开与他人的交谈，教师要关注幼儿日常生活中的谈话，捕捉话题，提升幼儿的语言表达能力。日常生活中的谈话包括以下两种。一是日常集体谈话，在集体交谈中，随着谈话对象的增加，谈话会更加自由，可以是教师与幼儿之间的谈话，也可以是幼儿与幼儿之间的谈话。二是日常个别谈话，如早晨来园、晨间活动、游戏活动、活动过渡的间隙、离园等环节中教师与幼儿之间的交谈。日常生活中的谈话随意性强，不受时间、地点等限制。

项目七　幼儿园谈话活动

> **聚焦案例**
>
> **日常集体谈话**
>
> 　　晨间，幼儿们在积极地进行体育锻炼，教师在巡回指导的时候，发现有两个幼儿拿着拉伸器（锻炼拉伸能力的体育用具）当尾巴，正在你追我赶，还笑说着"我要拔掉你的尾巴"。
>
> 　　教师看到这一幕就在思考：这样的玩法能带给幼儿什么方面的发展？快速闪躲？教师叫住了两个幼儿，其他幼儿见状也围了过来。教师问："这个拉伸器当尾巴是谁想出来的呀？"洋洋说："我想出来的，前两天我还拿这个当弹弓（拉伸能力）玩呢！"教师说："你真厉害，能够尝试一种用具的多种玩法。其他小朋友觉得这个还可以怎么玩？或者谁来说说你们刚才玩的用具还有没有别的玩法？"话音刚落，操场上就炸开了锅，小朋友们成群结队地讨论着，并演示自己的玩法。
>
> 　　轩轩说："我这个可以当跳绳，你看，它的长度刚刚好。"尧尧说："我这个可以是'炸弹玩具'，也可以是溜溜球，因为它小小的……"教师一边欣赏他们创造性的思维火花，一边也在思考还可以挖掘这些体育用具的哪些价值……

> **聚焦案例**
>
> **日常个别谈话**
>
> 　　教师带孩子们去散步。在散步的路途中，一个小女生大声地叫喊道："老师，你看，黄色的蝴蝶。"所有人的目光都被蝴蝶吸引了，大家不由地感叹："好美啊！"教师说："对啊！蝴蝶很美，改天我们可以在教室里播放各种各样的蝴蝶视频，让小朋友欣赏一下。小蝴蝶要飞回家了，我们就不打扰它了，我们继续往前走吧！"
>
> 　　小朋友都继续往前走，突然，轩轩一掉头，跑着去追那只蝴蝶了，并一蹦一跳地想要抓到它。教师见状连忙喊道："轩轩，快回来，蝴蝶要回家了，你这样很危险的，老师都快看不到你了。"轩轩好像自动屏蔽了外界的一切声音，还是继续跳跃着。出于对轩轩安全的考虑，教师带着严厉的语气喊道："轩轩，你快回来，很危险，所有小朋友都在等你。你这样不守规则，老师下次可不敢带你来散步了。"
>
> 　　温柔与严厉都于事无补，轩轩的一意孤行也让其他孩子产生了怨言。教师说："轩轩，我们要走了，玩荡秋千去了，请你快跟回来。"教师边走边回头望着轩轩，往前走了几步之后，轩轩终于跑回了队伍。
>
> 　　散步结束后，教师组织小朋友如厕后进睡眠室。待小朋友都安静躺下后，教师把轩轩叫了出去，说："刚才你知不知道你多危险，老师不能在你身边保护你了，叫了很多遍你都不听，你知不知道我非常生气？"
>
> 　　轩轩嘟囔着："老师，我就是想抓一只蝴蝶给你看啊！"听到这句话，教师的怒火顿消，还带着些许感动。教师叹着气说道："唉，好孩子，你为什么不跟老师说呢？老师

很感谢你有这样的心，但你这样很危险，况且还有这么多小朋友在一起等你呢！我们散步是集体出行的。我们可以放学了一起去抓或者周末去公园抓呀！"轩轩点点头，说："对不起，老师，下次我不会这样了。"

拓展阅读：
晨谈的价值与意义

二 幼儿园谈话活动的教育价值

在各种类型的幼儿园语言教育活动中，谈话活动具有其他语言教育活动所不能替代的、独特的促进幼儿语言发展的价值。

（一）有利于幼儿丰富知识，促进信息交流

幼儿通过与教师、同伴的谈话，能获取自己不熟悉或不知晓的新知识、新信息，接触流行文化元素，这既满足了其自身求知的欲望，又促进了其与他人的信息交流。

聚焦案例

谈话活动：各种各样的车

在"各种各样的车"谈话活动中，幼儿通过谈话活动对各种车型，甚至各种车的品牌有所关注，并且能认识常见的一些车的品牌，还会关注车内不同的装饰。

聚焦案例

大班谈话活动"我换牙了"

通过谈话活动，那些还没有开始换牙的幼儿能够了解到在某个年龄段小朋友就要开始换牙了，这是每个人都会经历的成长阶段。拥有不同换牙经历的幼儿之间的谈话，可以让幼儿学习很多关于换牙的科学卫生知识，还能够为幼儿提供心理健康教育。由于明确了自己也要换牙，有些幼儿就会主动去向已经换牙的小朋友"取经"，主动了解换牙时的体验和情绪。

（二）有利于幼儿学会人际交往

谈话在社会交往中普遍存在。在社会活动中，谈话是与人交流的有效途径。幼儿的谈话对象主要是教师和同伴，幼儿在与教师和同伴的谈话过程中学会交谈的方法，如自我介绍、提出新的

话题、分享自己的想法、提问、追问等；同时，在谈话过程中，幼儿学会了解同伴和教师，进而与同伴和教师建立良好的人际关系，学会人际交往的技能。另外，幼儿在谈话活动中学到的交往技能和交谈方法，也会运用到生活中，逐渐学会与家庭、社会中的人交往，进一步提高自身的人际交往能力。

（三）有利于幼儿提高表达见解的能力

在幼儿园谈话活动中，幼儿是谈话的主体，幼儿与幼儿之间围绕某个话题展开交谈，增加了口语表达的机会。另外，谈话活动的氛围是自由、轻松的，幼儿在进行谈话活动时，处于一种放松、自然的状态，他们能够自主表达、自由交谈，勇于表达自己的见解，树立自信心。在这种活动中，他们将更有可能毫无顾忌地说出内心真实的感受和想法，而不用担心对错或者是否扰乱正常秩序。在大家各抒己见的情境中，幼儿独立思考的习惯得以慢慢培养，勇于并恰当表达想法的能力慢慢提高，口语表达能力也逐步发展起来。

（四）有利于幼儿学习基本的交谈规则

生活中，部分幼儿在别人说话时随便插话、打断别人，或者是不考虑别人的感受，不懂得认真倾听别人的谈话等。以上行为其实是交谈规则缺失的表现。幼儿在谈话活动中可以逐渐了解并掌握交谈规则，提升自身的交往能力。幼儿所学的交谈规则应是符合他们年龄特点和适用于一般情况的规则。概括地说，幼儿学习的交谈规则主要包括以下几个方面：轮流说话；安静地倾听别人说话；不随意打断别人说话；别人说话时不随便插嘴；能对别人的说话做出一定的反应等。

三、幼儿园谈话活动的特点

（一）谈话活动有一个具体、有趣的中心话题

谈话活动不同于讲述活动，两者的主要区别就在于，谈话活动需要围绕一个中心话题进行交谈。中心话题能为幼儿提供一个交谈的范围，主导幼儿谈话的方向。对于幼儿来说，有趣的话题往往包含三层意思：一是幼儿对话题具有一定的经验基础；二是话题有一定的新鲜感；三是话题与幼儿近日生活中的共同兴趣点有关。幼儿的兴趣是广泛的，同时具有对新鲜事物的认识欲望，因此，结合幼儿自身的生活经验、兴趣和需要选择有趣多样的话题，能够让幼儿愿意说、主动说、乐于说。谈话的话题可以是幼儿主动提出来的，也可以是教师预设的，无论以何种形式提出，都应高度重视幼儿现有的认知经验，也就是话题应是幼儿有所了解且与幼儿的年龄特征相匹配的。话题可以与主题活动结合，也可以由突发事件引出；可由幼儿自主生成，也可由教师和幼儿共同讨论决定。

1.在一日生活中找话题

一日生活中的谈话主题可以根据幼儿已有的共同经验来预设，一般来自正在进行的主题活动和生活环节中普遍存在的问题以及幼儿感兴趣的话题。例如，大班开展"秋天真美丽"主题活动，在幼儿晨间照料菊花时，教师可以引导幼儿围绕菊花的特征开展谈话；再如，秋天户外散步时，

教师可以组织幼儿围绕"我喜欢秋天……"这个话题进行谈话。这种根据主题活动设计的谈话活动，为幼儿提供了回忆、整理经验的机会，可以推进主题活动的深入开展。教师也可以根据已有的教育经验，选择生活环节中普遍存在的问题作为谈话主题。例如，小班刚入园时，多数幼儿喜欢喝甜味饮料，他们在饮水环节经常提出喝"甜水"的要求，教师为此开展了"白开水，我爱喝"的谈话活动。

聚焦案例

过渡环节中的谈话活动

在幼儿园一日生活过渡环节，教师可以引导幼儿围绕某一话题进行讨论。比如早晨入园时，幼儿会自发讨论今天的天气、路上的汽车等来幼儿园的路上自己发现的新鲜事；午餐后散步时，幼儿会兴奋地告诉教师自己捡到了不同颜色、不同形状的树叶，有的大、有的小，教师和幼儿一起在观察、对比、猜想、查阅中交流这是什么植物。

2.在节庆活动中找话题

节庆活动中也有相当多可用的话题。比如，春节、妇女节、清明节、端午节、母亲节、父亲节、中秋节等，孩子们在日常生活中都有所了解，因此，把节庆活动作为话题能引起幼儿的兴趣和共鸣。比如，可以从春节的来历、春节的风俗习惯、春节趣事等方面开展系列谈话活动，既丰富了幼儿的民俗文化知识，又增强了幼儿参与活动的意识；再如，在母亲节主题谈话活动中，可以请幼儿说一说自己的妈妈，讲一讲准备为妈妈做一件怎样的事情来表达对妈妈的爱，之后通过多媒体请幼儿观看与妈妈有关的图片、视频，让幼儿感受妈妈对自己的爱，同时让幼儿对妈妈说一句感谢的话。这样借助一系列活动潜移默化地将感恩种在幼儿幼小的心灵中。

3.在社会生活中找话题

幼儿眼中的世界是精彩纷呈、多元化的，他们渴望认识世界、了解世界，因此，教师可以把社会生活中的职业、赛事、娱乐活动作为话题。社会生活中丰富多彩的内容能让幼儿畅所欲言、增长见识、树立自信。比如：谈谈奥运会中的比赛项目和金牌榜；说说去过的城市是怎样的；说说喜欢的美食有哪些；说说小区有哪些公共设施；说说怎样来幼儿园；说说父母的职业；分享看电影的感受；说说坐飞机和坐火车的不同；说说最爱看的电视节目；说说自己知道的广告等。

总之，所选话题必须是幼儿熟悉的、有一定经验基础的、感兴趣的，让幼儿在谈话活动中有话可说、有兴趣说，积极交流分享谈话内容。

聚焦案例

某幼儿园教师在周一开展"周末有趣的事"主题谈话活动时，教师本来期待孩子们交流商店里琳琅满目的商品、公园里的欢乐、动物园里的动物等，结果发现孩子们谈得比较多的是来来往往的人——老人、小孩、叔叔、阿姨等。于是，这位教师就抓住幼儿的兴趣点，以"人群"为小主题开展谈话活动。

> **聚焦案例**
>
> 大班谈话活动"暑期趣事"
>
> 九月入园后，孩子们对分享暑期生活产生了浓厚的兴趣，主题活动"暑期趣事"便开始了。教师结合幼儿暑期游玩的照片引导幼儿说一说自己的暑期趣事。幼儿在自由交谈中回忆并叙述自己假期去了什么地方、如何去的、看到了什么、听到了什么、玩了什么、感觉怎么样。教师在幼儿讲述过程中适时引导幼儿完整地表达自己的所见所感。

> **聚焦案例**
>
> 中班谈话活动"春天的花朵"
>
> 春天来了，草长花开，幼儿对春天的变化非常感兴趣。于是，教师组织了观察春天的花草、大树的变化，感知春天的温度等系列活动，让幼儿积累了丰富的谈话素材，在开展谈话活动时，谈话内容也就更为深刻、形象。

（二）谈话活动注重多方面的信息交流

讲述活动注重发展幼儿的独白言语能力，而谈话活动更注重发展幼儿的交往言语能力或对白言语能力，侧重于教师与幼儿之间、幼儿与幼儿之间的信息交流与补充，这是谈话活动和讲述活动最主要的区别之一。从语言信息量来看，当幼儿围绕某个话题进行交谈时，他们的思路是呈辐射状向外发散的，而不同个体间的经验也多种多样，因此谈话活动中每个幼儿获取的信息量都比较大。谈话过程中，幼儿根据自身生活经验，围绕话题从不同角度表达自己对事物的认识、看法和感受，分享各自的情感和经验，获取更多的信息。另外，谈话过程中交流的形式比较多样，可以进行集体之间的交流、小组内幼儿的交流、个别幼儿之间的交流等。

（三）谈话活动拥有宽松、自由的交往氛围

谈话活动中教师要为幼儿创设宽松、自由的谈话环境，这主要包含两层意思。

一是见解自由。谈话活动中没有统一的答案和看法，也没有固定的讲述思路，幼儿可以根据自己的意愿和内心感受，围绕话题自由表达自己的想法与见解。比如，在谈话活动"我的生日"中，关于生日的一切内容都可以交谈，如生日礼物、生日旅行、生日聚餐等。

二是语言自由，不强求使用规范化的语言。谈话活动的主要目的是鼓励幼儿大胆地与他人交谈，用语言表达自己的意见和看法，但并不要求幼儿必须使用准确无误的句式、完整连贯的语言来表达。这一点与讲述活动不同，讲述活动一般需要幼儿规范、清晰且有条理地表达相对完整的观点。

> **聚焦案例**
>
> 在谈话活动"我最喜欢的水果"中,教师和幼儿发生了如下对话。
>
> 教师:小朋友们,你们都吃过哪些水果呀?
>
> 幼儿:苹果、橘子、香蕉、哈密瓜、火龙果、水蜜桃……
>
> 教师:你们最喜欢哪种水果?
>
> 幼儿1:西瓜。
>
> 幼儿2:苹果。
>
> 幼儿3:橘子。
>
> 教师:为什么呢?
>
> 幼儿1:我喜欢橘子,它闻起来香香的,味道酸酸甜甜的,我很喜欢。
>
> 幼儿2:我喜欢香蕉,它吃起来软软的、甜甜的。
>
> ……
>
> 在这一谈话活动中,幼儿围绕水果的味道、颜色、气味、形状等自由谈论,从多角度表达自己的观点和看法,在活动中畅所欲言。

(四)谈话活动中教师起间接引导作用

教师是幼儿园谈话活动的设计者和组织者,在谈话活动中教师扮演观察者、参与者、合作者、引导者的角色。在谈话活动的不同阶段,教师扮演不同角色,即在谈话活动中,教师是谈话活动的组织者,在关键时刻也是谈话活动的促进者。

教师在谈话活动中主要通过两种方式体现其间接引导作用:一是教师通过提问的方式引出话题或者拓展话题,引导幼儿的谈话思路,开展谈话活动;二是教师以参与者的身份与幼儿谈话,为幼儿进行隐性示范,如结合自己的生活经验、对某一事物的感受等,引导幼儿拓宽谈话思路。一般来说,在创建环境以及准备活动时,教师处于主导地位,同时以幼儿的兴趣为导向;在活动刚开始时,教师作为引导者,逐渐引出谈话的核心主题;在幼儿自由谈话的过程中,教师是观察者和倾听者;当幼儿的谈话难以深入进行时,教师进行示范,为幼儿提供适当、有效的指引,推动活动持续进行;在谈话活动结束时,教师作为反馈者、评价者、总结者,对幼儿谈话过程中的行为表现进行归纳和评价。

> **聚焦案例**
>
> 在大班谈话活动"我的生日"中,幼儿在谈论生日礼物之后,谈话中断了,教师提醒他们:"生日除了买礼物,还可以用什么形式庆祝呢?"一位幼儿讲得滔滔不绝,另一位幼儿(雷雷)呆呆地听着,教师说:"雷雷也说一下吧!"
>
> 上述案例中的教师是问题的发起者,是观察者,也是启发者和引导者。教师要注意观察和倾听,当幼儿在谈话活动中遇到困难时,及时介入指导,促使幼儿的话题能够持续下去。

拓展阅读：
正确区分谈话活动和讲述活动

四 幼儿园谈话活动的目标

（一）幼儿园谈话活动总目标

1. 认知目标

①知道倾听在谈话中的意义、作用，学会认真倾听别人的谈话内容。

②知道和他人交谈时要围绕话题进行、不跑题，并且知道围绕话题不断拓展谈话内容。

③知道运用语言进行交谈的基本规则，并知道在谈话中要运用这些基本规则。

2. 能力目标

①能够倾听他人的谈话，并及时从中捕捉有效信息。

②能够围绕一定的话题谈话，会不断拓展谈话内容。

③能在适当的场合主动热情地运用交谈的基本规则与他人进行交谈。

3. 情感态度目标

①乐意和同伴、教师及他人用普通话交流。

②积极与他人交谈，乐意说出自己的感受和意见。

③有主动倾听别人讲话的愿望、态度和习惯。

④有礼貌、认真地倾听他人说话，乐意根据谈话主体陈述自己的意见或做出相应的反应。

⑤主动用适合自己角色的语言、自觉运用听说轮换等交谈的基本规则进行交谈。

拓展阅读：
学前儿童谈话学习核心经验的内涵与发展阶段

（二）幼儿园谈话活动各年龄段目标

1. 小班

（1）认知目标

学会安静地听同伴说话，不随便插嘴。

（2）能力目标

①在教师的引导下，学习围绕主题谈话，能用短句表达自己的意思。

②初步学习常见的交往语言和礼貌用语。

（3）情感态度目标

①喜欢与同伴交谈，愿意在集体面前讲话。

②能听懂并愿意说普通话。

2.中班

（1）认知目标

能集中注意力、耐心地倾听别人谈话，不打断别人的话。

（2）能力目标

①能说普通话，能较连贯地表达自己的意思。

②学会围绕一定的话题谈话、不跑题。

③学会用轮流的方式谈话，不抢着讲，不乱插嘴。

④继续学习交往语言，提高语言交往能力。

（3）情感态度目标

①乐意与同伴交流。

②能大方地在集体面前说话。

3.大班

（1）认知目标

①能主动、积极、专注地倾听别人谈话。

②迅速地了解别人谈话的主要内容，并从中获取有用的信息。

（2）能力目标

①能围绕一定的话题进行谈话，会用轮流的方式交谈，并能用恰当的语言表达自己的情感，与同伴分享感受。

②逐步学会用修补的方法延续谈话，进一步提高语言交往水平。

（3）情感态度目标

能主动用普通话与同伴交流，态度自然大方。

任务二　幼儿园谈话活动设计与实施

一　幼儿园谈话活动话题的选择

幼儿园谈话活动要选择恰当的话题，可以是教师预设的话题，也可以是幼儿自发提出的话题，不管哪种形式的话题都应该密切关注幼儿现有经验，必须是幼儿熟悉且符合幼儿年龄特点的。例如在"家"主题活动中，幼儿在早期阅读活动中阅读完图画书《我的爸爸》后，教师可开展与此相关的谈话活动"我的爸爸",请幼儿谈谈自己的爸爸,说说自己的爸爸是什么样子的、爸爸在家会做什么事、爸爸有哪些本领、和爸爸之间发生过哪些趣事、如何表达对爸爸的爱等。如果谈话的主题脱离幼儿的生活经验,在活动过程中,幼儿的参与积极性就会大大降低。只有话题与幼儿的经验有一定交叉且有一定的趣味,幼儿才能主动思考,认真倾听同伴的谈话,积极表达自己的观点。在谈话的过程中,教师还可以采用多种组织形式提高幼儿对谈话活动的参与性和主动性,比如,可以采用一对一交流、小组间的交流分享、在集体面前大胆表达观点等方式。

> **资料卡**
>
> **谈话活动中的常见话题**
> 我最喜欢的——人、动物、食物、绘本、颜色、花等。
> 我知道的节日——春节、儿童节、端午节、元宵节、中秋节等。
> 我喜欢的活动——唱歌、跳舞、画画、看书等。

二、幼儿园谈话活动设计与组织

幼儿园谈话活动设计与组织包括三个环节:创设情境引出话题;幼儿围绕话题自由交谈;拓展谈话范围,运用新的谈话经验交谈。

(一)创设情境引出话题

创设情境引出话题是谈话活动的开端,也是谈话活动不可缺少的环节。在这一环节,教师通过创设一定的情境,激发幼儿对谈话活动的兴趣,启发幼儿对谈话话题的联想,拓宽幼儿语言表达的思路,做好谈话的准备。需要注意的是,谈话情境的时间不宜过长,因为谈话情境的主要作用是为随后的正式谈话做铺垫,时间过长容易导致谈话活动结构失衡。谈话情境的创设主要有以下几种方式。

1. 以实物或直观教具创设情境

幼儿思维具有直观性,教师利用多媒体、图片、玩具、实物、影像资料、日常生活物品等,向幼儿提供与谈话主题有关的可视形象,激发幼儿谈话的兴趣、打开幼儿谈话的思路。比如,在谈话活动"快乐的春节"中,教师先播放一段"过春节"的视频创设情境,再请幼儿谈谈自己过春节时的感受。

> **聚焦案例**
>
> 在进行谈话活动"快乐的假期"时,教师出示自己旅游的相关照片引出话题,让幼儿结合自己的旅游经验进行谈话,最后教师组织幼儿分享自己的假期旅游照片及旅游纪念品并布置展览区。

> **聚焦案例**
>
> 在小班谈话活动"小雨滴的家"中，教师借助多媒体信息技术向幼儿展示污染的小河图片和视频进行情境导入，然后请幼儿讲述自己的感受。他们有的说自己不往河里乱扔垃圾，有的说请工人叔叔不要把脏水排在小河里，有的说拿个大网把河里的脏东西捞上来，还有的说请科学家造个机器人来保护小河……

2. 用语言创设谈话情境

教师通过自己说一段话、提一些问题来唤起幼儿的记忆，调动他们的经验，以便导入话题。提问是基本的教学手段，也是一门艺术，教师灵活有效地提问可以引发幼儿参与谈话活动的积极性。教师提出生动有趣、富有启发性的问题，能营造富有吸引力的谈话情境，激起幼儿的好奇心和求知欲，从而引出谈话内容。教师在提问的时候要注意使用抑扬顿挫、恰如其分的语气，并结合表情、体态语来诱发幼儿对问题产生兴趣。

> **聚焦案例**
>
> 在谈话活动"有趣的饼干"中，教师如果说"小朋友，你们喜欢吃什么饼干"，好像吸引力不是很大。教师如果将问题改为"小朋友，你们觉得最有趣的饼干是什么？它什么地方有趣呢"，就更容易调动幼儿交谈的积极性。

> **聚焦案例**
>
> 在谈话活动"动画片里的人物"中，有幼儿说自己喜欢孙悟空，教师可以这样问："原来你喜欢聪明、勇敢的孙悟空。还有其他小朋友也喜欢孙悟空吗？为什么喜欢他呢？"这样的问题让幼儿之间产生共鸣，活跃谈话的气氛。

3. 借助游戏形式创设谈话情境

游戏是幼儿最喜欢的活动，采用游戏形式创设的谈话情境对于幼儿来说具有较大的吸引力。教师可以让幼儿参与和谈话主题相关的游戏，为下一步的谈话打下基础。比如，在谈话活动"有趣的交通工具"中，教师请幼儿一起玩"开火车"游戏，游戏结束后，以"火车"这一交通工具进入谈话活动。

4. 丰富幼儿知识经验，创设谈话情境

谈话还可以取材于幼儿在参观、观察活动中所获得的知识经验。因此，在开展谈话活动前，教师可以组织幼儿参观、观察、亲身感受，帮助幼儿积累相关的谈话素材。比如，在中班"我喜欢的糖果"谈话活动中，教师提前布置糖果展览会区角，让幼儿感知各种形状、颜色、味道的糖果，在活动正式开始时，幼儿就有了丰富的知识经验。

> **聚焦案例**
>
> 在组织谈话活动"交通警察"时,由于教师带领幼儿观察过交通警察,幼儿了解交通警察的工作,谈话内容就非常丰富。幼儿有的说交警工作很辛苦,他们不怕风吹、日晒、雨淋;有的说交通警察热心助人,会搀扶老人、小孩、盲人过马路;有的说交警很有礼貌,处理问题时先敬礼;还有的说交通警察的工作很重要,没有他们的指挥,道路上交通会混乱、会堵车、容易出交通事故等。

(二)幼儿围绕话题自由交谈

引出话题之后,教师要为幼儿提供围绕话题自由交谈的机会,调动幼儿对话题的已有经验,引导幼儿围绕话题自由交谈。这个环节的主要目的是让幼儿运用已有知识经验交流个人见解,并学会倾听他人谈话。在这一环节需要注意以下问题。

一是设计关键问题,引导幼儿围绕话题自由交谈。教师围绕话题向幼儿提出问题,引导幼儿的谈话思路。关键问题应具有针对性、开放性和启发性。另外,幼儿在初次交谈时,容易跑题,教师还应引导幼儿围绕话题交谈。

> **聚焦案例**
>
> 在中班谈话活动"我的好朋友"中,教师引导幼儿围绕话题自由交谈,要求幼儿主动向同伴介绍自己的好朋友,清楚地表达好朋友的模样和穿着,会用普通话与同伴交谈。活动中,教师巡回参与幼儿的谈话,倾听、了解幼儿谈话的内容。教师对幼儿进行适时引导,如提问"你的好朋友是高个子还是矮个子、长得是胖还是瘦"等,帮助幼儿打开思路,让幼儿知道应该从哪些方面来描述人的模样。如果教师发现幼儿的谈话偏离了话题,可以用插话的方式,将谈话内容拉回"好朋友"上。

二是创设宽松、自由的谈话环境,鼓励幼儿自由讲述内心的真实感受。教师要放手让幼儿围绕话题自由交谈,允许幼儿说任何有关话题的想法,幼儿只要围绕话题进行交谈就可以,教师不必过多地干涉其交谈的内容。初次交谈时,教师不做示范,不忙于纠正幼儿在谈话中出现的遣词造句错误。幼儿的谈话过程中出现错误,教师不能批评或嘲笑,可以用示范和鼓励的方式帮助幼儿敢说、有机会说。

三是鼓励每位幼儿积极参与谈话,真正形成双向或多向的交流。在集体谈话中,如果只有一小部分幼儿发言,教师要注意调动班级每位幼儿表达观点的积极性。教师可以让幼儿自由选择交流对象,一对一或是三三两两地交谈,也可以由教师指派幼儿与邻座幼儿交谈或将幼儿分成小组交谈。

四是注意自由交谈中的个体差异。自由交谈虽然为幼儿提供了开口说话的机会，但有些语言能力较差的幼儿可能光听不说，因此教师要有意识地将语言表达能力较弱和谈话能力较强的幼儿安排在一起，让他们互相促进、互相作用。

五是适当增加幼儿"动作"的机会，让幼儿在动嘴、动脑的同时，也能有动手、动脚等操作活动。这有利于幼儿保持谈话的兴趣，提升他们说话的积极性。比如，可以让幼儿边玩边谈、边表演边谈等。

六是注重谈话活动的总结与评价。幼儿已有的语言经验是有限的，在幼儿自由交谈后，教师应及时进行小结，对幼儿进行指导与评价，激发幼儿的谈话热情，提升幼儿的语言运用能力。比如，小结评价幼儿的谈话内容、谈话中的行为表现等。

（三）拓展谈话范围，运用新的谈话经验交谈

在幼儿运用已有知识经验自由地交谈后，教师要引导幼儿拓展谈话范围，深层次地引导幼儿围绕话题交谈，指导幼儿学习新的谈话经验，促使他们的谈话水平进一步提升。这一过程是谈话活动的重点和核心内容。

1.交谈前帮助幼儿拓展谈话范围

教师应以提问的方式引出话题或拓展话题，引导幼儿谈话的思路，把握谈话活动的方式。

首先，应从幼儿的兴趣和生活经验出发，围绕中心话题层层深入地拓展话题。一般来说，中心话题是沿着这样的顺序拓展的：对话题对象的描述和基本态度—为什么会有这种态度—对话题对象的独特感受。

> **聚焦案例**
>
> 在谈话活动"我喜爱的图书"中，话题是沿着这样的顺序推进的：图书的种类、对图书的态度—为什么喜欢看书—喜欢看什么书—与图书发生的故事—自己的感受。

> **聚焦案例**
>
> 在大班"我喜爱的水果"的主题谈话活动中，幼儿都围绕自己喜爱的水果，从外形、味道、口感等方面表达自己喜爱它的原因。这样的谈话现状阻碍了活动的深入开展，教师见此情形，立刻站出来给幼儿以引导："你喜爱的水果对我们的身体有什么好处呢？""你喜爱的水果价格怎么样？方便买到吗？"可见，教师通过提问的方式，引导幼儿沿着"我喜爱的水果"这个主题逐层深入，拓展了谈话活动的内容。

其次，拓展的谈话内容应更丰富，围绕中心话题深入拓展小话题，丰富和拓展幼儿的经验。比如，大班谈话活动"我们的城市"的中心话题是"城市里的人"，拓展话题可以是"城市里的车""城市里的建筑"等，拓展谈话的宽度。

最后，教师应鼓励幼儿提出问题，根据幼儿提出的有价值的问题进行交流和讨论。

> **聚焦案例**
>
> 在谈话活动"我的生肖"中，教师在幼儿自由交谈各自生肖的基础上，提出了如下问题启发幼儿思考："你的生肖是什么？你的好朋友的生肖是什么？你还知道哪些生肖？"通过这些提问，教师引导幼儿认识并了解十二生肖有哪些动物，进而知道十二生肖的排序等。而这些对于幼儿来说，就是新的知识经验，成为幼儿在谈话活动中重要的学习收获之一。

2. 交谈前、交谈中引导幼儿学习谈话规则

在活动开始之前，教师应为幼儿讲解谈话的基本规则。讲解轮流讲话的规则时，可以这样引导："一个一个讲，一个小朋友讲，另一个小朋友听"，"这个小朋友讲完了，下个小朋友讲"。引导幼儿学习倾听他人的谈话时，重点指导幼儿学会安静倾听，在倾听中认真思考，学会捕捉谈话中的关键信息。比如，开展小班谈话活动"我喜欢的图画书"时，教师引导幼儿思考："听听他说的方法，看他的方法好不好，你有没有更好的方法？""你同意他的想法吗？为什么？"要注意的是，教师在引导幼儿学习谈话规则时，不要有急于求成、立竿见影的思想。如果教师在谈话活动中，让幼儿机械地反复练习某一谈话技能，甚至让幼儿将某些词语背诵下来，就违背了谈话活动的基本宗旨。

3. 交谈中教师隐性示范新的谈话经验

幼儿交谈时，教师用提问、平行谈话的方式向幼儿展示新的谈话经验。要注意的是，教师不能用直接示范的方法指导，而应以隐性示范的方式将谈话经验逐步传递给幼儿，让幼儿不知不觉地沿着新思路去说，潜移默化地学习新的谈话技能和谈话规则，掌握正确的谈话思路和方法。

> **聚焦案例**
>
> 在谈话活动"我喜欢的图书"中，教师说："我喜欢这本《科学小常识》，因为它告诉我蝴蝶是怎样从小虫转变而来的。原来蝴蝶穿着美丽的外衣在花丛中传播花粉之前，是一只专吃植物叶子的害虫。我从这本书中学到了新知识，所以我喜欢并爱护这本书。"教师以谈话者的身份表达自己的观点，对幼儿进行隐性示范。

4.交谈结束后的评价

谈话活动结束后,教师应给予幼儿具体的评价。评价一般从谈话规则、谈话内容、谈话思路等方面展开。教师可以借助图表或简笔画等方式,总结幼儿的谈话经验。图表或者简笔画能帮助幼儿梳理谈话思路,有助于幼儿清楚地表达。

此外,在谈话活动结束前,教师可以向幼儿提出任务和要求:将学到的新经验运用于与同伴、父母的交流中。教师还需要注意观察幼儿在日常的交往中是否主动运用新的谈话经验,并进行及时的评议,对做得好的幼儿给予表扬、鼓励,对做得不好的幼儿给予提醒、帮助,使幼儿真正将学到的经验运用于实践,促进幼儿创造性语言的发展。

> **聚焦案例**
>
> 在大班谈话活动"四季"中,教师根据幼儿的谈话内容绘制了一个坐标轴:纵坐标是春、夏、秋、冬四个季节,横坐标是温度、植物、动物、户外活动。考虑到幼儿不识字,教师以图片、简笔画代替了其中的文字。在这次活动中,幼儿知道了要想好再说,说最相关的内容,谈话时可以对自己说的内容归类。

> **聚焦案例**
>
> 在谈话活动"采访"结束后,教师进行了评价:"我们的小胡记者开始采访时很有礼貌地向被采访的同学问好,进行了自我介绍,用'我能采访您吗'征求别人是否愿意接受采访,提问时说'请……',采访结束后还能很有礼貌地说'谢谢您接受我的采访'。"这样的评价比较具体,有助于幼儿获得有关谈话规则的核心经验。

谈话是人类交流最基本的方式。幼儿园谈话活动是语言领域的重要内容,对幼儿的语言发展具有深远的价值和意义。作为幼儿教师,我们应该在课程游戏化背景下指导幼儿自主、自由、愉悦地沟通,让幼儿谈话活动中的主题、环境、角色、提问生活化,让谈话活动成为教师和幼儿进行情感交流以及教师了解和教育幼儿的重要途径,让幼儿在谈话活动中提高语言表达能力。

微课:
如何开展幼儿园谈话活动

项目小结

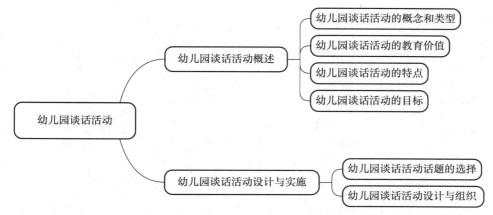

本项目在分析幼儿园谈话活动的概念和类型、教育价值、特点、目标的基础上,重点阐述了集体谈话活动的流程以及各环节设计与组织的要点。集体谈话活动的流程包括:创设情境引出话题;幼儿围绕话题自由交谈;拓展谈话范围,运用新的谈话经验交谈。在分析谈话活动设计与组织要点时,提供了丰富、典型的案例,为教师组织幼儿园谈话活动提供了可供参考借鉴的思路和方法。

自学自测

一、单项选择题

1.在幼儿语言教育活动中,最能为幼儿提供谈话机会的组织形式是( )。

　　A.小组活动　　　　B.集体活动　　　　C.全园活动　　　　D.个别活动

2.讲述活动主要发展幼儿的独白言语能力,而谈话活动更侧重于幼儿的交往言语或( )言语,侧重于师生间、同伴间的交流。

　　A.对白　　　　　　B.独白　　　　　　C.口头　　　　　　D.书面

3.谈话活动中教师为幼儿创设宽松、自由的谈话环境,主要包括见解自由和( )。

　　A.语言自由　　　　B.环境自由　　　　C.动作自由　　　　D.时间自由

4."逐步学会用修补的方法延续谈话,进一步提高语言交往水平"是幼儿园( )谈话活动的目标。

　　A.小班　　　　　　B.中班　　　　　　C.大班　　　　　　D.托班

5."能主动、积极、专注地倾听别人谈话,迅速地了解别人谈话的主要内容,并从中获取有用的信息"是幼儿园( )谈话活动的目标。

　　A.大班　　　　　　B.小班　　　　　　C.中班　　　　　　D.托班

二、简答题

1. 简述幼儿园谈话活动的特点。
2. 简述幼儿园谈话活动设计与组织的一般流程。
3. 简述幼儿园谈话活动的教育价值。

实践与实训

实训要求与形式	针对大班幼儿，以"热闹的春节"为主题，设计活动名称、活动目标、活动准备、活动过程，设计主要提问语（个人/小组完成，上传线上平台）
实训记录	活动名称： 活动目标： 活动准备： 活动过程：

案例赏析

案例一 小班谈话活动"我喜欢吃的水果"

【活动目标】

①知道围绕"水果"主题交谈。

②能安静地倾听别人的谈话，并能用普通话自由地声音洪亮地表达自己的想法。

③喜欢与同伴交谈。

【活动准备】

经验准备：了解常见水果的种类及好处。

物质准备：幼儿每人带一种自己爱吃的水果，教师准备两个苹果（切成块状，上面插上牙签，用盘子装好），关于水果的卡片。

【活动过程】

一、谈话导入，吸引兴趣

师：小朋友们，你们喜欢吃苹果吗？今天老师请大家吃苹果。（等小朋友吃完后）苹果好吃吗？老师很喜欢吃水果，你们喜欢吃水果吗？你们喜欢吃哪些水果？请把自己带来的水果拿出来。

二、引导幼儿围绕"水果"这一话题自由交谈

师：你喜欢吃什么水果？它是什么颜色、什么形状的？有什么味道？你为什么喜欢吃这种水果？

师：现在请小朋友跟身边的小朋友说一说你喜欢的水果。

（一）幼儿自由交谈

2~3个幼儿为一组自由交谈。教师巡回参与幼儿谈话，提醒倾听的幼儿安静地听对方谈话。对谈话跑题的幼儿给予指导，用插话的方式将内容集中在谈自己带来的水果上。整个过程中教师注意观察和倾听，必要时给予指导。

（二）集体谈论"水果"

邀请幼儿上台介绍自己带来的水果，引导幼儿用响亮的声音围绕"水果"谈话。教师对每个幼儿的讲话进行适当的评价，并给予鼓励。

三、出示水果图片，围绕水果提出新的话题

（一）出示香蕉图片，再次交谈

让幼儿围绕新话题思考自己的谈话内容，注意提醒幼儿用普通话谈论。

师：我除了爱吃苹果，还喜欢吃香蕉。香蕉长得像月亮，妈妈说香蕉是一种开心水果，多吃香蕉可以让我们感到快乐，并且香蕉对肠胃也好。

师：小朋友们，你还吃过哪些水果呢？吃水果有什么好处？

（二）"开火车"游戏

师：我们一起来玩"开火车"的游戏吧！老师当火车司机，小朋友们当乘客，当老师问"你们喜欢吃什么水果"时，如果小朋友用普通话清楚响亮地回答"我喜欢吃……，因为它……"，我就邀请他上我的"水果火车"。

师：原来有这么多水果呀！每一种水果都对我们身体有好处，以后我们要多吃水果，给我们的身体补充营养。

四、结束部分：师幼一起唱《苹果歌》

师：小朋友回家后和爸爸妈妈一起到水果店或超市购买水果，并跟爸爸妈妈说一说水果的好处。

【活动延伸】

①在"小厨房"区角投放各种水果、沙拉酱、番茄酱，引导幼儿自己挑选水果制作水果沙拉。

②在语言区投放各种水果的卡片，帮助幼儿认识更多的水果。

案例二　中班谈话活动"我们居住的小区"

【活动目标】

①根据画面提供的信息，基本完整地讲述自己在小区的所见所闻和经历。

②耐心倾听别人说话，学会轮流交谈，不随便打断别人的话。

③用普通话积极、愉快地与他人交谈。

【活动准备】

知识经验准备：幼儿回家观察小区环境、周边地理位置等，对自家小区有话可说；家长带着幼儿到小区散步，共同捕捉小区里美的瞬间，并和幼儿一起制作海报。

物质材料准备：幼儿自制海报《我居住的小区》。

【活动过程】

一、集体游戏"小区名称大接龙"，调动幼儿参与兴趣

请幼儿依次说出自己所住小区的名字，用"我住在××小区"进行接龙。

二、自由谈话"我居住的小区"

（一）教师提问，引出话题

师：我们班的小朋友有的来自同一个小区，有的来自不同的小区，那你们的小区是怎样的呢？请大家拿出小海报互相讲一讲吧！

（二）幼儿自由结伴交谈

要求：介绍自己所在小区的环境以及发生的有趣的事；依次轮流讲述。

（三）教师巡回指导、倾听

提醒幼儿耐心倾听别人说话，不随便打断别人的话；讲话声音稍轻，以免影响别人交谈。

（四）集体交流"小区美"

请几名幼儿拿着海报向全班介绍自己的小区。

鼓励幼儿在集体面前讲话时做到声音洪亮；帮助幼儿基本完整、较连贯地表达自己的意思。

三、拓展谈话范围，幼儿再次交谈

（一）教师引导幼儿拓展谈话范围

师：海报上的小区很美，它哪里美？你还遇到了哪些有趣的事呢？（引导幼儿关注小区里的自然美、环境美、人文美）

（二）幼儿分组交谈

教师引导幼儿分小组再次进行交谈。

四、讨论：如何做小区文明小主人

教师可以带领幼儿讨论如何维护小区的环境，如何做小区文明小主人，从多个方面引导幼儿进行讨论。

【活动延伸】

家园共育，将"如何做小区文明小主人"的内容，如"有礼貌地与别人打招呼、爱护环境卫生、友好地与同伴玩耍、爱护公共设施"等告知家长，提醒家长在日常生活中与孩子共同践行。

拓展阅读：

大班谈话活动"我的进步"（活动方案）

项目八　幼儿园听说游戏活动

◇ **学习目标**

1. 理解幼儿园听说游戏活动的概念、特点、类型及目标。
2. 掌握幼儿园听说游戏活动设计思路及指导要点，能分析具体活动案例并学以致用。
3. 重视听说游戏对幼儿语言发展的独特价值，乐意进行研究学习，树立正确的幼儿教育观。
4. 小组合作完成实训任务，增强团结协作的意识。

◇ **情境导入**

在幼儿园听说游戏"送牛奶"中，教师出示装有牛奶、酸奶等瓶子的小篮子，向幼儿介绍游戏名称"送牛奶"。教师和幼儿一起念儿歌："小朋友，来来来，我给因因送牛奶，鲜奶、酸奶和钙奶，味道香来营养好。"

请一幼儿手拿篮子送牛奶，边走边念儿歌，念完后站在某一幼儿面前，然后将篮子交给他。交换位置后，游戏继续进行。

开展2~3轮游戏后，教师发出指令"因因来了"，幼儿将篮子里的奶瓶送给"因因"（班中任一幼儿），并大声说："因因，这是你的奶。""因因"说："谢谢你！"然后游戏重新开始。

什么是听说游戏？听说游戏有什么价值？如何进行幼儿园听说游戏活动设计与组织？在本项目我们将一起学习与探讨。

任务一　幼儿园听说游戏活动概述

 幼儿园听说游戏活动的概念

幼儿园听说游戏是教师用游戏的形式设计、组织的语言教育活动，旨在培养幼儿的倾听、表达及语言反应能力。幼儿园听说游戏有明确的游戏规则,可归属于游戏中的规则游戏。幼儿园听说游戏是教师为了实现语言教育目标而设计和组织的游戏活动,因此,每一个听说游戏都包含对语言学习的具体要求。

根据幼儿的自主程度,幼儿园听说游戏活动可分为幼儿自发性听说游戏活动和教师主导的听说游戏活动。幼儿自发性听说游戏活动是指要不要玩、怎么玩、用什么材料玩、和谁一起玩、在哪里玩等都由幼儿自己做主的听说游戏活动。教师主导的听说游戏活动是指主要由教师发起并制定游戏规则的听说游戏活动。

二 幼儿园听说游戏活动的常见类型

幼儿园听说游戏活动主要通过游戏的方式提高幼儿的倾听能力、口语表达能力和语言反应能力,常见的类型有以下几种。

(一)语音游戏

语音游戏是以提高幼儿听音、辨音能力,帮助幼儿练习正确发音为目的的游戏,具体可以分为听音游戏和发音游戏。

1.听音游戏

听音游戏旨在引导幼儿准确地区分语音的细微差别,尤其是区分相似音和相近音。发展幼儿的听音、辨音能力,是幼儿准确发音的前提。听音游戏可以帮助幼儿听懂普通话,提高其辨音能力和语言理解能力。

2.发音游戏

清楚、正确地发音是运用语言交流的必要条件。幼儿发音不准的主要原因是发音生理系统发育不够完善,或受当地方言影响。因此,教师应了解本地区的语言与普通话的区别,找出本地区幼儿普遍容易发错的音,通过游戏的方式帮助他们练习容易发错、发不准或者发不出的音。

(1)练习平舌音与翘舌音

如幼儿很容易发不准"zh/ch/sh/r"这几个音,通常会将"老师(shī)"说成"老师(sī)",或将"司(sī)机"说成"司(shī)机"。

(2)练习鼻音和边音

很多幼儿受当地方言的影响,会发音不准或者造成语音混淆,比如,湖北很多地区的方言中"n"和"l"不分,幼儿会把"奶奶(nǎi nai)"喊成"奶奶(lǎi lai)"。

(3)练习不容易发的音或相似音

4岁以上的幼儿一般能掌握全部语音,但在某些相似音上还存在一定的困难,不能准确而清晰地发音。比如,幼儿比较容易将"ang/eng/ing"和"an/en/in"混淆。

> **资料卡**
>
> **试一试，你能读准吗？**
>
> 一位爷爷他姓顾，上街打醋又买布。出门看见鹰抓兔，急忙放下醋和布。翻山去追鹰和兔，飞了鹰，跑了兔，洒了醋，湿了布。

> **聚焦案例**
>
> 在小班听说游戏"拉大锯"中，幼儿根据游戏规则边做动作边念儿歌"拉大锯，拉大锯，姥姥门前唱大戏，你也去，我也去，大家一起去看戏"，在有趣的游戏活动中学习正确发出"n""l""j""x"等音。

（二）词汇游戏

词汇游戏是以丰富幼儿词汇量、帮助幼儿理解词义和正确运用词汇为目的的游戏。词汇游戏不仅可以增加幼儿的词汇量，还可以帮助他们进一步理解词语的含义，从而更好地使用词汇，将消极词汇转变为积极词汇。比如，大班听说游戏"说相反"，通过游戏的形式引导幼儿说出完整的正反义词，在游戏的过程中进一步理解其含义。

> **聚焦案例**
>
> **扩词游戏**
>
> 教师组织大班幼儿玩扩词游戏，引导幼儿从最简单的颜色入手，进行扩词，不与其他人重复，如红花、红旗、红气球、红苹果等。在幼儿具有一定的扩词经验后，让他们尝试其他颜色的扩词或增加游戏难度。扩词游戏开阔了幼儿的视野，让他们发现生活中许多带有色彩的事物，从而愿意说、主动去表达。

（三）句子和语法游戏

句子和语法游戏是通过游戏的方式，训练幼儿按正确的语法规则组词成句或者运用各种句式、句型等。句子和语法游戏可以使幼儿迅速地掌握某种句型的特点，学会运用句式进行表达。教师在设计此类游戏时，应先了解幼儿现有的句子发展水平是处于双词句阶段、简单句阶段，还是复杂句阶段，再根据幼儿目前的句子发展水平，设计有针对性的游戏活动。比如，设计大班听说游戏"快乐造句"，引导幼儿学说"谁在什么地方干什么"句式，锻炼幼儿的语言表达能力。再如，设计大班听说游戏"盖高楼"，游戏规则是使用"……越……越……"句型表达，回答正确即可为自己盖一层楼，不能重复，连续两次回答不准确者减少一层楼。

（四）描述性游戏

描述性游戏是在对幼儿进行语音、词汇、句子练习的基础上，训练幼儿用比较连贯的语言对事物进行具体形象描述的游戏。其主要有描述事物、猜谜、对话、表演等形式。描述性游戏不仅可以增强幼儿独立、连贯的讲述能力，还可以促使幼儿对事物形成正确的理解和认识，了解各种社会关系，对于发展幼儿的求知欲和观察力、扩大他们的知识范围有积极的作用。此类游戏适合在中、大班进行。

> **聚焦案例**
>
> 有教师设计了大班听说游戏"热带鱼"。游戏目的包括两点：一是幼儿用描述性的语言，按"头—躯干—尾"的顺序讲述热带鱼，并丰富相应词汇，如"漂亮""可爱""胖嘟嘟"等；二是幼儿知道等别人说完自己再说，学会有序表达。游戏规则如下：请幼儿闭上眼睛，拿走一条鱼，请幼儿说说是什么样子的鱼不见了，引导幼儿按"头—躯干—尾"的顺序进行描述，然后师幼一起喊'小鱼、小鱼快出来'。若幼儿前面描述的较有秩序，"小鱼"（由一名教师扮演）就从"藏身间"里游出来，并说"来了，来了。"若幼儿的描述秩序比较乱，"小鱼"就不游出来，请幼儿继续描述。在这个过程中引导幼儿融入形容词"漂亮""可爱""胖嘟嘟"等，也可以请说得有条理的幼儿在"藏身间"扮演小鱼。游戏反复进行。

三、幼儿园听说游戏活动的特点

（一）游戏性

听说游戏活动，顾名思义，必定具有游戏性的特点。听说游戏活动以游戏为活动主线，以游戏贯穿整个活动；与其他类型的语言教育活动相比，听说游戏活动更强调游戏性，突显游戏的愉悦性。在听说游戏活动中，有趣的游戏名称、玩法、角色，形象生动的游戏材料，都会使幼儿产生浓厚的兴趣，获得愉悦的体验。研究证实，幼儿通过游戏的方式学习与成长。听说游戏活动既能达成语言教育活动的教育目标，又符合幼儿喜爱游戏的心理发展特点，让幼儿在寓教于乐的氛围中获得成长与体验，进而增进对词汇的理解，丰富幼儿语言表达的内容。

（二）规则性

规则游戏需要遵守相关游戏规则，听说游戏活动作为特殊的规则游戏也不例外。教师在组织听说游戏活动时，要制定符合幼儿身心发展特点的游戏目标，选择合适的游戏内容，运用恰当的规则将语言学习重点融入听说游戏活动，引导幼儿在愉悦的游戏中明确自己要做什么、听什么、说什么。

（三）针对性

听说游戏活动作为语言教育活动的特殊形式，要求在活动结束后，幼儿达到一定的语言学习目标。每一个具体的听说游戏活动都包含具体的语言学习内容，具有一定的针对性。听说游戏活动中，教师根据近阶段幼儿语言发展水平和语言学习需要制定听说游戏活动目标、设计听说游戏活动形式。比如，小班幼儿容易混淆辅音"g"和"h"，在小班听说游戏活动"公鸡头、母鸡头"中，活动目标就是正确发出"g""h"的音，正确说出"公鸡""黄豆"等词。

（四）丰富性

听说游戏活动在多方面体现出丰富性的特点。听说游戏活动分为不同的类型，如语音、语义、语法、词汇、句子等。听说游戏活动的题材来源丰富，如传统的儿歌、童谣、绕口令以及故事等衍生出的语音游戏或者词汇游戏。听说游戏活动也可以围绕诗歌、生活经验、民间故事等设计描述性游戏。除此之外，听说游戏活动的丰富性还体现在产生形式多样（一般由教师引导或幼儿自发），组织形式灵活多样、不受时间地域的限制等。

四 幼儿园听说游戏活动的目标

（一）幼儿园听说游戏活动总目标

幼儿园听说游戏活动是一种特殊的语言教育活动，为幼儿的语言学习提供了不一样的途径和机会，将语言活动的目标渗透于游戏中。幼儿园听说游戏活动总目标如下。

1. 培养幼儿的倾听能力

幼儿学习语言的规律是先听懂后会说，倾听是清楚表达的基础，也是游戏进行的关键。在游戏开始时，幼儿需要倾听并理解规则；在游戏过程中，幼儿需要听懂游戏指令，这样游戏才能继续。因此，在听说游戏活动中，幼儿要在教师的引导下掌握倾听的技巧，学会集中注意力倾听、积极倾听等。

2. 提高幼儿的语言表达能力

想表达、能表达、会准确表达，是幼儿在语言方面发展的重要目标。不同类型的听说游戏活动从语音、词汇、句式、连贯表达等方面促进幼儿语言表达能力的提高。在语音游戏、词汇游戏和句子游戏中，幼儿按照游戏规则的要求发音、说词语、说句子，自觉地学习正确发音，使用规范的语言表达。

3. 提高幼儿的语言反应能力

听说游戏活动注重游戏的过程，幼儿在参与的过程中需要根据一定的规则快速地调动自身储备的语言经验进行"排列组合"或"编码"。在这种情境下，没有过多的时间留给幼儿，幼儿注意力要高度集中，需要快速思考、快速反应，并迅速以符合规则的方式表达，这有助于提高幼儿的语言反应能力，提高幼儿在语言交流过程中的倾听能力与表达能力。

（二）幼儿园听说游戏活动各年龄段目标

小班

1. 认知目标

掌握和正确运用周围常见物体和各种活动的名词和动词，初步掌握方位词及人称代词。

2. 能力目标

①在教师引导下遵守游戏规则。

②逐渐发准某些难发的字音。

③尝试按照规则运用简单句说话。

3. 情感态度目标

①愿意参加听说游戏活动，在活动中大胆地说话。

②愿意倾听别人说话，能听懂简单的游戏规则。

③喜欢听普通话并愿意说普通话。

中班

1. 认知目标

能听懂并理解多种游戏规则。

2. 能力目标

①在游戏中练习巩固发音，能逐渐发准个别容易混淆的字音。

②能正确运用动词、形容词、副词、方位词、连词和介词等。

③能说简单而完整的句子。

④学习较迅速地领悟游戏中的指令信息，并能及时做出相应的反应。

3. 情感态度目标

①能集中注意力倾听教师和同伴的讲话。

②乐意参加听说游戏活动。

大班

1. 认知目标

迅速把握和理解游戏中较复杂的多重指令。

2. 能力目标

①在游戏中学习正确运用反义词、量词和连词等，并能说完整的句子。

②自觉遵守游戏规则，对听说游戏做出积极反应，在游戏中按照规则迅速调动个人已有的语言经验进行语言表达。

3.情感态度目标

①能积极倾听教师和同伴说话。

②积极主动地参加听说游戏活动。

任务二　幼儿园听说游戏活动设计与实施

幼儿园听说游戏活动主要包括两大类：一类是在教师的组织下开展的听说游戏活动；另一类是幼儿在区角或生活中自发形成的听说游戏活动。

一　教师组织的听说游戏活动

（一）幼儿园听说游戏活动设计的基本思路

由教师主导的听说游戏活动设计思路为：创设游戏情境—讲解游戏规则，明确游戏玩法—教师引导幼儿游戏—提升游戏难度，拓展延伸—游戏讲评。

1.创设游戏情境

幼儿在玩游戏时，往往需要游戏情境增加游戏氛围。创设游戏情境的方法很多。可以用语言创设游戏情境，比如，教师说："今天我们来到动物森林，跟一群可爱的小动物玩一个好玩的游戏。"可以用物品创设游戏情境，比如，布置过年的物品，为游戏活动做情境铺垫。还可以用肢体动作创设游戏情境，比如"小狗汪汪汪"，模仿小狗的动作和叫声，可以迅速吸引幼儿的注意力。

2.讲解游戏规则，明确游戏玩法

游戏规则的理解与运用是游戏活动顺利开展的重要条件。教师需要用简单明了的语言讲解游戏玩法和规则，讲清楚游戏的规则要点和开展顺序；在讲解的时候，语速要慢，保证幼儿能够听清楚，特别是对于游戏中要让幼儿模仿的语句；教师还可通过提问的方法，帮助幼儿理解和巩固游戏的规则。

> **聚焦案例**
>
> 在中班听说游戏活动"炒青菜"中，教师边示范边讲解游戏规则：一个小朋友的手心朝上摆好做锅子，另一个小朋友边念儿歌边在他的手心做炒菜的动作。念到"切"时，念儿歌的小朋友将手变成刀的样子在他的手臂上切三次。"捏包子"活动中，捏包子的动作和炒青菜是一样的，念到"捏"时，一个小朋友用手在另一个小朋友的手臂上捏三次。
>
> 在"汽车来了嘟嘟嘟"中，一个小朋友用手握成拳头当汽车，从另一个小朋友的手臂上一直开到他的脖子上，"开汽车"的小朋友可以挠另一个小朋友的痒痒，他忍不住笑了就可以交换角色进行游戏。

3. 教师引导幼儿游戏

教师在讲解游戏规则后，就可以组织幼儿开展游戏。在这个环节，由于幼儿没有完全领会游戏规则和游戏玩法，教师可以先带领幼儿玩游戏，让幼儿在游戏体验的过程中理解规则、运用规则以及学会游戏玩法。待幼儿熟悉玩法和规则后，教师给予幼儿自主游戏和合作游戏的机会，并适时进行指导。幼儿自主游戏过程中，教师以观察为主，及时发现幼儿游戏中的问题，并通过隐性方式引导幼儿解决问题。教师要尽量避免强行控制、禁止、批评等否定性言行，要多用赞许、鼓励、肯定等激励的指导方式。

活动视频：
小班听说游戏活动"拉大锯"

4. 提升游戏难度，拓展延伸

在幼儿初步体验游戏的基础上，教师可以通过改变游戏玩法、拓展游戏内容、改变游戏组织形式来提升游戏难度。改变游戏玩法能避免听说游戏玩法单一和重复训练，游戏的多样玩法还能调动幼儿参与游戏的兴趣和主动性。对于大班幼儿，教师应支持他们自己改变游戏玩法。每位幼儿的发展水平参差不齐，为更好地利用幼儿发展的"最近发展区"，教师还要拓展游戏内容，以满足不同幼儿的发展需求。具体的操作方式教师应根据本班幼儿的实际情况确定。改变游戏组织形式能够避免单一枯燥的对答练习。除了采取接龙、比赛等形式，还可以拓展游戏空间、增设游戏情境，调动幼儿全身心参与。

> **聚焦案例**
>
> 在大班听说游戏活动"大和小"中，最初的游戏规则是幼儿两人一组游戏，幼儿扮演角色，分句念儿歌："太阳大地球小，地球绕着太阳跑；地球大月亮小，月亮绕着地球跑。"念到不同角色时，小的绕着大的跑一圈，正确念儿歌、做动作完成游戏的小组获胜。大班幼儿很快就掌握了规则。在接下来的自主游戏环节中，他们讨论新的玩法，并制定新规则：替换太阳、月亮、地球等名词进行游戏。其中有同类比大小（太阳大、火星小），也有不同类比大小（大海大、鸟儿小），还出现了动词替换（房子大、鸟儿小，鸟儿绕着房子飞）。

5. 游戏讲评

在结束环节，教师组织评议、总结听说游戏活动的经验，为下次听说游戏活动留下期待或者伏笔。对于年龄较小的幼儿，教师可以用游戏的口吻点评；对于年龄稍大的幼儿，教师可以提出合理的建议或请幼儿自评。

（二）幼儿园听说游戏活动组织与指导策略

听说游戏活动的实施效果与教师的组织与指导密切相关。下列几项指导要点可以帮助教师更好地开展听说游戏活动。

1.立足幼儿已有经验，从幼儿正在探索或者感兴趣的主题中衍生游戏内容

（1）善于捕捉教育契机，关注社会热点

比如，过完传统节日"春节"回到幼儿园后，教师可以设计听说游戏活动"春节游"。教师说："春节游，春节游，请问春节你去哪里游？"幼儿答："春节游，春节游，春节我去北京游。"（每次应更换地名）教师接："北京好，北京妙，请问北京有什么？"幼儿答："北京好，北京妙，北京有故宫。"（说出当地特色景点或者自身经历）

（2）立足幼儿经验和兴趣进行衍生

比如，在主题活动"我的妈妈"中，教师发现幼儿在活动中会比较自己的妈妈，都认为自己的妈妈最能干，据此设计大班听说游戏活动"我的妈妈本领大"。游戏规则为用"我的妈妈会……我的妈妈也会……我的妈妈还会……"的句式接龙，要求每次说的妈妈的本领都不一样。

2.寓教于乐，采取多种方式激发幼儿参与兴趣

（1）运用动物形象表现

可爱的动物能迅速激发幼儿的兴趣。比如，"小猫喵喵喵""小狗汪汪汪""小羊咩咩咩"……幼儿能根据动物的特征，及时变换动作，一会儿扮演小猫，一会儿扮演小狗，一会儿扮演小羊，不但能说出动物的名称，还能说出相应的象声词。

（2）通过肢体动作表现

"食指拇指碰碰，做只小鸡叫叫，叽叽叽；食指中指并拢，做把剪刀玩玩，嚓嚓嚓；五只手指捏紧，做把榔头敲敲，咚咚咚。"幼儿在这个好玩的听说游戏中，通过手指的不断变化以及朗朗上口的儿歌，获取相关经验，了解手指的名称，并喜欢说象声词。再如，听说游戏活动"咕噜咕噜"中，儿歌为"上面拍拍，下面拍拍，前面拍拍，后面拍拍，咕噜噜噜1，咕噜噜噜2，咕噜噜噜3，咕噜噜噜4，咕噜噜噜5……"通过形象的肢体动作、象声词带动幼儿的游戏热情，引导幼儿对方位、数字感兴趣。

（3）采用互动式游戏模式

在宽松的、互动性强的语言环境中，幼儿愿意去尝试，愿意去表达。在小班阶段，由于幼儿的能力有限，教师可以为幼儿示范玩法。比如，组织小班幼儿玩游戏"请你跟我这样做"，引导幼儿通过重复教师的话、模仿教师的动作，主动参与游戏，增强语言表达的积极性。到了中班阶段，幼儿的见识越来越广，词汇量逐步增多，对于听说游戏活动的期待越来越强，教师可以引导幼儿与幼儿之间积极互动。以听说游戏活动"跟我说相反"为例，幼儿说"我长得高—我长得矮""我跑得快—我跑得慢""我的眼睛大—我的眼睛小"等，在互动中，幼儿的游戏热情更加高涨，说的兴趣更加浓厚，轻松地理解和掌握了反义词，提高了思维敏捷性。到了大班阶段，教师可以引导幼儿自主创新互动形式。

3.把握不同年龄段听说游戏活动重点

不同年龄段幼儿语言发展的重点不同,因此,教师在组织不同年龄段的幼儿进行听说游戏活动时要注意其语言发展重点及游戏难度。比如,小班以语音游戏和词汇游戏为主,教师在游戏中的参与度较高;中、大班以词汇、句子游戏和描述性为主,教师在游戏中以间接指导为主。

4.恰当处理听说游戏活动中的问题

在组织听说游戏活动时,教师要能够恰当处理一些问题,如个别幼儿不遵守规则、不按顺序、争吵、不想参与等,有针对性地解决具体问题。

拓展阅读:
幼儿园大班绕口令教学活动游戏化的探索

二 幼儿自发性听说游戏活动

常见的幼儿自发性听说游戏主要指幼儿在幼儿园自主活动或者在生活中自主活动时随机萌发的跟语言相关的游戏,常见类型包括语音、语义、词汇、句子等。幼儿自发地进行游戏时,教师要注意倾听与观察,鼓励幼儿的听说游戏行为,不断丰富幼儿的生活经验,支持他们在游戏中使用恰当的词语、完整句进行表达。

(一)幼儿园中自主的听说游戏活动案例分析

聚焦案例

"买一送一"

自主游戏时间一到,孩子们又开始忙碌地"工作"了。烧烤店的生意最好,买东西的人很多,叫外卖的人也不少,电话不停地响,老板都忙不过来了。这时,烧烤店的老板"打包"了一份烧烤正要准备出去,一个外卖员问:"你这是要去哪里啊?"老板说:"娃娃家的爸爸打电话来让我给他家送一份烧烤。"老板说完就要走。外卖员赶忙说:"老板,我是外卖员,让我来送吧。""好吧,那你去,骑车要注意安全。"老板说道。外卖员很快到了娃娃家门口:"你好,是娃娃家吗?这是你们点的一份烧烤。请付一块钱。"这时,娃娃家的爸爸说:"谢谢你,你家的烧烤能不能再便宜点,买一份送一份,行吗?"外卖员一下子没反应过来是什么意思,无奈地说了声"好吧",然后转头就走了。

上述案例是幼儿在幼儿园自主活动时的一个自发性听说游戏片段。我们可以看到,幼儿在角色游戏情境中进行了丰富的语言交流,包括语音、语义、词汇和句子。不过,幼儿之间也出现了交流中断的现象。现实生活中很多商家为了招揽生意采取了很多对策，就像案例中出现的"买一送一"，这是幼儿已有生活经验的再现。但是，并非所有的幼儿都有相关经验，因此，教师应当丰富幼儿的生活经验，扩充他们的词汇量，这样他们才能更好地通过听说游戏的方式锻炼语言能力，学会倾听与表达，提高与人沟通与交流的水平。

> **聚焦案例**
>
> **打电话**
>
> 午餐结束后，孩子们自由活动，明明和花花来到手工区玩耍，他们发现了一个"土电话"。于是，他们玩起了"打电话"的游戏。"两个小娃娃呀，正在打电话，喂喂喂，你在哪里呀？"明明唱道。"哎哎哎，我在幼儿园，"花花回应道，"两个小娃娃呀，正在打电话，喂喂喂，你在干什么？""哎哎哎，我在学唱歌"。他们一问一答，玩得可开心。唱了几遍后，旁边的欣欣说："我唱的跟你们不一样。"于是，她就唱道："两个小娃娃呀，正在打电话，喂喂喂，你在哪里呀？哎哎哎，我在公园里。两个小娃娃呀，正在打电话，喂喂喂，你在干什么？哎哎哎，我在踢足球。"花花和明明一听，他们的歌词也变得不一样了："……我在家里呀……我在看电视……我在楼下呀……我在玩游戏……"

上述案例中幼儿在游戏中主动改编了儿歌中的情节，这种听说游戏活动不仅发展了幼儿的语言表达能力、倾听能力，还帮助幼儿调动了已有经验，这表明幼儿可以在游戏中通过同伴之间的相互模仿与倾听，丰富自己的语言经验。

（二）生活中自主的听说游戏活动案例分析

> **聚焦案例**
>
> 圈圈今年3岁了，特别喜欢说话，会自己拿着话筒在家里唱歌玩，有时忘记了歌词，就自己编一段。一次，妈妈突然听到她"rap"了一段："嗨，爸爸妈妈，我去幼儿园啦，我是大朋友啦，我不哭啦。"有时，她会自己拿着图画书很认真地看图讲故事："大白鹅把自己弄脏，晚上，坏狐狸看不到它。下雪了，大白鹅，把自己洗白白，狐狸还是抓不到它……"当她讲完，发现妈妈在看她时，还会觉得不好意思。

学前期是幼儿语言发展的重要时期，细心的家长会发现幼儿像个"小话痨"一样，说个不停，也经常会发现幼儿自言自语、扮演老师、编唱儿歌、讲述图片等。这些对幼儿来讲，都是自发的听说游戏活动。在这个过程中，他们锻炼发音、熟悉词汇、进行表达。

项目小结

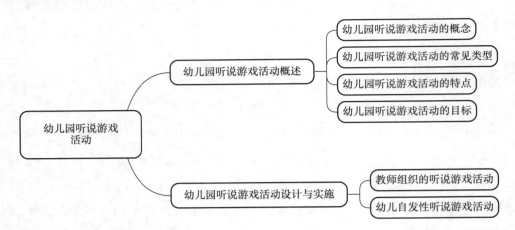

本项目任务一分析了幼儿园听说游戏活动的概念、常见类型、特点和目标。任务二分析了教师组织的听说游戏活动和幼儿自发性听说游戏活动，重点探讨了教师组织的听说游戏活动的一般流程，如创设游戏情境，讲解游戏规则、明确游戏玩法，教师引导幼儿游戏，提升游戏难度、拓展延伸，游戏讲评等，还分析了听说游戏活动组织与指导策略。幼儿自发性听说游戏活动主要结合真实案例分析，为教师与家长提供了可供参考借鉴的方法。

自学自测

一、单项选择题

1.语音游戏是以提高幼儿听音、辨音能力，帮助幼儿练习（   ）为目的的游戏。

A. 正确发音　　　　B.听音　　　　　　C.说话　　　　　　D.交谈

2.词汇游戏是以丰富幼儿词汇量，帮助幼儿理解词义和（   ）为目的的游戏。

A. 练习说话　　　　B.正确运用词汇　　C.认识词语　　　　D.组词造句

二、简答题

1.请简述幼儿园听说游戏活动的特点。

2.请简述幼儿园听说游戏活动的类型。

3.请简述幼儿园听说游戏活动总目标。

4.请简述幼儿园听说游戏活动的设计思路。

实践与实训

实训要求与形式	以小组为单位,用以下素材设计一个听说游戏活动,写清楚游戏名称、游戏目标、游戏过程(过程中结构完整、游戏规则明确)等。
实训材料	1.大班听说游戏"盖楼房" 游戏规则:幼儿通过用"……越来越……"和"……越……,……越……"的句式学习句型。 2.大班听说游戏"金锁银锁" 金锁锁,银锁锁, 两把钥匙一把锁。 咔嚓咔嚓把它锁, 小朋友快来开锁。
实训记录	

案例赏析

案例一 中班听说游戏活动"动物猜猜乐"

【活动目标】

①体验和同伴集体游戏的乐趣。

②理解并遵守游戏规则,能描述动物的外形特征、生活习性,能根据描述的特点说出对应的动物。

【活动重点】

①理解并遵守游戏规则。

②会看图讲述动物的外形特征和生活习性。

【活动难点】

能用一句话归纳表述动物的外形特征及生活习性。

【活动准备】

动物大图片(公鸡、兔子、大象、长颈鹿、猴子等);动物小图片。

【活动过程】

一、经验导入

导入语:小朋友们好!欢迎来到糖糖老师的动物小课堂。今天我们要一起玩一个跟动物有关的好玩的游戏。我们生活中有很多可爱的小动物，哪位宝贝愿意介绍一下自己知道的小动物？

二、体验游戏规则及玩法

（一）向幼儿介绍游戏的玩法与规则

游戏规则：教师选择一张动物图片，不向台下幼儿展示图片内容，选择一名幼儿上台看图片，并根据图片内容对动物的外形特征、生活习性等进行描述，台下的幼儿据此猜测图片上的动物。猜出次数最多的幼儿获得一定的奖励。

（二）组织幼儿体验游戏

1.教师示范规则

教师出示动物图片：大公鸡。

引导语：谁能说说大公鸡长什么样？如果老师不给你们看图片，只说和它有关的话，你能猜出来吗？我们来试一试。

身穿彩色衣，头顶红红冠，清晨来打鸣，开心喔喔叫。你们猜一猜，这是什么动物？

小结：猜得很准确，真厉害！这正是漂亮的大公鸡。

2.幼儿尝试体验，加以巩固

教师出示兔子图片，并提醒幼儿不要把动物名字说出来。

引导语：我们可以先说说它的样子，再说说它喜欢做的事或喜欢吃的东西。

当幼儿说出兔子后，教师进行归纳梳理。

提问语：我们没有说出兔子，为什么大家都知道是兔子呢？你们从哪里听出来的？

小结：我们不用说出兔子的名字，只说它的外形特征和生活习性，大家就能猜出是兔子。这个游戏就叫动物猜猜乐。

三、集体游戏：两两竞猜

（一）讲解玩法

两位幼儿上台负责猜，其他人提供信息，谁先猜对，谁就可以得到一颗五角星。

（在这个过程中，教师引导幼儿准确说出动物的外形特征和生活习性）

（二）提升难度，再次游戏

教师提供大象、长颈鹿、猴子等动物的图片，幼儿两人一组，组内一人负责说，另一人负责猜，在规定时间内猜对最多的组获胜。

引导语：可以先说什么、再说什么？把它们连成一句话说一说。只有说得好，才能猜得准哦！

（教师适时进行语言引导或归纳）

四、拓展游戏：你说我猜

（一）讲解玩法

引导语：现在，我把图片藏在了心里，只用语言描述出来，请你们猜一猜是什么动物。

引导语：老师在桌子上还准备了很多动物图片，请一组小朋友找一张图片藏在手心，然后找到一位朋友，把你手心里动物的样子、本领等说出来，请朋友来猜一猜。

（二）交流分享，自由表达

引导语：你们是怎样说动物的样子和本领的？小朋友又是怎么猜出来的？

五、结束游戏

结束语：我们今天玩了"动物猜猜乐"的游戏，非常开心！我们认识了更多的小动物。有些小朋友还想继续玩，我们之后可以去动物角或者回家跟爸爸妈妈一起玩哦！

案例二　大班听说游戏活动"有趣的'反话国'"

【活动目标】

①感受反话游戏的乐趣，体验成功的喜悦。
②能积极参加游戏，并大胆地说出反义词和含有反义词的句子。
③理解反义词，练习说意义相反的词。

【活动重点】

理解反义词，练习说意义相反的词。

【活动难点】

快速说出反义词和含有反义词的句子。

【活动准备】

儿歌《好玩的小兔子》PPT、图片、一些实物等。

【活动过程】

一、情境导入

教师播放《好玩的小兔子》PPT课件并说：小朋友们，大家看看，这是什么？你们想去美丽的城堡玩吗？听说去这个城堡必须通过3个关卡，只有最聪明的小朋友才能成功通关。那么，让我先来考考大家吧！

二、播放儿歌《好玩的小兔子》，初步感知反义词

提示语：请小朋友们找一找这首儿歌里的反义词！

引导语：请小朋友说说在生活中还有哪些反义词。

过渡语：小朋友们真棒，那么我们出发去"反话国"吧。

三、第一关：说反义词

（一）介绍游戏规则

游戏规则：进入闯关游戏情境，说出反义词才能进入下一关，最后通关成功。

（二）组织幼儿体验游戏

教师带领幼儿体验游戏，深入理解反义词。

引导语：我们来到了第一关，有一只小兔子守在门口，让我听听它在说什么。小兔子对我说，想要突破第一关，需要回答问题，请说出冷（黑、快、厚、长、里、外、前、美、高、胖等）的反义词。

幼儿回答问题。

过渡语：恭喜小朋友通过第一关，让我们来看看第二关。

四、第二关：说完整的反义词句子

看图说话，看物说话，尝试说出完整的反义词句子。

（一）看图说话

引导语：第二关是要看东西说出一句意思相反的话，让我们看一张图。（教师出示篮球和乒乓球对比图，幼儿看图说出含反义词的句子）

小结：小朋友说得真准确——篮球大，乒乓球小。

（二）看物说话

引导语：除了图片，老师还有一些东西，请小朋友上来看看是什么。（出示用触觉感知的实物，让幼儿进行干湿对比、软硬对比、冷热对比等）

五、第三关：请你和我反着做

引导语：小朋友们真棒，这么快就到最后一关了。这一关我们需要玩一个游戏，游戏的名字叫"请你和我反着做"。小朋友们要观察老师做了什么动作，然后做出相反的动作。

六、结束环节

通关成功后，播放欢乐的通关音效、礼炮声和祝贺声，让幼儿体验通关的喜悦。

【活动延伸】

请小朋友们对儿歌《好玩的小兔子》进行反义词的创编。

【附儿歌】

好玩的小兔子

小兔子，真好玩，让你坐，你偏站，

让你笑，你偏哭，让你上，你偏下，

你说它好玩不好玩？

 拓展阅读：
中班听说游戏活动"捉蜻蜓"

 拓展阅读：
大班听说游戏活动"好玩的魔咒锁"

项目九　渗透的幼儿园语言教育活动

◇ **学习目标**

1. 了解渗透的幼儿园语言教育活动的特点。
2. 理解渗透的幼儿园语言教育活动应遵循的基本原则。
3. 掌握渗透的幼儿园语言教育活动的指导策略。

◇ **情境导入**

中班教师为孩子们制作了一台"电视机"。这台"电视机"虽然不像真正的电视机那样具有自动播放内容的功能,但它播放的内容也是可以变化的。幼儿利用手偶自编的小故事,可以放到"电视机"里播放,激励表演和观看双方的积极性;幼儿也可以自己挤进"电视"里,为大家播报"今日班级新闻"。由此来看,"电视机"为幼儿初试社会评论提供了平台。此外,教师的讲评也可以放进"电视机"里,吸引幼儿更加关注教师对活动的评价。

请你想一想,幼儿挤进"电视机"里播报"今日班级新闻"是集体教学活动吗?渗透的幼儿园语言教育活动是什么?渗透的幼儿园语言教育活动中,教师如何指导幼儿学习和运用语言?

任务一　渗透的幼儿园语言教育活动概述

《幼儿园教育指导纲要(试行)》指出,幼儿语言的发展与其情感、经验、思维、社会交往能力等其他方面的发展密切相关。因此,渗透的幼儿园语言教育活动是发展幼儿语言的重要途径。对幼儿进行语言教育不应受时间、地点等因素的限制,教师应为幼儿创造更多语言学习的机会和条件,如在一日生活、社会实践活动、区域活动、游戏活动、五大领域活动、幼儿园环境、家园共育中渗透语言教育,丰富幼儿的语言经验,发展幼儿的语言能力。

一 渗透的幼儿园语言教育活动的特点

（一）随机性

渗透的幼儿园语言教育活动大多是在非正式的场合、幼儿没有任何心理压力的状态下进行的，语言交往的环境宽松自由，内容和形式具有较大的随机性。教师应把握一日生活、区域活动、游戏活动、五大领域活动的契机，随机对幼儿进行语言教育。

（二）情境性

幼儿园各类区域活动、一日生活、社会实践活动为幼儿创造了无处不在的语言学习情境。幼儿在观察、操作、游戏、记录等真实而平常的情境中学习语言，尝试根据不同情境的需要组织语言、表达想法，进一步积累语言经验，提高语言表达能力，培养对书面语言的兴趣。

（三）针对性

《幼儿园教育指导纲要（试行）》指出，幼儿的语言学习具有个别化的特点，教师与幼儿的个别交流、幼儿之间的自由交谈等，对幼儿语言发展具有特殊意义。幼儿的言语水平和语言交往能力有所不同，在一日生活、区域活动等自然情境中，更容易表现出语言表达的个体差异。渗透的幼儿园语言教育活动有助于教师了解每个幼儿语言发展的真实状况和差异，进行因材施教和个别指导。

二 渗透的幼儿园语言教育活动应遵循的基本原则

（一）基于各年龄段幼儿语言发展核心经验的原则

在渗透的幼儿园语言教育活动中，教师应把握各年龄段幼儿语言发展核心经验，有目的地引导幼儿学习语言。

1.小班

①学会正确、清楚地发音。小班幼儿发音不清，不能清楚地表达自己的想法。教师要注意用准确的发音去影响幼儿，说话速度要放慢。对于日常发音不准确的幼儿，教师要及时纠正、耐心帮助。

②丰富词汇量，学说完整的语句。小班幼儿的词汇量较贫乏，句子常常说不完整。教师应创造条件，让幼儿多听、多看、多说，丰富幼儿的词汇量，在理解词汇的基础上，引导幼儿说出完整的句子。

2.中班

①理解普通话，并能用普通话和他人交流。教师在和幼儿用普通话交流时，如果发现幼儿的发音不准确，要及时纠正。

②学习完整、连贯地表达。中班幼儿能够独立地讲故事或叙述日常生活中的事物,说话从不完整句过渡到完整句,愿意表达,但表达时并不准确或完整,因此,教师应引导幼儿完整、连贯地讲述。

③进一步学习交谈规则和礼貌用语。教师要引导幼儿学习倾听他人发言、轮流发言等,培养良好的语言习惯,学习礼貌用语,并能够在集体场合自信、大方地表达自己的意见和想法。

④学会自主阅读。教师要提供良好的阅读环境和条件,引导幼儿学会自主阅读。

3.大班

①进一步丰富词汇量。对于大班幼儿来说,应增加实词的数量,如学会使用形容词、同义词、反义词等;同时学习常用的虚词,如学会关联词"因为……所以……""如果……就……"等。

②提高口语表达能力。大班幼儿的生活经验更加丰富,在与他人交流时,能运用复合句,教师应引导大班幼儿较连贯、生动地讲述。

③培养书写兴趣。大班幼儿写、画、制作的愿望强烈,他们会想要写自己的名字、记录图画书内容等。教师应注重培养大班幼儿的书写兴趣和正确的书写姿势,为幼儿进入小学正式书写做好准备。

(二)全面性原则

全语言教育认为语言学习应该是全面的、整体的,语言教育的最终目的是促进人们听、说、读、写四项能力的全面发展。在渗透的幼儿园语言教育活动中,教师应当注重幼儿语言能力的全面发展,从听、说、读、写四方面出发,以培养幼儿语言综合素养和能力为宗旨,引导幼儿听故事、阅读图画书、尝试前书写、学会交谈,在此过程中正确发音、丰富词汇、学习句式、规范表达等。

(三)随机指导原则

区域活动、一日生活及其他领域的语言教育随机性较强,因此,在渗透的幼儿园语言教育活动中,应注重教师的随机指导。当教师与幼儿交谈时,教师应注意规范表达、正确发音和完整表达,为幼儿提供良好的语言示范。另外,教师应为幼儿提供积极的语言支持,当幼儿提问、回答问题、讨论时,给予他们及时、适宜、有效的回应,创造更多的话题,进一步丰富幼儿的语言经验。

(四)关注个体差异原则

幼儿的认知能力与语言发展水平是不同的,教师应在活动中了解每个幼儿语言发展的真实状况和差异,因材施教、个别指导。有的幼儿能清楚地表达自己的意思,善于与人交谈;有的幼儿表达不出自己的意思、不爱说话。对此,教师要主动亲近和关心语言表达能力较差的幼儿,有意识地与他们交谈,鼓励他们开口说话,同时对语言表达能力较强的幼儿提出更高的要求,让每一个幼儿都通过多听、多讲,逐渐提高语言表达能力。

任务二　渗透的幼儿园语言教育活动的指导策略

一　日常生活中的语言教育渗透

　　幼儿的语言发展与幼儿的一日生活紧密联系在一起，除了集体教育活动之外，幼儿一日生活的各个环节，包括入园、进餐、盥洗、如厕、喝水、散步、离园等，都是幼儿学习说话的平台。日常生活中有大量语言教育的机会，在日常生活中对幼儿进行语言教育是语言集体教育活动的必要补充和延伸。基于陶行知先生所提出的"生活即教育"这一教育思想，教师应将语言教育深度融入幼儿的日常生活，促使幼儿萌发表达意愿，在潜移默化中培养语言表达能力。

　　日常生活中的语言教育渗透不仅包括一日生活活动及过渡环节的语言教育渗透，如入园、早操、进餐、盥洗、如厕、喝水、散步、离园等，还包括日常语言专题活动，如天气预报、报告新发现、周末趣闻、趣事分享、故事会等活动中的语言教育渗透。

　　首先，在帮助幼儿建立生活常规的过程中，教师要引导幼儿倾听、理解并执行教师的指令，发展幼儿的倾听能力和理解能力。其次，教师应抓住教育契机，引导幼儿主动交谈。幼儿总会有意无意地与教师或同伴闲聊，教师可以抓住这些闲聊时机，对幼儿进行有意引导，比如，入园时教师可以问幼儿"今天下雨了，你怎么来的""路上有没有发生什么新鲜事""周末去哪玩了"等。

> **聚焦案例**
>
> 　　每天午睡前的十分钟是教师和幼儿的"午间静分享"时光，这时，幼儿脱下并整理好衣物，将小鞋子摆放整齐，安静地躺在自己的小床上，侧耳倾听教师带来的精彩故事，这是多么温馨的画面啊！伴随着教师动听的声音，幼儿听着《白雪公主》《老鼠嫁女》等中外经典故事，徜徉在童话海洋，文学的种子也悄然萌芽。

二　社会实践活动中的语言教育渗透

　　只有在现实生活中进行运用，语言能力才能真正提高。根据陶行知先生所提出的"社会即学校"这一教育思想，开展社会实践活动能开阔幼儿的视野、激发幼儿说话的愿望和兴趣。教师应引导幼儿观察和感知周围生活，尽量让幼儿处于真实的生活、社会情境，在感知的基础上进行语言表达。比如，引导幼儿观察和感受大自然，鼓励幼儿用好听的词语表达，如"绿油油的草地""有的树叶落下来像小船""金黄色的树叶"。再如，教师可以带领幼儿参观动物园、植物园、消防中队等，在这些丰富多彩的活动中，引导幼儿观察、描述和讨论所见所闻，运用语言进行交流。

三 区域活动中的语言教育渗透

区域活动是一种自主性、游戏性、互动性较强的活动。幼儿园区域活动为幼儿自主表达提供了大量的机会，为幼儿语言交往创造了丰富的环境，是提高幼儿语言表达能力的有效平台。区域活动能有效促进幼儿语言的发展，既能提高幼儿聆听、理解、交谈、创造性讲述和评价的能力，也能促进幼儿言语态度、言语习惯的良好发展。教师应在不同的区域活动中进行语言教育渗透，培养幼儿各个方面的语言能力。在区域活动中，教师应从以下三个方面进行指导。

（一）鼓励幼儿自由交谈，充分调动幼儿语言表达的主动性和语言运用的积极性

在区域活动中，教师要给予幼儿充分的言语自由。比如，在游戏过程中引导幼儿学会自己寻找同伴，协商分配材料，讨论游戏规则，互相介绍游戏玩法，调解同伴之间的纠纷。游戏结束之后，教师可以让幼儿讲述游戏活动中遇到的趣事、困难、问题和解决问题的方法，学习用语言评价自己和同伴的行为。

（二）给予幼儿针对性的指导，引导幼儿准确、清楚地表达

区域活动中，教师要有意识地观察活动情况，随时发现和捕捉教育契机，引导幼儿在活动中学习正确表达、准确表达、清楚表达、生动表达，促使幼儿运用准确的词语和有逻辑性的语句进行表达。比如，在科学区，为幼儿准备一大盆水，让幼儿玩纸船，游戏中小朋友吹气，小船向前飘动，教师引导幼儿说出"随风飘动"，引发幼儿联想周围事物中还有哪些会随风飘动，如女孩子漂亮的衣裙、长长的头发、湖边嫩绿的柳条等，让幼儿自然而然地习得词汇和句子。

聚焦案例

在角色游戏活动中，多数幼儿在表示数量时，对量词的使用比较单一，经常使用"个"来表示所有的量词，使得语言表达不够准确。教师引导幼儿在游戏中使用丰富的量词，比如"一双鞋子""一件衣服""一只兔子"等，提高量词运用的准确性。

（三）重视各区角活动中的语言教育重点

1. 语言区

语言区是发展幼儿语言能力的最佳场所，包括倾听区、阅读区、书写区等。语言区活动以自由讲述、专注倾听、互相讲述、互相问答、自主阅读、阅读分享、创编故事等多种方式来发展幼儿口语表达能力以及对书面语言的兴趣。语言区中的设置内容，主要是观察图画、听故事、分享故事、阅读图画书、涂鸦、前书写等。如在语言区投放录音机，让幼儿跟着录音机学习讲故事，为幼儿提供正确的语音示范，让他们学习正确的发音。

> **聚焦案例**
>
> 在语言区活动"小鸡做客"中,幼儿倾听了"鸡妈妈""鸭妈妈"的语言提示后,掌握了"j""ch"的发音,并练习"请小鸡吃虫子""请小鸭吃青菜"等,发音逐渐准确,一些礼貌用语也随之形成。

2. 科学区

在科学区,幼儿能自主地观察、操作、实验和记录。这些自主活动能激发幼儿表达的欲望,使幼儿由被动的说变成主动的表达,逐渐养成主动表达和交流意见的好习惯。在科学区,教师应重点引导幼儿用语言说明、描述简单的事物或操作过程,鼓励幼儿提出问题、分享探究过程和结果等。如在用天平秤比较轻重时,教师鼓励幼儿提出问题,引导幼儿了解天平秤的用法及作用,之后让幼儿将自己的操作过程及结果讲述出来,再引导幼儿一起讨论。

3. 角色扮演区

在角色游戏中,角色与角色之间的交流需要借助语言来进行。幼儿通过扮演小医生、小厨师、超市营业员等角色,学习不同社会角色的代表性语言,学习礼貌用语,在发展语言能力的同时学习与人交往的知识。比如,在"做客"游戏中,幼儿会说"您好!欢迎来我家做客!请进""谢谢""请您吃水果""不客气"。再如,在"我是文明小司机"游戏中,幼儿可能会说"请问您要去哪里""我去单位上班""好的,请您上车"等。游戏中,幼儿在努力做一个文明小客人、小司机的过程中积累语言经验,学习使用礼貌用语,逐渐养成良好的语言交往习惯。

4. 建构区

在建构区,幼儿需要借助语言与他人协商、讨论搭建的主题和思路,与他人合作解决搭建过程中出现的问题,搭建结束后还需要为他人介绍作品。

> **聚焦案例**
>
> 在"搭建长城"的过程中,发生了如下对话。
>
> 师:小朋友们还可以把建筑物拼得更大一些吗?
> 幼1:长城是最长的、最壮观的。
> 幼2:那我们一起搭长城吧!
> 幼3:我们的城墙快建好啦!但我们需要更多的积木。
> 幼4:那我来帮你们搬积木吧!
> 幼5:我把圆柱形的积木放在长方形积木上面,这样城墙就更高了!
> 幼6:我用长方形的积木把这边的城墙也搭起来。
> 幼7:我觉得可以在长城上建一个城堡。
>
> 可以发现,搭建过程中,幼儿学会了与他人交流与合作,让长城变得更加壮观。

5. 美工区

美工区主要是让幼儿讲述作品或结合作品进行创造性讲述。例如，教师引导幼儿在画画和制作的过程中自由交流自己的作品，用丰富的词汇描述作品；或在画一画、拼一拼、剪一剪、贴一贴等活动中讲述故事。

四 五大领域活动、主题活动中的语言教育渗透

整合教育观把幼儿语言学习看成一个整合的系统，强调幼儿的语言是以整合的方式获得的。因此，应将幼儿语言的学习贯穿于五大领域活动和主题活动之中，将语言教育与各领域活动进行整合与渗透，将语言教育的内容渗透到其他活动领域，潜移默化地帮助幼儿发展语言能力。比如：在科学探究活动中，幼儿用语言描述观察到的事物或现象、分享实验中的发现、记录实验结果等；在艺术领域活动中，幼儿用语言描述对音乐、美术作品的感受。但是要避免语言教育的"喧宾夺主"，不能影响其他领域教育目标的实现。

> **聚焦案例**
>
> 每年6月，很多幼儿园会组织大班幼儿开展"我向往的小学"主题活动，让幼儿画出"我心中的小学"。创作结束后，教师给予幼儿充足的作品交流时间，鼓励他们分享自己的创作思路，这不仅发展了幼儿的语言表达能力，还提升了幼儿的前书写技能。

五 家园共育中的语言教育渗透

《幼儿园教育指导纲要（试行）》提到："家庭是幼儿园重要的合作伙伴。应本着尊重、平等、合作的原则，争取家长的理解、支持和主动参与，并积极支持、帮助家长提高教育能力。"家长是幼儿成长过程中的第一任老师，家长的教育对幼儿的语言发展起着至关重要的作用。幼儿在学习说话的过程中，模仿最多的就是家长的语言。因此，我们要利用各种机会争取家园配合，使幼儿的语言能力得到更好的发展。首先，引导教师和家长树立正确的教育理念。家长在生活中要注意使用文明礼貌用语，如请他人帮忙时说"谢谢"，做错事时说"对不起"等。其次，幼儿园应利用网络平台或亲子互动等方式引导家长关注幼儿的语言发展，有意识地培养幼儿的语言表达能力。比如，鼓励家长带幼儿接触社会，观察交通警察怎样指挥交通、超市的收银员如何为顾客提供服务等；周末带幼儿走进公园，在游玩中引导他们说现在是什么季节、公园里哪些花开了、哪些树发芽了等。最后，引导家长为幼儿营造良好的听说和阅读环境，如家长为幼儿讲故事、与幼儿一起阅读图画书、鼓励幼儿分享听到和看到的故事情节等。

六 环境中的语言教育渗透

《幼儿园教育指导纲要（试行）》指出："创造一个自由、宽松的语言交往环境，支持、鼓励、吸引幼儿与教师、同伴或其他人交谈，体验语言交流的乐趣。"语言交往环境包括物质环境和精神环境。语言交往环境对幼儿的语言学习至关重要，良好的语言交往环境可以激发幼儿听、说、创作的欲望。教师需要为幼儿创设各类语言交往环境，让幼儿在环境中接受熏陶、学习表达。

（一）物质环境

教师应把发展幼儿语言的理念融入幼儿园的物质环境，让幼儿在看、摸、想、问、说的过程中发展语言能力。这包括幼儿园公共环境和区域环境中的语言教育渗透。

1. 幼儿园公共环境中的语言教育渗透

幼儿园在创设公共环境时要为幼儿打造"说"的空间，让每面墙壁、每个角落、每节台阶都会"说话"，促使幼儿与幼儿园的环境产生互动。比如，走廊上的"童话故事"让幼儿仿佛置身于童话世界，引发幼儿的想象和讨论。公共环境还可以成为展示幼儿学习过程和结果的场所。比如，在公共区域陈列每个班级幼儿种植物的观察记录。从种子是什么样子，到翻土、播种、除草、移苗、照料、采摘、收获等一系列过程，幼儿用自己的方式记录自己的发现。这些记录的内容和陈列的实物，可以引发幼儿的讨论和探究，生发新的话题。幼儿园公共环境中的语言教育渗透如图9-1所示。

图9-1 幼儿园公共环境中的语言教育渗透

2. 幼儿园区域环境中的语言教育渗透

幼儿园各类活动区域应创设便于幼儿进行语言交流和书面表达的环境，提供适宜幼儿学习的听、说、读、写材料，引发幼儿的自主学习。比如，在阅读区和美工区提供多种书写工具，鼓励幼儿用书写、绘画的形式自由表达，促进幼儿对符号和文字的感知；再如，各区角的进区卡通过图画、符号和文字提示幼儿进区的要求。幼儿园区域环境中的语言教育渗透如图9-2所示。

图9-2 今天星期几？谁值日？谁生日？

聚焦案例

在某幼儿园大厅显眼的位置有一幅巨大的中国地图。在大班幼儿开展"中国"主题活动时，他们自然而然地关注到了这幅地图，并对地图展开了讨论，如：我们生活的城市在地图的什么位置？首都北京在哪里？我们生活的城市和北京距离多远？地图上最远的地方是哪里？虽然地图的来源、场地空间是成人预设的，但在幼儿生活经验的驱使下，通过师幼对话、幼幼对话，地图不再是一个平面的、无生命的载体，而是"会说话"的地图。幼儿园环境引发出的"对话"给幼儿们带来了更多的语言经验积累、更多样的自由表达，促进了幼儿的学习和发展。

（二）精神环境

1. 自由、宽松的语言环境

《幼儿园教育指导纲要（试行）》强调："创造一个自由、宽松的语言交往环境，支持、鼓励、吸引幼儿与教师、同伴或其他人交谈，体验语言交流的乐趣。"幼儿园要创设宽松、自由、平等、和谐、愉悦的语言环境，让幼儿有话想说、有话可说，满足幼儿倾听、表达、模仿、交流、阅读、提问等需求。

首先，幼儿发言时，教师应耐心地倾听。幼儿在很多情况下会语无伦次、词不达意，教师只有认真倾听，才能明白幼儿所要表达的意思。其次，在各类活动中，教师应给予每位幼儿表达的机会，鼓励幼儿大胆、完整、连贯地说出自己的想法，让幼儿在轻松愉快的氛围中学习语言。最后，无论幼儿现有的表达水平如何，教师都应持积极、鼓励的态度，允许幼儿说得不对、不完整，对幼儿表述中的亮点进行肯定的评价。

2. 使用普通话交流的语言环境

幼儿的语言学习是靠"听"以及听之后的模仿"说"来达成的，而能听懂和会讲普通话是发展幼儿语言能力的关键。在日常生活中，教师要坚持说标准的普通话，引导幼儿用普通话表达，以保证幼儿生活在一个语言规范的环境氛围中，通过不断熏陶，使幼儿逐渐体验到学说、会说普通话的成就感。

拓展阅读：
科学渗透"前识字"，为书面语言发展奠基

项目小结

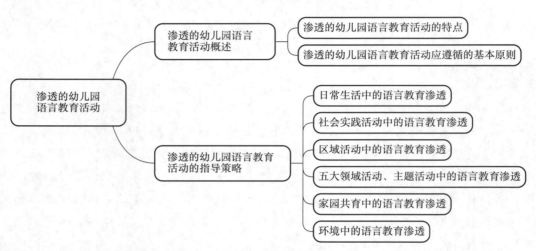

本项目任务一分析了渗透的幼儿园语言教育活动的特点和应遵循的基本原则。渗透的幼儿园语言教育活动具有随机性、情境性和针对性的特点；渗透的幼儿园语言教育活动应遵循基于各年龄段幼儿语言发展核心经验的原则、全面性原则、随机指导原则和关注个体差异原则。任务二重点分析了教师应在日常生活、社会实践活动、区域活动、五大领域活动、主题活动、家园共育和环境中进行语言教育渗透，指导幼儿学习和运用语言。

自学自测

一、简答题

1.简述渗透的幼儿园语言教育活动的特点。

2.简述渗透的幼儿园语言教育活动的指导策略。

二、材料分析题

某幼儿园教师注重语言集体教学活动，开展了诗歌活动、故事活动、看图讲述活动和早期阅读活动。但在一日生活各环节、游戏活动和区域活动中，幼儿使用语言的机会并不多，这主要表现在师幼间对话机会少、幼儿间交流机会少。

请你结合材料分析教师应该怎样指导幼儿在一日生活、区域活动、社会实践活动中想说、敢说、喜欢说，并能得到积极回应。

岗 赛 篇

- 项目十　幼儿园语言教育活动方案设计
- 项目十一　幼儿园语言教育活动说课设计
- 项目十二　幼儿园语言教育评价

项目十 幼儿园语言教育活动方案设计

◇ **学习目标**

1. 了解幼儿园语言教育活动方案设计的基本结构及基本要求。
2. 能设计一份比较符合规范的幼儿园语言教育活动方案。
3. 能在幼儿园语言教育活动方案设计中体现科学的儿童观与教育观。

◇ **情境导入**

小王是新入职的幼儿教师,她有一些困惑:如何才能设计一份符合本班幼儿的活动方案呢?活动方案设计必须包含哪些内容?基本要求又是什么?这也是很多新手教师的困惑。带着这些疑问,让我们一起进入本项目的学习吧!

任务一 幼儿园语言教育活动方案设计的价值及原则

一 幼儿园语言教育活动方案设计的价值

幼儿园语言教育活动对幼儿的发展具有重要的意义。它不仅能够促进幼儿的语言、情感及社会性发展,还能锻炼幼儿的思维能力。教师应根据幼儿的实际年龄特点和现有发展水平设计合适的语言教育活动,进而促进幼儿语言能力的发展。

幼儿园语言教育活动方案设计就像"巧妇难为无米之炊"里的"米"。幼儿园语言教育活动要想达到比较好的效果,需要教师提前准备好"米"即活动方案(教案),以便做出更好的"饭"。

因此,幼儿园语言教育活动方案设计非常重要,需要提前设计。教师在准备幼儿园语言教育活动方案的过程中可以整合各种与幼儿语言教育相关的资源、如图片、视频、课件、教具等,这样可以使语言教育活动的教学内容更加生动、有趣、完整、有序。此外,教师在准备幼儿园语言教育活动方案时还可以明确教学目标及教学方法，使幼儿园语言教育活动更有针对性及策略性，达成更好的教育效果。

二 幼儿园语言教育活动方案设计的原则

（一）立足幼儿生活、抓住幼儿兴趣

《3—6岁儿童学习与发展指南》指出幼儿通过"亲身经验、直接感知"的方式学习，语言教育活动的归宿是促进幼儿语言能力的发展。因此，教师应在设计语言教育活动时立足幼儿的实际生活经验，抓住幼儿的兴趣点，这样设计出的活动才能真正对幼儿起到"润物细无声"的效果，幼儿有经验、有兴趣，活动效果自然能事半功倍。

（二）各领域相互渗透

幼儿园语言教育活动方案设计虽然主要设计内容是为了促进幼儿语言能力的发展，但是幼儿的发展并不是单方面的，而是一个有机的整体。因此，在幼儿园语言教育活动方案设计中要尽量结合已有条件融入相关领域，如社会领域、科学领域、健康领域等，实现领域融合、优势互补、效果共成。

（三）面向全体幼儿，尊重个体差异

集体的语言教育活动需要面向全体幼儿，同时尊重幼儿的个体差异，因此，在幼儿园语言教育活动方案设计中要坚持面向全体幼儿，尊重个体差异。面向全体是要求教师在设计活动方案时眼中有幼儿，牢记幼儿发展的一般性规律；尊重个体差异是要求教师设计活动方案时难易有度，充分考虑不同幼儿成长的个体差异，尽量避免低于或者高于幼儿的"最近发展区"。

（四）内容与方法相辅相成

语言教育活动的内容选择不仅要立足幼儿实际生活、抓住幼儿兴趣，还要选择与内容相辅相成的教学方法。以故事讲述活动为例，有的适合用图谱的方式，有的适合用角色扮演的方式，有的适合用游戏的方式。在设计活动方案时，教师一定要注意选择恰当的教学方法，这样才能达到更好的教育效果。

任务二　幼儿园语言教育活动方案设计步骤与方法

幼儿园语言教育活动方案就是人们通常所说的教案。一份完整的幼儿园语言教育活动方案包括活动名称、设计意图、活动目标、活动准备、活动过程、活动延伸和活动评价等内容。

一 活动名称

活动名称即一次具体的教育活动题目,要写清楚幼儿园语言教育活动的具体类型,适合哪个年龄阶段、具体内容是什么。活动名称的设计要求包括以下三点:一是活动名称能反映本次教育活动的主要内容和目标;二是活动名称尽量符合儿童化的特点;三是书写内容要完整,一个完整的幼儿园语言教育活动名称应包括年龄班、活动领域/类型和主题,如中班语言领域活动"小兔搬家"。

二 设计意图

设计意图是从活动内容、幼儿发展和纲领性文件等多个角度分析活动产生的原因,扼要阐述教学活动主题内容选材、生成的背景以及整个教学活动的设计。

在活动内容方面,分析所选活动主题的内容特点,指明其在主题教学中的地位。在幼儿发展方面,结合活动内容分析幼儿年龄特点、兴趣爱好、语言经验、能力发展水平等。在纲领性文件方面,主要有《幼儿园工作规程》《幼儿园教育指导纲要(试行)》《3—6儿童学习与发展指南》等,其相关教育理念为教学活动内容所属领域目标提供理论依据。在介绍教学活动设计时,应简要阐述活动中准备运用的方法、手段以及期望达到的教学效果。

聚焦案例

中班语言活动"春天的电话"设计意图如下。

"春天的电话"是一则童话故事,故事结构简单、语句重复,有很强的趣味性。4—5岁幼儿理解能力逐渐增强,具有丰富、生动的想象力。《幼儿园教育指导纲要(试行)》指出,发展幼儿语言的关键是创设一个能使他们想说、敢说、喜欢说、有机会说并能得到积极应答的环境。教师在对"春天的电话"进行部分改编的基础上(删减关于"小花蛇""小狐狸"的文本内容),结合本月主题活动"春天来了"设计了本次活动,引导幼儿通过听故事、演故事、仿编句子,锻炼想象力与口语表达能力,感受朋友间相互关心带来的快乐。

三 活动目标

语言教育活动的目标由总目标、年龄阶段目标和具体活动目标多个层次组成。其中,具体活动目标是最为细致的层次,并且贴近活动内容,是语言教育活动开展的出发点和落脚点,也是教学评价的基础。活动目标指明了语言教育所要达到的标准和要求，是开展语言教育活动的依据。

（一）具体活动目标制定方法

1. 在分析文学作品的基础上制定

幼儿园语言教育活动包括文学欣赏活动、讲述活动、早期阅读活动、谈话活动等多种类型。大多数语言教育活动需要依托文学作品开展，因此，在设计活动之前应对文学作品进行分析。以故事活动为例，选择好故事后，要全面分析文学作品的价值，解析文学作品的情节、主题、形象等，在这个基础上制定有针对性的活动目标。值得注意的是，文学作品的价值是多方面的，可以组织成多个具有不同活动目标的活动。

> **聚焦案例**
>
> 中班语言活动"猜猜我有多爱你"的故事主题为"亲情"，传递了兔妈妈和兔宝宝之间的情感，教师制定的情感态度目标为"感受兔妈妈和兔宝宝之间真挚深切的母子之情"。幼儿对故事中兔妈妈和兔宝宝之间的对话感兴趣，依据上位目标，即文学活动中班目标"能用语言、动作、音乐、绘画形式表现故事内容"，制定能力目标——"能用动作、对话表达兔妈妈与兔宝宝对对方的爱；尝试用'……有多……，我就有多爱你'句式表达对妈妈的爱"；依据兔妈妈和兔宝宝对对方表达爱意的故事情节，制定认知目标——"理解兔妈妈和兔宝宝对对方表达爱意的情节"。

2. 依据上位目标确定

上位目标包括语言教育总目标、年龄阶段目标、学期目标、单元（主题）目标、各类型活动目标。具体活动目标要为各类型活动目标、年龄阶段目标和总目标服务，而语言教育总目标和年龄阶段目标正是通过一个个具体的活动目标落实到每个幼儿身上的，因此，在制定具体目标时，应参考语言教育总目标、年龄阶段目标、各类型活动目标，逐层分解目标，使幼儿循序渐进地获得语言经验，同时注意不能以活动所属领域和主题的活动目标取代活动的具体目标。

> **聚焦案例**
>
> 中班看图讲述活动"熊猫和小象"之前的活动目标如下。
>
> 认知目标：理解图片内容。
>
> 能力目标：能够连贯清楚地讲述图片内容，学会有重点、有中心地讲述故事。
>
> 情感态度目标：愿意在集体中大胆地讲述，体验乐于助人的快乐。
>
> 修改后的活动目标如下。
>
> 认知目标：理解图片内容。
>
> 能力目标：能够用完整、连贯的语句讲述画面的主要内容。

> 情感态度目标：愿意在集体中大胆地讲述，体验乐于助人的快乐。
>
> 可以看出，之前的活动目标有些"拔苗助长"，不符合《幼儿园教育指导纲要（试行）》和《3—6岁儿童学习与发展指南》的精神。"学会有重点、有中心地讲述故事"是大班幼儿的活动目标。之后，依据《3—6岁儿童学习与发展指南》中班年龄阶段目标"能基本完整地讲述自己的所见所闻和经历的事情""讲述比较连贯"，将能力目标调整为"能够用完整、连贯的语句讲述画面的主要内容"。

3. 根据幼儿的年龄特征和语言发展水平制定

在具体活动目标制定的过程中，应做好学情分析，把握幼儿的"最近发展区"，即根据本班幼儿语言发展水平、语言经验、兴趣点、年龄特点等制定适宜的目标。具体活动目标的制定还要符合幼儿语言发展的规律。

聚焦案例

> 大班上学期，大部分幼儿讲故事时能安排好内容的顺序，组织简单的语句，但是"较连贯地表达"对幼儿来说仍然有一定的难度，而大班幼儿又有乐于挑战的心理，因此，在生活讲述活动"逛超市"中，教师将能力目标制定为"较连贯地讲述逛超市时最感兴趣的体验"。

4. 通过分析语言活动重难点确定

活动重点是依据活动目标，在对教材进行科学分析的基础上确定的最基本、最核心、最关键的内容，也是某次活动所要达到的主要目标。

活动难点是指活动中幼儿不易理解的知识，或不易掌握的技能技巧。这包含两方面的内容：一是幼儿难以理解和掌握的内容；二是幼儿容易出错或混淆的内容。活动难点是针对幼儿主体而言的，要根据幼儿的实际水平来确定。需要注意的是，难点不一定是重点，有些内容既是难点又是重点，不同班级幼儿的活动难点有一定的差异。

活动重点和难点的确定是为了科学地设计活动过程，合理分配教学时间，突出解决教学核心问题和难点问题，更好地实现活动目标。

聚焦案例

> 以中班语言活动"摇篮曲"为例，其全文为"蓝天是摇篮/摇着星宝宝/白云轻轻飘/星宝宝睡着了。大海是摇篮/摇着鱼宝宝/浪花轻轻翻/鱼宝宝睡着了。花园是摇篮/摇着花宝宝/风儿轻轻吹/花宝宝睡着了。妈妈的手是摇篮/摇着小宝宝/歌儿轻轻唱/小宝宝睡着了"。这首儿童诗中生动的语言、大胆的比喻以及优美的意境，能激发幼儿感受美、理解美、欣赏美和创造美的兴趣和愿望。第一次活动的重点是"感受诗歌优美的

意境并学会有感情地朗诵诗歌",难点是"初步理解比喻的含义,即把什么比作什么、什么好像什么"。第二次活动的重点是"掌握诗歌的结构和句式",难点是"仿编诗歌"。

(二)具体活动目标表述要求

具体活动目标表述要求在"项目二 幼儿园语言教育活动目标"中已经进行详细介绍,这里不再赘述。

四 活动准备

活动准备会直接影响教学活动的质量。活动准备主要包括知识经验准备、物质材料准备和环境准备三个方面。

(一)知识经验准备

知识经验准备主要指幼儿的知识经验和技能准备。幼儿的学习和发展是一个连续的、渐进的、呈螺旋式上升的过程,因此,教育活动必须在幼儿已有知识经验基础上进行。教师在设计教学活动时要充分考虑幼儿已有经验,使幼儿在活动中将已有经验调动起来,然后积累新的经验。教师要了解幼儿的"最近发展区",了解幼儿具备哪些与活动相关的知识经验与技能,以便有针对性地开展语言教育活动;或事先为幼儿安排相关活动,让幼儿积累必备经验。

> **聚焦案例**
>
> 在中班故事活动"月亮姑娘做衣裳"的活动准备中,教师提前让幼儿观察月亮圆缺变化的情况,获取月亮圆缺变化的知识经验,为幼儿欣赏故事做好经验铺垫。幼儿欣赏故事时,就容易理解为什么月亮姑娘的衣裳难做了。

(二)物质材料准备

幼儿的思维具有具体形象的特点,他们通过直接感知、实际操作和亲身体验来获取知识经验。教师要为幼儿准备丰富的、适宜的物质材料,引导幼儿在观察、聆听、感知、动手操作的过程中主动探究,轻松愉快地学习语言知识、发展语言能力。物质材料包括幼儿使用的学具和教师使用的教具,如多媒体设备、图片、音像资料、实物、操作材料等。

为幼儿准备物质材料时,教师要注意以下几点:一是根据活动目标和内容以及幼儿的年龄特点准备教具和学具,这关系到活动能否激发幼儿参与活动的积极性;二是提供的教具和学具要反映幼儿不同层次发展水平的要求;三是避免教具过多、过于新奇或刺激;四是教具和学具应便于幼儿主动探索和主动学习。

（三）环境准备

环境创设能引发幼儿参与语言活动的兴趣，教师要营造有利于幼儿语言学习的氛围。环境准备主要包括场地安全检查、场地规划和布置、与主题相关的环境创设，以及与主题相关的情境创设等。

> **聚焦案例**
>
> 在小班早期阅读活动"小狗去散步"中，教师的活动准备如下
>
> 【知识经验准备】
>
> 有与家人散步的经历。
>
> 【物质材料准备】
>
> ①故事PPT。
>
> ②与情节相对应的6组图片（詹姆斯——玩拼图；奶奶——织毛衣、爸爸——看报纸、妈妈——画画、宝宝——哭闹、公鸡母鸡——叫叫嚷嚷）。
>
> ③人手一本绘本。
>
> 【环境准备】
>
> 桌椅摆放成"品"字形，幼儿围坐桌前。

五 活动过程

活动过程主要反映教师的教学思路和教学设计。教学设计是教师为达成活动目标对教学活动内容的呈现、教学方法的运用所设定的步骤和顺序，是对相互关联的一系列教与学的活动的具体安排。活动过程展现的是一次教学活动的基本框架结构，是教师对教学活动如何有序开展的思考，其中蕴含教师基本的教学观和儿童观。活动过程设计要求以目标为主线，结构合理，重视教师主导和幼儿主体作用的发挥，展现教师如何激发幼儿学习兴趣、如何展开教学内容、如何安排教学程序。

一个完整的活动过程在书写形式上应表明活动的起点和终点、清晰的活动步骤以及与这些步骤相关的内容、方法和组织形式。

（一）活动步骤的设计

活动过程各教学环节和步骤的设计要注意以下几个方面。

1.开始部分

活动开始部分也称导入环节。这部分的主要目的是激发幼儿学习兴趣，集中幼儿注意力，引出活动主题。教师根据活动内容、幼儿年龄特点设计恰当的导入方式。常用的导入方式如下：问

题导入，即设计与活动相关的问题，激发幼儿的好奇心和学习愿望；前期经验导入，即根据幼儿前期的经验来发起活动；文艺作品导入，即利用故事、谜语、视频等开启活动；游戏导入，即通过游戏集中幼儿注意力，激发幼儿活动兴趣；教具导入，即出示图片、玩具等引起幼儿的学习兴趣。开始部分时长为3~5分钟，要求紧扣教学内容，语言精练、巧妙、准确。

2.基本部分

基本部分由设计合理的若干教学步骤组成。语言教育活动要求每个环节都围绕目标设计，做好环节的详略安排，厘清层层深入的脉络。这部分在设计时要考虑教学步骤之间的关系和顺序，要符合认识事物的规律，即由易到难、由简到繁、由具体到抽象、由感性到理性。认知发展过程是一系列有序发展的过程，如提取原有经验、感知新的信息、吸纳新的信息。一个好的教学过程应有最佳结构，且在过程中层层递进，体现难易得当。

> **聚焦案例**
>
> 在中班语言活动"帽子树"中，教师预设了三个维度的目标：认知目标为"了解故事的具体情节，知道帽子树的秘密"；能力目标为"能够大胆地表达对故事的理解，尝试表演故事情节"；情感态度目标为"感受童话故事的趣味性"。主要环节包括以下几个：环节一，谈话导入，激发幼儿兴趣；环节二，教师有感情地讲述《帽子树》的故事，引导幼儿理解故事内容；环节三，玩游戏"变大变小"，引导幼儿进一步理解故事内容；环节四，幼儿表演故事。
>
> 可以发现，该活动的设计各环节紧扣活动目标，遵循循序渐进的原则，前一环节是后一环节的铺垫，后一环节是前一环节的延伸与递进。活动过程完整、步骤清晰。

3.结束部分

结束部分的目的是对教学活动进行总结、提升，激发幼儿继续探索的兴趣。教师要采用适当的方式结束活动。常用的结束方式有自然结束法、总结评价法、后续延伸法等。其中，自然结束法是直接告诉幼儿活动结束了，带领幼儿收拾、整理物品；总结评价法是教师对本次活动的关键或核心问题进行精辟的总结或概述，或对幼儿的学习情况进行评讲，提升幼儿认知水平，使得幼儿养成良好的学习品质；后续延伸法是教师根据本次活动的重点设置相关问题，为后续活动做铺垫。

（二）根据内容选择适宜的教学方法

教学方法是教师为了实现活动目标、完成活动任务，在活动过程中运用的方式与手段的总称。教学方法包括教师的教法和幼儿的学法，是"教"与"学"的统一。教法指教师设计的教学方法，学法指在活动中幼儿学习知识和技能的方法。教法一般包含学法，有些教法也是幼儿的学法。

选择适宜的教学方法不仅可以取得良好的教学效果，还可以让幼儿积极主动地学习。教师在进行语言教学活动设计时，要重视活动内容和教学方法的对应，根据活动内容选择适宜、丰富的教学方法。

幼儿园语言教育活动常见的教学方法有启发式提问法、讨论法、示范讲解法、游戏法、观察法、体验法等。比较常见的学法包括记录法、操作法、练习法、讨论法、实验法、体验法、游戏法等。活动方法和形式是为实现活动目标服务的，因此，教师应针对活动目标并结合实际的活动内容和幼儿的年龄特点选择适宜的教学方法。教师要以幼儿为主体，为幼儿提供探究、思考、表达、感受、操作的机会和时间，比如，幼儿自主阅读图画书，幼儿与幼儿之间相互讨论，幼儿分角色表演故事，幼儿在游戏中朗诵诗歌等。

> **聚焦案例**
>
> 在大班故事活动"金色的房子"中，教师选择表演游戏的方式，引导幼儿通过分角色表演小女孩、小鸟和小狗等，在游戏活动中进一步理解故事内容，感受好朋友之间的团结友爱。

（三）围绕目标设计结构性语言

结构性语言包括提问语、引导语、小结语等。提问是一种最直接、最常用的师幼交流的方式，也是一种重要的教学组织手段。巧妙设问可以调动幼儿参与语言教育活动的积极性，激发幼儿表达、讨论、讲述、猜想的兴趣。教师在设计结构性语言时要遵循以下原则。

1.围绕活动目标提问

围绕活动目标提问，即在知识的关键处、理解的疑难处等精心提问。能否围绕活动目标设计提问语是活动目标能否达成的关键。恰当的、带有启发性和针对性的问题，能紧扣活动重点和难点，帮助幼儿梳理经验，使其在认知、能力、情感态度等方面获得发展。如诗歌活动的主要目标是"掌握诗歌的内容、句式，能够朗诵和仿编诗歌"，因此教师应针对诗歌内容、朗诵诗歌的情感、仿编诗歌的思路和方法，设计相应的问题。

> **聚焦案例**
>
> 在散文诗《风儿和云彩》的学习活动中，教师根据活动目标提了三个问题："风儿吹呀吹，云彩变成了什么？""它们在干什么？""为什么说风儿真能干，天上的云彩真有趣？"这三个问题自然指向认知目标"理解诗歌的内容和句式；感知和理解风吹云动的自然现象"。

2. 以开放性提问为主

开放式提问是指问题的答案具有开放性，不是固定的、唯一的，也就是说，通常没有固定的标准答案或有多种正确答案。开放性提问的目的在于激发幼儿的观察、思考、表达和探究欲望。

开放式提问通常使用"为什么""如何""假如""如果……会怎么样"等进行发问。封闭式的提问,如"这是什么""是不是啊"答案是限定的、唯一的。在语言教学活动中,应以开放性提问为主,兼顾少量封闭性提问,如"发生了什么事情""图一和图二有什么不一样""你有什么好办法""为什么会这样"等。

> **聚焦案例**
>
> 在欣赏散文诗《落叶》后,教师通过提问"树叶落在了哪里""谁看见了""他是怎么做的",帮幼儿熟悉诗歌的内容和句式;紧接着追问"小虫为什么把它当作小屋",引导幼儿思考。在仿编诗歌环节,教师提出的"你觉得小树叶还会落在什么特别的地方""它又会被谁看见""看见这些落叶后他会怎样做"等开放性问题,为幼儿创设了广阔的自主想象空间,让幼儿从不同角度来思考问题,从而有效地发展了发散思维能力。

3. 提问难易适度、层层深入

教师应根据活动的深入和推进,设计递进式问句,即初问浅显,在幼儿正确回答后,再逐步增加问题难度,逐步一般化、抽象化,逐渐达到预期的活动目的。

> **聚焦案例**
>
> 在讲述故事《小猫钓鱼》时,教师的问题设计为:"小猫第一次钓到鱼了吗?为什么?""后来钓到鱼了吗?为什么?""猫妈妈是怎么说的?""小猫为什么没钓到鱼?""如果你是小猫,你会怎么做呢?"通过层层分析、步步深入的提问,引导幼儿充分想象、尽情表述。

拓展阅读:
大班散文诗活动"夏天"(活动方案)

六 活动延伸

活动延伸不属于活动过程结构的一部分。它是教师针对本次语言活动设计的与活动内容相关的后续活动。活动延伸是课堂教学之外的拓展和延伸,即针对某个活动,通过其他途径在知识、能力、情感态度方面进一步提升幼儿的水平,把学习活动引向深入。因此,活动延伸体现了语言领域教育整合性、发展性的特点。在语言教育活动中,教师应使幼儿在一段时间内获得的经验得到整合。因此,活动延伸不是可有可无的,也不是形式化的,而是一种有实际价值的设计。

教师应设计切实可行的活动延伸方式及内容。活动延伸的途径主要有以下三种：一是家园共育和社区活动；二是区角渗透；三是延伸到日常生活、户外活动、游戏活动及其他领域活动中。延伸活动把幼儿的一日生活与幼儿园、家庭和社会的活动紧密联系在一起。延伸到下一个活动中，可以使半日活动或者一日活动成为有机联系的整体；延伸到家庭和社会活动中，可以真正实现幼儿园与家庭、社会的密切配合；延伸到其他领域，有利于培养幼儿复合性、结构性、立体的知识结构。

开展活动延伸时，教师需要明确延伸的方向、具体方式和要求。如大班前书写活动"长大以后做什么"的延伸方向如果为家庭，具体活动可设计为"幼儿在父母的帮助下尝试写图画日记"。

> **聚焦案例**
>
> 大班早期阅读活动"我的幸运一天"活动延伸设计如下。
> ①图书角：投放绘本《我的幸运一天》，让幼儿自由阅读。
> ②表演区：投放关于相关故事表演道具，供幼儿表演故事。
> ③家庭：幼儿在家跟爸爸妈妈分享故事《我的幸运一天》。

七 活动评价

这部分内容在"项目十二 幼儿园语言教育评价"中将会进行详细介绍。

项目小结

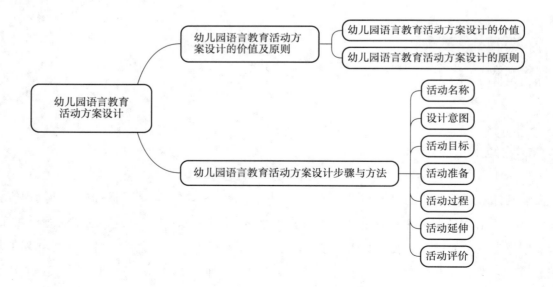

项目十 幼儿园语言教育活动方案设计

本项目首先分析了幼儿园语言教育活动方案设计的价值和原则。其次,重点分析了幼儿园语言教育活动方案设计的内容,包括活动名称、设计意图、活动目标、活动准备、活动过程、活动延伸和活动评价,并结合案例详细地阐述了各内容设计的具体要求和方法。

自学自测

一、名词解释
活动重点　活动难点

二、简答题
1. 简述设计意图撰写的角度及依据。
2. 简述幼儿园语言教育活动方案设计的基本结构。
3. 简述具体活动目标制定方法。

实践与实训

【实训一】

实训要求与形式	依据下列材料设计一份小班语言活动方案(个人/小组完成,上传线上平台)
实训材料	[童话故事] **下雪了** 下雪了。 小猫推开窗说:"下糖了!下糖了!" 小狗推开门说:"下盐了!下盐了!" 小鸭摇摇摆摆走出门说:"下面粉了!下面粉了!" 小鸡拼命地摇摇头说:"不对不对!是下奶粉了!下奶粉了!" 鸡妈妈说:"下什么呢?让我尝一尝吧。"她用嘴从雪地里啄出一口雪,尝了尝说:"不甜,不是糖。"她又用嘴从雪地里啄出第二口雪,尝了尝说:"不咸,不是盐。"她又用嘴从雪地里啄出第三口雪,尝了尝说:"会化,不是面粉。"她再用嘴从雪地里啄出第四口雪,尝了尝说:"没有好香,不是奶粉。" 小朋友们,雪到底是什么呢?
实训记录	

【实训二】

实训要求与形式	中班谈话活动"中秋节" 撰写设计意图,制定三维目标,简写活动过程。 (个人/小组完成,上传线上平台)
实训记录	

项目十一　幼儿园语言教育活动说课设计

◇ **学习目标**

1. 了解说课的基本知识，掌握说课的完整结构。
2. 学会选择正确的方法，进行适宜的说课活动。
3. 感受幼儿园语言教育活动说课的魅力。

◇ **情境导入**

悠悠是某乡镇幼儿园新入职的教师，她现在正在苦恼一件事，那就是下个月幼儿园就要举办一年一次的说课比赛，她想准备语言教育活动的说课内容，但不知道该从何处入手。

悠悠这个问题是很多新手教师都会遇到的。为了解决这个问题，这一项目带大家一起了解幼儿园语言教育活动说课的系统知识、技能方法和具体设计。

任务一　幼儿园语言教育活动说课概述

 说课的内涵

（一）说课的概念

《幼儿园教育指导纲要（试行）》指出："幼儿园的教育活动，是教师以多种形式有目的、有计划地引导幼儿生动、活泼、主动活动的教育过程。"幼儿园教育活动的形式丰富多样，按活动的组织形式，可以分为集体活动、小组活动、个人活动；按活动的地点，可以分为室内活动、户外活动；按活动的性质，可以分为教学活动、生活活动、游戏活动等。因此，教育活动包含教学活动。狭义的幼儿园说课特指说集体教学活动。

说课是教师通过对活动目标的分析，表述具体课题的活动设想及其理论依据。通俗地讲，说课就是要说清楚教什么、怎么教以及为什么这么教。说课要求教师以教育理论、教学大纲、教材为依据，针对某一课题的自身特点，结合教育对象的实际情况，口头表述该课题教学的具体设想、设计及其理论依据。说课以"说"为主，是教师对教案本身的分析和说明，是一种以口头叙述为主的教案分析。说课本质上是一种将教学实践与教育教学理论紧密结合的教学研究活动，其目的主要在于培养教师理论联系实际的能力，培养其分析及阐述教学活动设计及其理论依据的能力。幼儿园语言教育活动的说课更侧重于培养教师对幼儿园语言教育活动的方案设计、教学方法、教学策略以及相关理论依据等进行分析和阐述的能力。

（二）备课、说课、上课的区别

说课不是备课。备课主要是以文字形式呈现上课需要的教案。说课是教师在备课的基础上，在授课之前面对领导、同行或评委，主要用口头语言讲解具体课题的活动设想及其理论依据的一种教研活动。它是教师将教案中的教学设计、教法及学法设计转化为具体活动的一种课前预演。备课内容与说课内容有一定的重叠，但说课不是教案的再现或重复，也不是简单地介绍上课的内容，而是以教案为基础阐述教学设计及其理论依据，即使重合的部分也不能照搬照说，而要做深入的理性思考和说明。

说课不是上课。上课的对象是幼儿，而说课的听众是教师同行或领导；上课时教师注重与幼儿的互动，说课以教师自己的解说为主；上课主要是引导幼儿学习新的知识经验，说课是侧重于对理论的阐述，着重说明教什么、怎么教以及为什么这么教，而不是上课给他人听。

二 说课的意义

（一）提高教研活动的实效性

说课是集体教学研究活动的重要组成部分。说课为教师从事教学研究提供了交流、切磋的平台。说课是说课者与听课者的互动活动，说课者要用清晰、准确的语言，有条理地阐述教学思想和理念怎样在教学过程中得到体现，而听课者能从中受到启发，明白应该怎样去做、为什么要这样做。说课者与听课者相互学习、共同研讨教学方式，既提高了教师的教学水平，也提高了教研活动的实效性。

（二）提高教师的业务素质

说课是督促教师进行教育教学研究、提高业务水平的重要途径。说课的过程是教师对活动方案进一步认识、深化、理解的过程，是教师将自己对活动方案的理解条理化并升华到理性认识的过程。说课能够全方位地提高教师的素质水平。一方面，说课要求教师具备一定的幼儿心理学、幼儿教育学等理论素养，这促使教师不断地去学习学前教育教学的理论，提高自己的理论水平；另一方面，说课要求教师用语言把自己的教学思路及设想表达出来，这就在无形中提高了教师的语言组织和表达能力，提高了自身的素质，也可以促进教师之间的合作学习与共同发展。

（三）提高备课水平和教学活动的质量

说课处于备课与上课之间，以备课为基础、以上课为归宿。在课前说课，对语言教育活动具体的实践教学做全面梳理，有助于教师理清教学活动的思路，明确活动重难点，更好地实施教学活动，从根本上提高教师备课的质量和组织活动的效率。

三 说课的内容

说课包括说活动内容、说活动目标、说活动准备、说教学方法、说活动过程、说教学特色等。说课的时间不宜过长也不宜过短，以15分钟左右为宜。

说课视频：
幼儿园中班诗歌活动"月亮"

任务二　幼儿园语言教育活动说课方法

一 说活动内容

一般情况下，说活动内容包括说内容的确定、选取和内容选择的依据。

（一）内容的确定、选取

内容的确定、选取一般是说教材出处，它解决的是教学内容"来自哪里"这一问题，其实就是让活动内容有据可依、有源可查，使得活动内容更有说服力。一般幼儿园都会有自己的教材，如园本、班本教材，也有幼儿园使用市面上的优质教材，还有幼儿园使用区域统一的教材等。无论哪一种教材，都可以在这一环节进行说明。说活动内容不仅是对教材内容出处的说明，还包括根据实际需要，对教材内容的加工、改编、增删、更换等说明。

（二）内容选择的依据

教师在说明所选教材内容后，还需要讲清楚为什么选择这一内容。教师可结合教学理念、领域目标、幼儿发展需求、教材特点等进行分析，指明这一内容在整体或主题网络教学中的地位。

1. 幼儿现状

在选择活动内容时，教师需要对本班幼儿的现状做简要分析。这里可从幼儿的年龄特点、身心发展状况、已有知识经验和语言发展水平，以及智力和非智力水平，如兴趣、动机、习惯、意志等方面入手进行简要介绍。这一部分是教师对教学内容选择正确与否的检验与反馈，是取材科学与否的关键和对照，同时便于教师更有针对性地了解不同年龄段、不同发展水平幼儿的不同需要，做到因材施教。

2.教材特点

幼儿园语言教育活动中需要借助文学作品、图片和图画书与幼儿互动，因此，教师需要对文学作品、图片和图画书进行分析，了解作品的特点及其对幼儿发展的价值。

3.理论依据

活动内容理论依据一般从《幼儿园工作规程》《幼儿园教育指导纲要（试行）》《3—6岁儿童学习与发展指南》等幼儿教育领域的权威文件中进行提取。这些文件是说活动内容重要的理论依据，对于活动具有重要的指向性。教师在说活动内容时，应将文件相关内容与幼儿的语言学习特点和发展需求以及作品特点和价值结合起来阐述。

> **聚焦案例**
>
> **中班语言活动"妈妈的味道"说活动内容**
>
> 昨天开展了美食节活动，幼儿在品尝美食的过程中进行了热烈的讨论，比如，毛毛说"这个荷包蛋是咸咸的"，琪琪说"妈妈做的小蛋糕是甜甜的"。幼儿故事《妈妈的味道》是一个充满童趣、富有想象力，并且洋溢着温馨气息的作品。故事描述了宝宝和妈妈共同讨论美食的画面。《3—6岁儿童学习与发展指南》指出，4—5岁幼儿能根据连续画面提供的信息，大致说出故事的情节。因此，根据幼儿的兴趣需要以及年龄特点和身心发展水平，我生成了本次活动。

> **聚焦案例**
>
> **大班语言活动"嫦娥奔月"说活动内容**
>
> 幼儿的世界是一个充满幻想的世界，神话传说是符合儿童思维的文学样式。大班幼儿对新鲜事物具有探究欲和好奇心，求知欲日益增强。《幼儿园教育指导纲要（试行）》语言领域要求教师"引导幼儿接触优秀的幼儿文学作品，使之感受语言的丰富和优美，并通过多种活动帮助幼儿加深对作品的体验和理解"。结合本月主题活动"过中秋"，我将传说故事《嫦娥奔月》做了部分改编，设计了本次活动。

二 说活动目标

（一）说三维目标及活动目标制定的依据

1.说三维目标

主要阐述认知、能力、情感态度三个方面的目标。

2.说活动目标制定的依据

首先,应考虑主题教育目标。它是领域目标的上位目标,对语言领域目标具有统摄作用,属于链接关系,对其他领域的活动也有一定的影响,因此在说课中需要考虑其整体性和关联性。

其次,应考虑年龄阶段目标。不同年龄阶段的幼儿语言发展水平和特点不同,其目标制定难易程度也不尽相同,因此说课中应以幼儿年龄阶段的语言发展规律为制定依据,这样才能保障目标制定的科学性、合理性。

再次,要分析幼儿已有经验。幼儿已有经验是设计活动目标的重要依据,分析幼儿已有经验是对幼儿现有能力的清晰认识和精准掌握的重要体现。因此,在说活动目标时,教师应充分考虑幼儿已有经验,使每个幼儿在原有基础上得到相应的发展。

最后,要考虑国家层面的相关要求,如依据《幼儿园工作规程》《幼儿园教育指导纲要(试行)》《3—6岁儿童学习与发展指南》进行目标制定。《幼儿园教育指导纲要(试行)》中各领域的目的和要求是国家为管理和评价幼儿园教育而制定的,是确定各年龄段课程水平及课程结构的纲领性文件。《3—6岁儿童学习与发展指南》分别对3—4岁、4—5岁、5—6岁三个年龄段的幼儿应该知道什么、能做什么,大致可以达到什么发展水平提出了合理的期望。因此,活动目标是依据领域目标以及《3—6岁儿童学习与发展指南》要求来设计的,而领域目标和《3—6岁儿童学习与发展指南》要求应贯穿和体现于活动目标之中。

(二)说活动的重点、难点和制定的依据

活动重点和难点的确定是为了科学地设计活动过程,合理地分配教学时间,突出解决教学核心问题和难点问题,更好地实现活动目标。

教师说活动重点时,要讲清楚对于幼儿来说重点体现在哪些方面,以及确定重点的理由。活动重点的确定应参考幼儿语言发展水平、幼儿语言发展目标和教材特点。

活动难点是针对幼儿而言的,因此,在说活动难点时,教师要说清楚幼儿语言学习活动中的难点。此外,要说清楚确定活动难点的依据。语言教育活动难点应根据班级幼儿整体语言发展水平来确定。

聚焦案例

大班讲述活动"逛超市"说活动难点

安排内容的顺序、组织简单的语句、较连贯地表达,对大班幼儿来说有一定的难度。但大班幼儿有喜欢挑战的心理,这就像跳一跳就能摘到果实,即他们通过一定的努力是可以完成具有一定难度的任务的。因此,将"初步引导幼儿较连贯地讲述逛超市时最感兴趣的体验"作为本次活动的难点。

三 说活动准备

（一）说物质材料准备

教师要说清楚准备的教具和学具以及准备依据，并简明扼要地说明使用它们的目的。

首先，依据幼儿的年龄特点、兴趣爱好等，说明准备的教具和学具以及准备的依据。

其次，说明教具和学具使用的目的。一是分析教具和学具能否帮助幼儿理解和掌握语言知识、学会语言表达。例如，使用图片、实物或模型来展示故事中的角色和场景，让幼儿更直观地了解故事情节；再如，使用玩偶来扮演故事中的角色，同时利用玩偶来辅助讲解故事情节和关键词汇。二是分析教具和学具是否具有互动性、能否引导幼儿进行探索和操作。例如，设计可拆卸、可组合的教具，让幼儿在动手操作的过程中学习和表达。三是分析教具是否丰富多样，能否满足不同幼儿的学习需求。

（二）说知识经验准备

在活动准备阶段，教师需要充分了解幼儿的语言发展水平，包括词汇量、语言表达能力、听说能力等方面，这样教师才能根据幼儿的实际能力，准备适当的教学材料和活动内容，确保活动难度适中，既不会过于简单，也不会过于复杂。

（三）说环境准备

说环境准备和依据时，要重点说明如何围绕主题活动和活动内容，营造温馨、关爱的氛围，创设供幼儿探索和表达的语言环境。

> **聚焦案例**
>
> **大班语言活动"收集东，收集西"说活动准备**
>
> 《幼儿园教师专业标准》指出："为幼儿提供和制作适合的玩教具和学习材料，引发和支持幼儿的主动活动。"为了激发和维持幼儿参与活动的兴趣，有效达成活动目标，教师做了以下活动准备。
>
> 物质材料准备：课件、博物馆视频、妈妈收集的物品。
>
> 知识经验准备：参观过博物馆，了解博物馆的相关常识。
>
> 环境准备：创设博物馆区角。

四 说教学方法

说教学方法主要说明在本次活动中教师将采用的教学方法和运用的教学手段，以及这样做的缘由。

（一）说具体的教法和学法

要说清楚教师将采用的教学方法和幼儿的学习方法。

（二）说选择教法和学法的依据

教师在说教学方法时要根据教材的特点、幼儿的实际、教师的特长以及教学设备情况等，说明选择某种方法或手段的依据。理论依据主要基于以下几个方面。

首先，教法和学法的选择要充分考虑幼儿的语言发展特点。幼儿期是个体语言发展的关键时期，幼儿的语言能力在这一阶段得到了快速的发展，因此，在选择学法时，教师需要根据幼儿的语言发展水平、兴趣特点和学习习惯，选择能够激发其语言学习兴趣、促进其语言表达能力提升的方法。

其次，教法和学法的选择要遵循幼儿认知发展的规律。幼儿的认知发展具有直观性、具体性，他们往往通过直接感知和具体操作来获取知识和经验。因此，在选择学法时，教师应注重通过游戏、观察、操作等方式，让幼儿在亲身参与中感知、理解和运用语言。

再次，教法和学法的选择要注重培养幼儿的综合素质和学习品质。语言领域的学习不仅是语言知识的积累，更是语言表达、思维发展、情感体验、合作学习等多方面的综合提升。因此，在选择教法时，我们应关注如何引导幼儿积极参与、主动表达，培养他们的语言组织能力、合作能力、逻辑思维能力以及情感表达能力。

最后，教法和学法的选择应依托国家纲领性文件，如《幼儿园教育指导纲要（试行）》《3—6岁儿童学习与发展指南》所提及的语言教育活动核心要义和价值取向，保证教法和学法的科学性和合理性。

（三）说学法指导

在说教学方法时，教师还要注意说清楚教师对幼儿的学法是如何指导的，也就是说明幼儿要"怎样学""为什么这样学"等。教师不仅要说明具体的学法（如操作法、讨论法、观察法等），还要说清楚怎样根据班级幼儿年龄特征、心理特征，运用哪些教育教学规律指导幼儿进行学习，如何激发幼儿学习兴趣，引导幼儿主动、积极探索。

聚焦案例

大班语言活动"收集东，收集西"说教学方法

第三个环节配乐完整朗诵小诗，这个环节可以用操作法、启发探索法、新视听法，让幼儿理解诗歌内容，尤其是图片的匹配操作，支持幼儿进行自主思考，让幼儿在做中学、玩中学，实现对散文诗中"收集"的真正理解，从而深度学习散文诗，为后面的环节做好铺垫。

> **聚焦案例**
>
> **中班语言活动"动物的伞"说教学方法**
>
> 　　环节二为"自主探索,了解内容"。本环节主要采用观察法和自主探究法,让幼儿在轻松的氛围中自主探索,初步了解诗歌内容。首先,教师边讲故事边播放雨的录音,之后通过提问"小动物们会找什么伞躲雨呢"引发幼儿猜想。其次,教师给幼儿提供三组不同的材料,分别是小电脑、图书、图片,让幼儿自由选择学习方式,探讨小动物躲雨的方法,引出诗歌的主要内容。在幼儿自主探究时,教师适时引导幼儿观察动物的外形特征,猜想小动物会找什么伞躲雨。

五 说活动过程

说活动过程是说课的中心内容,说清楚活动过程是说好课的关键。

(一)说活动过程的内容

说活动过程一般要说明以下内容。

1. 说活动的总体结构设计

重点说明活动展开的逻辑顺序、基本环节、过渡衔接及时间安排。

2. 分环节讲清楚"教什么""怎样教""为什么这样教"

这一步就是说活动环节及每个教学步骤的设想、安排、依据和预期效果。主要从以下几个方面阐述。

①说清楚为达到活动目标运用哪些教学方法和手段、如何安排师幼互动过程,以及这样安排的目的和预期效果。

②说清楚在活动过程中怎样突出重点和解决难点、运用什么方法突出重点和解决难点。

③说设计依据,即说清楚"为什么这样教",说活动过程的依据为《幼儿园教育指导纲要(试行)》《3—6岁儿童学习与发展指南》等纲领性文件、幼儿年龄特点、幼儿语言发展特点、幼儿语言发展水平等。

④说活动预测,即对语言活动过程做出动态性预测,考虑活动中可能发生的变化及调整对策。

(二)说活动过程的注意事项

1. 重视说活动过程的理论依据

说课与实际教学并不是机械的对等关系。说活动过程除了要说明教学中所能表现出来的"教什么""怎样教"之外,还要体现出"为什么这样教"的构思过程,这也是说活动过程的重点所在。有的教师将重点放在对"教什么""怎样教"的阐述上，而忽视了对"为什么这样教"的理论阐述，简单地认为说活动过程就是对活动过程环节的简述，缺乏应有的理论分析。说活动过程，除了说清楚各环节的内容，还要说明活动设计的理论依据。

2.说活动过程要详略得当、重点突出

说活动过程不能平铺直叙，要注意把握内容的主次；说课的各个环节不需要面面俱到，否则难以突出重点和亮点。教师应从自己的教学思想出发，从宏观上审视和把握所设计的活动步骤，将无关紧要的内容删除，以达到突出重点、全面兼顾的目的。

3.说活动过程要具有系统性

活动过程是教师围绕活动目标、依据活动内容特点，采用一定的教学方法、进行一定的学法指导，教师和幼儿共同活动的有序过程。它是活动目标、活动内容、教学方法综合而有机的体现和运用，而不是简单的并列关系和机械的混合体。想说好活动过程，就要将活动过程与活动内容、活动目标、活动重难点之间的对应关系和教法的具体实施、学法指导的具体方法等交代清楚。

六 说教学特色

在幼儿园语言教育活动说课中，阐述教学特色是展示个人教学风格与教学理念的重要环节。为了清晰地表现教学特色，教师在说课时可以从以下几个方面进行描述。

首先，强调教学理念的独特性。阐述自己的教学理念是如何融入教学实践中的，例如，注重以幼儿为中心的理念，倡导启发式、探究式学习，以培养幼儿的独立思考和创新精神，促使幼儿在学习过程中更加主动、积极。

其次，突出教学方法的创新性。介绍在活动过程中采用的独特教学方法和策略，如主题情境、趣味游戏、思维导图等。这些方法能够激发幼儿的学习兴趣，使他们在轻松愉快的氛围中掌握语言领域的相关知识和能力。同时，可以举例说明这些方法在实际教学中的运用效果，以增强说服力。

再次，展示教学资源的丰富性。说明在活动过程中教师如何充分利用各种教学资源来丰富教学内容和形式，如绘本、皮影戏、实物、图片、视频等。这些丰富的教学资源能够为幼儿提供多样化的学习体验，有助于他们更全面地理解和掌握语言领域的内容。

最后，强调教学评价的多元性。介绍在活动过程中如何采用多种评价方式，如观察、记录、作品展示、口头表达等，来全面评估幼儿获取语言经验的情况。这种具有多元性的教学评价能够更准确地反映幼儿的掌握情况，也能够为幼儿提供更具体的反馈和指导。

总之，在说课中阐述教学特色时，应注重突出教学理念、教学方法、教学资源以及教学评价等方面的独特性和创新性，以展示个人教学风格和理念，并说明这些特色如何有效地提升幼儿的语言能力水平和综合素质。

> **聚焦案例**
>
> **大班早期阅读活动"小猪变形记"说教学特色**
>
> 注重幼儿与作品的互动。第三个环节，我让幼儿通过排序的方法厘清故事的主要情节脉络，通过动一动、贴一贴的形式让幼儿与图画书互动。
>
> 注重领域之间的目标渗透。结束环节，迁移经验。图画书为幼儿展示了一只小猪认识自我、认识他人的思想历程。我借助小猪的经历与幼儿展开讨论，引导幼儿学会欣赏自己，了解只有做自己才是最快乐、最真实的。

项目小结

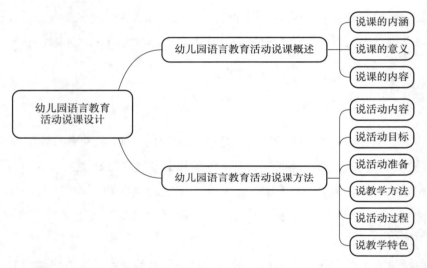

本项目任务一分析了说课的内涵、意义和内容，重点分析了说课的概念、说课与备课和上课的区别。任务二从说活动内容、说活动目标、说活动准备、说教学方法、说活动过程、说教学特色等方面详细介绍了幼儿园语言教育活动说课的方法，即说清楚内容是什么、为什么这样做以及具体怎样做。

自学自测

1. 请简述备课、说课、上课的区别。
2. 请简述说课的意义。
3. 请简述幼儿园语言教育中完整的说课流程。
4. 请简述说选择教法和学法的依据。
5. 请简述说活动过程的注意事项。

实践与实训

实训要求与形式	请根据下面数字资源中大班谈话活动"我就要毕业了"活动方案合作说课（个人/小组完成，上传线上平台）
实训记录	

数字资源：
大班谈话活动"我就要毕业了"活动方案

案例赏析

大班早期阅读活动"菲菲生气了"说课稿

一、说活动内容

"菲菲生气了"是大班主题活动"我自己"的生成活动。情绪教育是幼儿教育中非常重要的一门课题，已经懂事的大班幼儿常常不知道要如何处理愤怒、生气等情绪，而《菲菲生气了》正是一本关于情绪管理的图画书。这本图画书中的故事在许多幼儿的身上也曾发生。故事中菲菲的情绪变化过程描写得非常逼真，能引起幼儿的情感共鸣，给幼儿良好的暗示。

图画书以图为主、文字简单。言简意赅的文字和极具表现力的图画，将抽象的情绪直观形象地呈现了出来。另外，图画书中画面色彩与故事情节相得益彰，作者用颜色来表现菲菲的情绪。菲菲生气时为红色画面，冲出家门时连树林都是红色的，随着她步入树林，怒气渐渐消散，画面颜色逐渐变成橙色、深紫红色、深蓝色，到菲菲坐在大橡树的树干上面对平静的湖水时，整个画面已经是蓝、白、绿的清凉色调。最后，菲菲安静地回到家里时，画面又转为温暖的橙色、黄色。《3—6岁儿童学习与发展指南》在语言领域要求大班幼儿"能根据故事的部分情节或图书画面的线索猜想故事情节的发展""对看过的图书、听过的故事能说出自己的看法"。《幼儿园教育指导纲要（试行）》指出，教育活动内容的选择，既符合幼儿的现实需要，又有利于其长远发展。因此，我设计了本活动，引导幼儿观察、借助画面色彩的变化进行猜想和表达，感受菲菲的情绪变化，知道生气是一种正常的情绪表现，学会遇到不愉快的事情能尝试自我调节情绪。

二、说活动目标

根据我园《幼儿园早期阅读活动目标》提出的"帮助幼儿掌握早期阅读的技能，提高他们对书面语言的敏感水平"要求，结合本班幼儿在阅读学习方面的实际情况，如口语表达能力发展迅速，积累了一定的听故事和阅读图书的经验，但尚不能较恰当地把前后画面联系起来理解故事的内容，阅读缺乏流畅性，对角色的动态、表情的观察不仔细，普遍不能用恰当的语句描述角色的不同心理活动，我从认知、能力、情感态度三方面提出了本次活动的目标。

在认知方面，理解菲菲情绪变化的过程及其原因，知道生气是一种正常的情绪表现，知道遇到不愉快的事情要尝试自我调节情绪。

在能力方面，有序观察单页多幅画面，能用完整、连贯的语言表达对画面的理解。

在情感态度方面，萌发自我调控负面情绪的意识。

活动重点为理解菲菲情绪变化的过程及其原因。活动难点为用完整、连贯的语言表达对画面的理解。

三、说活动准备

根据本次活动的目标与内容，我做了以下准备工作。

物质材料准备：图画书人手一本，课件，菲菲情绪变化的过程图片，红、黄、蓝三张彩色纸若干，轻音乐。

知识经验准备：幼儿能初步识别他人的情绪。

环境准备：幼儿呈半圆形围坐。

四、说教学方法

《幼儿园教育指导纲要（试行）》指出："教师应成为幼儿学习活动的支持者、合作者、引导者。"根据幼儿的年龄特点，结合图画书的内容与画面特点，本次活动我主要采用了讨论法、直观教学法、朗诵法、游戏法、观察法等教学方法。其中，讨论法、游戏法、观察法也是幼儿的学习方法。

1. 讨论法

《幼儿园教育指导纲要（试行）》指出"创造一个自由、宽松的语言交往环境"，因此我采用了讨论法。讨论法的运用能开拓幼儿的思维，是激发幼儿语言表达的重要方法。

2. 直观教学法

直观教学法具体形象，符合幼儿的思维特点。我适时出示部分故事课件画面，引起幼儿的兴趣及注意，帮助幼儿感知重点画面内容。

3. 朗诵法

大班部分幼儿讲述不够完整、连贯，讲故事时情感不够投入。我通过对故事片段进行朗诵，对幼儿进行语言示范，引导幼儿学会完整、连贯地表达，学会有感情地讲故事。

4. 游戏法

游戏是幼儿最喜欢的活动，早期阅读活动以静态阅读为主，运用游戏法或者游戏的形式能让幼儿在动态的活动中进一步理解故事内容，积极主动地运用语言表达。

5.观察法

理解图画书的前提是观察画面细节，运用观察法能让幼儿学会有序观察、仔细观察，养成观察画面细节的习惯。通过观察，幼儿的猜测与想象能力也能得到激发。

其中，讨论法、游戏法、观察法也是幼儿的学习方法。活动中以幼儿为主体，幼儿在讨论、游戏、观察中积极主动地学习，积累阅读经验。

五、说活动过程

为了帮助幼儿更清晰地了解菲菲情绪的变化，我按故事的发展情节，将作品分为三段。第一段是菲菲生气了；第二段是菲菲从生气到不生气；第三段是菲菲回家，不生气了。设计了六个环节：第一个环节是认识封面，引出主题；第二个环节是阅读"菲菲生气了"的画面；第三个环节是阅读"菲菲从生气到不生气"的画面；第四个环节是师幼共读"菲菲回家了，不生气了"的画面；第五个环节是玩游戏"颜色找朋友"；第六个环节是迁移经验。

第一个环节：认识封面，引出主题。图画书封面往往会透露故事中的关键信息，在开始部分，我出示封面图片，提问"这是书中的主人公菲菲，菲菲怎么了？你怎么知道的"激发幼儿阅读兴趣，为幼儿自主阅读、初步了解画面内容做准备。

第二个环节：阅读"菲菲生气了"的画面。我提问"菲菲为什么生气了"，让幼儿带着问题自主阅读"菲菲生气了"的画面。幼儿自主阅读图画书时，我巡视指导，帮助幼儿学习阅读的基本技巧，培养幼儿自主阅读的能力；之后，师幼共读，观看课件中的重点画面，让幼儿找出图画书中对应的画面，引导幼儿用语言和动作表达对画面的理解，如"菲菲为什么生气？请小朋友找到她生气的画面。请你说一说菲菲为什么生气了、菲菲生气的时候是什么样子的"。我引导幼儿观察画面细节，大胆猜想，让幼儿说出菲菲生气的原因和生气的表情，进而初步识别情绪。师幼共读之后，我为幼儿完整地朗诵"菲菲生气了"，帮助幼儿进一步理解故事内容，也让幼儿在听故事的过程中学习规范的语言。

第三个环节：阅读"菲菲从生气到不生气"的画面。该环节为活动难点。为解决难点，首先，我让幼儿自主阅读"菲菲从生气到不生气"的画面，然后运用课件图片、提问法、观察法，与幼儿共同阅读和讨论，重点引导幼儿仔细观察菲菲的表情、动作以及大自然中的事物，如"菲菲跑出门后做了什么？哭在第几页？你从哪里看出来她在哭的"。根据幼儿以直观体验为主的学习特点，最后，我播放轻音乐《清晨》，伴随着舒缓的轻音乐，我有感情地朗诵故事，请幼儿闭上眼睛感受"小鸟啼叫""微风拂面"的画面，给幼儿充分的想象和体验的机会，进一步理解画面内容，感受菲菲的情绪变化，也让幼儿明白听听鸟叫、看看美好的事物、安静地休息一会儿就可以让自己平静下来。

第四个环节：师幼共读"菲菲回家了，不生气了"的画面。故事结局画面较少，适合师幼共读。我请幼儿观察菲菲回家后家人的表情，如"回到家，爸爸妈妈是怎样做的"，引导幼儿观察并说出家人的表情和动作，感受家人的接纳与关爱。第四个环节和之后要介绍的第五个环节为活动重点，通过自主阅读和师幼共读，引导幼儿观察、表达、感受，逐渐理解菲菲情绪变化的过程及其原因，突出活动重点。

第五个环节：玩游戏"颜色找朋友"。我引导幼儿观察图画书画面的颜色变化，如"这些画面的颜色有什么不一样？那这些不同的颜色代表什么意思呢"并出示红、黄、蓝三张彩色纸，引导幼儿根据故事发展的三个阶段，选择用相应颜色的纸来表示相应的情绪，了解菲菲从生气到开心的过程。

第六个环节：迁移经验。结合当代幼儿语言教育的整合观念，我设置了此环节，鼓励幼儿联系自身经验，讨论分享"生气时怎样让自己开心起来"，通过迁移故事中的经验，学会调节情绪的方法。

这六个环节的安排，遵循了《幼儿园教育指导纲要（试行）》第三部分"组织与实施"中"教育性、互动性、针对性"的原则。整个活动符合大班幼儿的学习特点和阅读活动的学习规律，由浅入深、循序渐进，充分体现了幼儿的主体地位，顺利达成了活动目标。

项目十二　幼儿园语言教育评价

◇ **学习目标**

1. 了解幼儿园语言教育评价的要素，理解幼儿园语言教育评价的作用和原则。
2. 掌握幼儿园语言教育评价的内容。
3. 了解幼儿园语言教育评价的方法。
4. 能依据评价标准，客观、全面地评价幼儿园语言教育活动。

◇ **情境导入**

语言公开课结束之后，园长要求每位实习的同学评课，并指出"评价是为了实现更好的发展"。那么，幼儿园语言教育评价的作用是什么？我们应该从哪些方面进行评价？

任务一　幼儿园语言教育评价概述

一、幼儿园语言教育评价的内涵与要素

（一）幼儿园语言教育评价的内涵

《幼儿园教育指导纲要（试行）》指出："教育评价是幼儿园教育工作的重要组成部分，是了解教育的适宜性、有效性，调整和改进工作，促进每一个幼儿发展，提高教育质量的必要手段。"

幼儿园语言教育评价是以幼儿教师或其他学前教育工作者为评价主体，收集幼儿语言发展和幼儿语言教育活动的客观信息，依据一定的评价标准，对幼儿语言发展状况和幼儿园语言教育活动质量进行定量或定性评价，并做出客观的衡量和科学的判定过程。根据评价的主体，幼儿园语言教育评价可以分为自我评价和他人评价。根据评价的功能，幼儿园语言教育评价可以分为诊断性评价、形成性评价和总结性评价。

（二）幼儿园语言教育评价的要素

幼儿园语言教育评价的要素包括评价主体、评价客体、评价标准和评价方法。

1. 评价主体

评价主体即评价的实施者。幼儿园语言教育评价应以教师为评价主体，幼儿、同行、专家、家长以适宜的方式参与评价。

2. 评价客体

评价客体即评价对象，是指评价的内容和范围，一般包括对幼儿园语言教育环境的评价、对幼儿语言发展的评价、对幼儿园语言教育活动的评价等。

3. 评价标准

评价标准是语言活动设计、实施状况及其效果的"标尺"，也是制定具体评价指标的指南。在评价之前，语言活动评价标准需要转化为具体可操作的评价指标。如某幼儿园在制定语言活动评价标准时，将其分为三个评价指标，即倾听与表达、欣赏文学作品、早期阅读。三个评价指标又进一步分解为数目不等的具体评价指标。

聚焦案例

某幼儿园小班上学期"倾听与表达"评价指标

一级指标	二级指标	三级指标
语言能力	倾听与表达	能安静地听教师与同伴讲话，不随便打断别人说话
		能听懂并愿意说普通话
		学习正确发音
		愿意用语言与成人、同伴交往
		愿意在集体面前讲话
		喜欢看图书，能讲出单张图片的内容
		会传递成人的简单要求

4. 评价方法

对幼儿园语言活动进行评价还需要借助一定的评价方法。评价方法分为定量评价和定性评价两大类。定量评价主要有测量法、实验法、统计法等；定性评价包括观察法、访谈法、谈话法、自由叙述法、作品分析法、语言样本分析法等。

二 幼儿园语言教育评价的作用

幼儿园语言教育评价是语言教育实施过程中不可缺少的环节，其主要目的在于建立一种积极反馈信息的途径，从而形成有效调节和改善幼儿园语言教育过程的机制。总体来说，幼儿园语言教育评价具有导向作用、诊断作用、调节作用和激励作用。

（一）导向作用

幼儿园语言教育评价指标是对语言教育目标的分解和具体化，语言教育评价的过程就是把语言教育活动的实施情况与语言教育评价指标相比较的过程。因此，通过评价活动可以清晰地发现评价对象与语言教育目标之间的差距，从而有效地促使评价对象靠近语言教育目标。也就是说，幼儿园语言教育评价可以使语言教育活动始终朝着既定的目标前进。

（二）诊断作用

诊断是幼儿园语言教育评价的基本作用之一。在语言教育评价中，通过对收集的信息进行整理、分析，诊断评价对象的基本状况。如诊断幼儿在学习语言时，在知识和能力上的准备程度如何，由此来确定语言教育的目标和内容；诊断幼儿在语言教育活动中是否达到了活动目标的要求，从而判断幼儿园语言教育活动的效果；诊断幼儿在语言学习能力、兴趣、个性等方面的差异，以便因材施教。

（三）调节作用

在诊断的基础上，幼儿园语言教育评价可以对下一步工作提出有针对性的教育策略和建议。针对问题，调整与改进语言教育措施、语言教育计划，为幼儿提供更加适宜的语言活动和指导，提高语言教育活动质量。比如，诊断发现幼儿在创编故事时没有或者很少有对话，教师在下一次故事创编活动中就可以引导幼儿关注故事中的角色对话、心理活动等。

（四）激励作用

《幼儿园教育指导纲要（试行）》明确指出："评价的过程，是教师运用专业知识审视教育实践，发现、分析、研究、解决问题的过程，也是其自我成长的重要途径。"幼儿园语言教育评价能够激励教师发挥优点、克服不足，提高语言教育的主动性和创造性，促进教师自身的专业成长。通过幼儿园语言教育评价，可以对语言教育活动中的优秀成果进行反馈，并将优秀的语言活动案例进行推广。

任务二　幼儿园语言教育评价内容

幼儿语言教育评价包括对幼儿语言教育环境的评价、对幼儿语言发展的评价、对幼儿园语言教育活动的评价三个方面。

一 对幼儿语言教育环境的评价

良好的语言教育环境能激发幼儿表达的愿望，让每个幼儿都有表达的机会，发展幼儿的语言能力。幼儿园可以根据实际情况，从物质环境、心理环境的创设入手，激发幼儿学习语言和运用语言的兴趣，使幼儿在与环境的相互作用中发展口头语言、学习书面语言，促进幼儿语言的整体发展。

（一）依据环境的基本内容

依据环境的基本内容，可以从物质环境和心理环境两个方面进行评价。

1.物质环境

幼儿园语言教育的物质环境应包括环境的创设、活动材料的选择和利用等方面。环境的创设能激发幼儿语言表达、语言感受、语言创造的兴趣。活动材料的选择和利用能为语言教育的内容和目标服务。

聚焦案例

走进向日葵幼儿园，映入眼帘的是大的墙面以绘画的形式展示经典文学作品；走廊上展示了大班幼儿的绘本、古诗词等作品；台阶处在幼儿易看到的地方贴着符号和文字相结合的儿歌。园长介绍，环境是"会说话的老师"，将幼儿经典文学作品、儿歌、绘本放在幼儿随时能看到的地方，能够让幼儿在环境中耳濡目染，真正爱上阅读、爱上讲故事、爱上儿歌。

2.心理环境

心理环境包括创设平等、温馨、自由、宽松、接纳的心理环境，创设良好的师幼互动的情感环境。

聚焦案例

在开展活动时，刘老师时刻关注幼儿的感受和反应。在与幼儿交流时，刘老师注意与幼儿进行情感交流，如使用夸张的表情、关爱的动作激发幼儿表达的欲望，使幼儿主动说的行为得到强化。

> **聚焦案例**
>
> 在一次认识花的活动中，教师先请幼儿讲述花的组成部分。幼儿对花茎的表达千奇百怪——"花棒棒""花棍棍""花枝枝"……教师对他们可爱的表达回以微笑，告诉他们，这叫花茎。以后每次说到这个部分，教师都会说茎。时间长了，幼儿也就会说"茎"了。对于年龄小、认知水平低的幼儿，教师需要抱有平常心，多一些耐心、少一点急躁，不强调对错、好坏，鼓励幼儿大胆表达。

（二）依据语言活动的内容和目标

依据语言活动的内容和目标，可以从交流环境和早期阅读环境两个方面进行评价。

1.交流环境

交流环境主要包括为幼儿提供普通话的语言环境，创造一个幼儿想说、敢说、喜欢说、有机会说并能得到积极应答的语言交流环境，提供便于幼儿与同伴、教师进行语言沟通和交流的环境。

> **聚焦案例**
>
> 一次雷阵雨的到来，让孩子们高兴起来，他们聚在一起七嘴八舌地说着："下雨喽，雨点像豆子一样。""雨水落在脸上真凉爽。"……有的还伸出双手想接住雨点。看到孩子们沉浸在雨水带给他们的快乐中，教师顺势引导他们继续观察："下雨了，我们周围环境会有哪些变化呢？"孩子们的话题跟着活跃起来："滑滑梯被雨淋湿了，不能玩，真伤心！""桂花树上的灰尘被雨水冲走了，变得更绿了。""大雨把蜘蛛网打破了，可怜的蜘蛛又要重新织网了。"……看到孩子们在这个话题上有表达的欲望，教师继续引导他们探索雨给人们带来的好处与危害。这接下来的探索无疑成了孩子们积累经验、丰富语言的过程。孩子们从多角度讲述，有的讲述"雨灌溉了庄稼"，有的讲述"雨让花草树木更清新"，有的讲述"雨给人类带来的便捷"，有的讲述"大雨引发的山洪暴发、山体滑坡等地质灾害"，有的讲述"下雨天会引起爷爷的关节疼痛"……孩子们你一言我一语，好不热闹。
>
> 从这个案例可以看到幼儿对这随机活动中的提问反应特别积极，而教师适时把握时机，诱导他们更主动地说，提供面更广、量更大的说话机会，明显加深了幼儿交流的深度，提高了幼儿的语言表达能力。教师适时适当地把握这个看似微小的环境因素，诱导幼儿进入轻松、愉快的学习状态，让他们有话想说、有话可说、有话能说，体会语言交流的乐趣，从而自然地提高语言能力水平。

2.早期阅读环境

早期阅读环境主要包括：提供便于幼儿进行听、说、读、写的环境，引发幼儿的自主学习；提供多种书写工具，鼓励幼儿用涂、画、写等方式表达自己的想法，激发早期阅读和前书写的动机和愿望。

聚焦案例

童年幼儿园为幼儿创设了丰富的前书写感知环境，激发幼儿前书写兴趣，比如，户外设置专门的涂鸦墙，班级内提供丰富多样的观察记录表和调查交流表，角色区粘贴图文并茂的进区标志，幼儿游戏时教师引导幼儿关注标志符号和自由表达等。

总之，教师应为幼儿创造无处不在的语言教育环境，在一日生活各环节、游戏活动、集体教学活动中支持幼儿与教师、同伴和其他人交谈，保护幼儿运用语言交往的主动性和积极性，让幼儿在宽松而真实的语言运用情境中获得有效的语言经验。

二、对幼儿语言发展的评价

（一）从语言系统角度评价

从语言系统角度评价，包括对语音发展、词汇发展、句式和语法发展的评价。

1. 语音发展

结合各年龄段幼儿语音发展要求进行评价，评价要点包括听音、辨音和发音能力。重点评价普通话发音的准确性，如声母、韵母、容易发错的音、声调等。

聚焦案例

听音判断对错

向幼儿出示一张图片，并说出与图片描绘事物的发音在声母或韵母上存在细微差别的语音，让幼儿判断正误，并说明哪里不对。例如，呈现"黄瓜"的图片，问幼儿："这是 huáng huā，对吗？"然后看幼儿能否发现发音错误。

2. 词汇发展

对于幼儿词汇发展，从词汇数量、词义理解、词语运用三个方面进行评价。

聚焦案例

观察判断幼儿掌握的词汇类别和数量

教师向幼儿呈现四幅有内在关联的图画，让幼儿用自己的语言描述图画中的故事。

女孩（6岁）：快下雨了，小蚂蚁们急急忙忙搬家，它们排了一条长长的队，走呀走呀，走了好远好远的路。然后，它们就到达新家了。

男孩（6岁）：快下雨了，有几只蚂蚁，它们在搬家，想再找一个家。

分析与评价：男孩在描述图片时句子简单，所用词汇数量较少，所掌握的词汇主要

> 集中在名词，词汇类别较为单一贫乏；女孩则掌握了较为丰富的词汇，描述的句子较复杂，不仅用到的词汇数量多，而且词汇类别多。她所掌握的词汇包括名词、动词，还用到了连词"然后"。

3.句式和语法发展

句式和语法发展应从幼儿语句表达的完整性、连贯性、准确性，掌握的句型以及熟练运用句型等方面进行评价。比如，在大班看图讲述活动"粉红色的雨靴"中，教师观察发现部分幼儿能积极回答问题，但讲故事时不够完整和连贯。

（二）从言语系统角度评价

从言语系统角度评价，包括对幼儿的听、说、读、写能力进行评价，这里分为倾听，语言表达，前阅读、前书写、前识字三部分进行介绍。

1.倾听

幼儿倾听能力的发展应从有意识倾听、辨析性倾听、理解性倾听三个方面进行评价。结合各年龄段幼儿倾听能力的目标，重点评价幼儿是否建立倾听的规则意识和是否形成倾听习惯。

2.语言表达

语言表达可以从幼儿的独白言语、对话言语两个方面进行评价。独白言语能力的发展重点评价幼儿讲述的完整性、连贯性、流畅性、生动性以及表达意愿的积极性与主动性。对话言语能力的发展重点评价幼儿对交谈规则的理解和遵守。

语言表达还可以从口语表达和创造性运用语言两个方面进行评价。口语表达重点评价幼儿表达的完整性、连贯性等。创造性运用语言重点评价幼儿能否发挥想象力、创造性地进行表达。

3.前阅读、前书写、前识字

主要从幼儿对阅读的兴趣和态度、对符号以及文字的兴趣、书写的意识以及书写的姿势等方面进行评价。

（三）从具体活动类型角度评价

在集体教学活动中，可以结合文学欣赏活动、讲述活动、早期阅读活动、谈话活动四个类型的活动对幼儿的语言发展情况进行评价。

1.文学欣赏活动

文学作品欣赏活动中，应从幼儿对文学作品的兴趣，对文学作品语言美、情感美、意境美的感知，对文学作品内容的理解和表达，对文学作品的想象与创编等方面进行评价。

2.讲述活动

讲述活动中，重点评价幼儿讲述的完整性、连贯性、流畅性、生动性以及在集体面前讲述的意愿和态度。

3.早期阅读活动

早期阅读活动中，重点评价幼儿前阅读、前书写、前识字的兴趣和意愿。

对于前阅读，从幼儿阅读兴趣、阅读方法、阅读理解能力、口语表达能力等方面进行评价。对于前书写，重点评价幼儿书写的意愿和行为，以及握笔姿势、坐姿等。对于前识字，重点评价幼儿对阅读和生活中的标识符号、文字符号的兴趣。

需要注意的是，在评价幼儿早期阅读能力时，不应以会认读或会书写多少汉字为标准，应重点关注幼儿阅读、书写、识字的兴趣和意愿。

4.谈话活动

谈话活动中，应从幼儿对谈话规则的理解和遵守、交谈的意愿、普通话的水平、倾听的习惯、文明礼貌语言的使用等方面进行评价。

在对幼儿的语言能力进行评价时，应结合幼儿在日常生活、游戏活动、区角活动、集体活动中观察到的幼儿的语言表现，以及家长对幼儿语言发展水平的评价，做出全面、客观的评价。教师还应以发展的眼光看待幼儿，对幼儿语言能力的评价应是一个动态的、持续的过程，应伴随整个教育过程，不但关注幼儿语言的现有发展状况，更应关注其潜在的发展速度、特点和倾向等。教师在评价幼儿语言发展状况时，还应关注幼儿的个体差异，避免用同一标准评价不同幼儿，从而促进每个幼儿在原有基础上不断发展。

三 对幼儿园语言教育活动的评价

幼儿园语言教育活动主要指集体教学活动。一般从以下几个方面对其进行评价。

（一）对活动目标的评价

语言教育活动目标是语言教育活动开展的指南和出发点，也是语言教育活动评价的主要指标。在评价语言教育活动目标时，要关注目标制定的一致性、适宜性和目标表述的规范性。

1. 目标制定的一致性

目标制定的一致性即评价活动目标与幼儿园语言教育的终期目标、《3—6岁儿童学习与发展指南》语言领域各年龄阶段目标、学期目标、月目标、主题活动目标和各类型活动目标是否一致。

2. 目标制定的适宜性

目标制定的适宜性即评价活动目标是否符合幼儿的年龄特点、认知规律和班级实际，是否既符合幼儿语言发展的规律又以促进幼儿语言发展为落脚点，是否指向幼儿语言学习与发展的核心经验。

3 目标表述的规范性

目标表述的规范性即分析活动目标表述角度是否统一，是否从幼儿的角度进行表述；活动目标表述是否具体、明确、可操作；是否包含认知、能力、情感态度三方面内容；重点、难点是否突出。

> **聚焦案例**
>
> 大班讲述活动"快乐的周末"活动目标如下："理解画面内容；尝试用完整、连贯的语言介绍周末趣事；乐意分享自己的故事。"这样的目标具体明确、操作性强，表述清楚。而有的目标就显得比较空洞，如"发展观察力、想象力、语言表达力""提高感受力、表现力""培养良好的行为习惯"等。这些可能是中、长期目标，而不是通过某一个活动就能实现的。

（二）对活动内容的评价

1. 活动内容符合科学性和教育性

主要看活动内容的选择是否符合《幼儿园教育指导纲要（试行）》《3—6岁儿童学习与发展指南》的精神，与语言教育活动目标要求是否一致。

2. 活动内容与幼儿的经验、兴趣和年龄特点的符合程度

主要看活动内容能否激发幼儿对语言活动的兴趣和情感，是否符合幼儿生活经验水平、语言水平、认知规律以及年龄特点；内容选择是否既基于幼儿现有语言发展水平，又对幼儿的语言发展具有一定的挑战性。

> **聚焦案例**
>
> "我的周末""有趣的动画片""生活中的汉字"等活动的内容均来自幼儿自身及日常生活，教师设计了有趣的谈话活动和讲述活动。比如，在"我的周末"活动中，教师请幼儿和家长收集周末外出活动的照片、门票、视频。活动中，幼儿边看边视频边交谈，交谈兴趣浓厚。

3. 活动内容的安排

主要看活动容量和密度是否适中，有无过多或过少的情况；内容安排是否合理，能否分清主次或突出重难点。

4. 是否体现整合性

主要看活动内容是否体现领域间的融合，能否通过语言活动促进幼儿全方位的发展。

（三）对活动准备的评价

活动准备会直接影响教学活动的质量。对于活动准备的评价，主要从幼儿的知识经验准备和物质材料准备两个方面进行。

1. 幼儿的知识经验准备

主要评价幼儿是否具备与新内容相关的经验或知识。

> **聚焦案例**
>
> 大班开展语言活动"有趣的汉字"时，教师在日常生活、区域活动、游戏活动中，为幼儿提供了接触汉字的机会。由于大班幼儿已经认识一部分汉字，他们对汉字的认读有较强的愿望，因此，幼儿的知识经验准备较充分，有利于开展活动"有趣的汉字"。

2. 物质材料准备

主要是看活动材料是否与活动内容相适应，是否有助于语言教育活动目标的实现，材料的设计、制作是否科学、安全，数量是否充足，是否具有实用性和可操作性，能否满足不同层次幼儿探索、表达和交往等活动的需要，活动手段是否现代化，是否具有直观形象性。

（四）对教学思路的评价

教学思路是教师上课的脉络和主线，它是根据教学内容和幼儿水平两个方面的实际情况设计的，反映了一系列教学措施是怎样编排组合、衔接过渡、安排详略、安排操作练习的。

1. 评价教学环节的设计

一是看教学的结构安排是否合理，教学的层次、脉络是否清晰，教学环节的设计是否由易到难、由浅入深、层层递进。二是看教学环节时间分配和衔接是否恰当，看有没有"前松后紧"或"前紧后松"现象，各环节之间的衔接是否自然流畅，指导与练习时间搭配是否合理，幼儿个人活动、小组活动和集体活动时间分配是否合理。三看教学环节的设计是否有一定的独创性。四看教学设计是否体现了领域之间的整合。

2. 评价教学方法、教学手段的选择

教学方法包括教师"教"的方法和幼儿"学"的方法，是"教"与"学"的统一。一看是否综合运用多种教学方法激发幼儿的学习兴趣、调动幼儿学习语言的积极性。二是看教学方法是否有创新。三是看现代化教学手段的运用。四是看学法是否以幼儿为主体，能否促使幼儿主动、积极地参与语言活动。

> **聚焦案例**
>
> 小班诗歌活动"小伞兵"主要有四个环节：一是图片导入；二是学习儿歌；三是师幼共同朗诵诗歌；四是开展游戏"我是小伞兵"。活动环节为倾听、欣赏、朗诵的递进，活动过程中采用了直观教学法、游戏法、体验法、多媒体教学法等不同方法，激发了幼儿的学习兴趣，体现了活动形式的丰富性。

（五）对活动组织与实施的评价

1. 活动组织

主要是看活动过程能否围绕目标进行，结构层次是否清晰，各环节时间分配是否得当；过渡衔接是否自然、紧凑；教师是否灵活地运用教学方法解决重点、突破难点；组织和实施过程中是否具有趣味性、综合性、活动性；组织形式是否多样，集体活动、分组活动、个别活动等形式是否有机组合与转换。

> **聚焦案例**
>
> 在大班续编故事《猫医生过河》时，教师只抓住了"编出结尾"这个重点，而没有突破"能按照动物的自身特点编出合理的故事情节"这个难点。创造性讲述应启发幼儿进行不同的构思，编出生动有趣而又合情合理的情节。

2. 师幼互动

师幼互动主要从以下几个方面进行评价：是否正确发挥了教师的主导作用，能否确立幼儿在学习活动中的主体地位；能否创设一个幼儿想说、敢说、喜欢说且能得到积极应答的环境，激发幼儿运用语言的能力；是否通过多种形式（如提问、讨论、游戏、操作、肢体动作等）支持幼儿学习与交流；提问是否清晰、明确、具体，是否具有开放性、层次性和启发性，能否激发幼儿的思考与表达；对幼儿的评价是否得当、具体，是否鼓励幼儿大胆交流与表述；活动中教师是否在观察、倾听、引导，教师的介入与指导是否适时、适度，能否给予幼儿有针对性的指导；教师能否随机筛选与判断幼儿自然生成的各种表现，并机智回应且关注活动生成，灵活调整活动内容和方法。

> **聚焦案例**
>
> 大班早期阅读活动"等妈妈"的环节三为"绘本画面'找不同'，进一步理解故事"。
>
> 1.观察三幅单色线条画，感受小男孩的内心变化
>
> 提问：大家仔细看看三幅图里是什么时候的小男孩，猜猜他为什么会这么做。
>
> 引导幼儿观察小男孩的动态、站位和人群变化。
>
> 提问：有些小朋友说小男孩等妈妈等得着急了，你看出他着急了吗？关键的时候他会怎么想？
>
> 2.幼儿阅读绘本并讨论，感受小男孩越来越急迫的心情
>
> 提问：这些是小男孩在等妈妈时所想的事情。请你翻开书仔细看看画面上有什么，思考他为什么会这么想。

最后的提问为开放性问题，教师引导幼儿观察画面、合理猜想、大胆表达。通过有效提问，帮助幼儿观察画面细节，理解图画书内容，建立画面内容与口语的关系，以及说出对图画书的理解。

（六）对教师素养的评价

1. 对教师语言素养的评价

具体指标包括：普通话标准，语言准确清楚、精确简练且生动形象；教学语言的语调高低适宜、快慢适度、抑扬顿挫，富于变化；讲故事和朗诵的语言富有激情和感染力。

2. 对教师教态的评价

具体指标包括：具有较强的亲和力，教态亲切自然；肢体语言形象生动，切身融入教学活动；举止大方稳重，表情自然、仪表端正；讲解简明，动作规范到位，进行示范的位置和角度让幼儿一目了然。

3. 对教师操作教具的评价

主要看教师运用教具、多媒体的操作熟练程度。具体指标包括：教具操作熟练，使用恰当；能合理运用现代化教学手段。

（七）对活动效果的评价

1. 对目标达成情况的评价

主要评价幼儿园语言教育活动目标是否达成，以及判断目标达成的程度。一是分析认知目标的达成情况，了解幼儿是否理解作品内容、是否掌握了有关的词汇和句型；二是分析情感态度目标的达成情况，了解幼儿是否形成耐心倾听别人说话的态度、是否乐意在集体面前讲述自己经历的事情和作品内容、是否懂得并遵守语言交往中的一般规则、是否对翻阅图书和各种符号感兴趣；三是分析能力目标的达成情况，主要分析幼儿组词成句的能力和在具体语境下运用语言的能力，如普通话发音是否标准、能否根据不同的听者和不同的语言情境恰当地运用有关词汇、句式和语调、能否用完整连贯的语句说清楚自己想要表达的意思、能否进行创造性想象与表达。

> **聚焦案例**
>
> 在大班早期阅读活动"菲菲生气了"中，活动始终以幼儿为主体，幼儿自主翻阅图书、听故事、说出对图画书的理解，达成认知目标和能力目标。幼儿跟随音乐体验菲菲的情绪变化，达成情感态度目标。

2. 对幼儿参与活动的评价

一是对幼儿参与活动的态度和情感的评价，主要评价幼儿对活动的情感投入程度，以及幼儿参与活动的积极性、主动性等，如幼儿的情绪是否稳定愉快、注意力是否集中，是否轻松、愉快、积极、有序、主动地参与语言活动。二是对幼儿参与活动的学习品质的评价。具体指标包括能大胆、清楚地表达自己的想法和感受，能够独立思考、敢于提问，愿意与同伴分享和合作，观察并发现图片或图画书中的细节，想象力丰富，能创造性地运用语言等。

幼儿园语言教育活动评价表如表12-1所示。

表12-1　幼儿园语言教育活动评价表

班级：　　　　　　活动名称：　　　　　　　　　　　　　　　　　　　　100分

评价对象	一级评价指标	二级评价指标	参考分值	实际得分
教师	活动目标	·以幼儿语言教育总目标和幼儿语言核心经验为依据制定，并和年龄阶段目标、主题目标相吻合； ·活动目标符合幼儿当前的语言发展水平和经验； ·目标表述规范：包含三维目标，目标表述具体、可操作。	9	
	活动内容	·内容选择符合幼儿的年龄特点，并和该领域核心经验相吻合； ·内容选择和主题关联性强，源于幼儿的兴趣和发展需要，能与幼儿原有的语言经验建立联系； ·活动容量和密度适中，把握重点，找准难点； ·注重不同领域知识的渗透与整合。	6	
	活动准备	·幼儿具备相关的生活经验和必要的知识准备； ·教具玩具设计合理、实用、美观，且能为目标达成服务，活动材料能满足不同层次幼儿探索、操作和交往等活动需要。	5	
	教学思路	·环节架构合理，能围绕目标设计活动环节，结构层次清楚，环节层层递进，时间分配得当； ·关键性提问预设合理，具有开放性、层次性和启发性，能引发幼儿积极主动思考与表达； ·教学方法符合幼儿的学习方式和特点。	15	
	活动组织与实施	·支持幼儿表达与交流，让幼儿成为活动的主体； ·教师介入适时、适度，对幼儿的评价应具体、清晰，有助于幼儿形成相关经验； ·综合运用多种教学方法，突出活动重点，突破活动难点； ·灵活运用集体活动、分组活动、个别活动等形式，且各种形式有机结合，使幼儿有自主练习的时间； ·随机筛选与判断幼儿自然生成的各种表现，并做出机智的回应，能关注活动生成，灵活调整活动内容和方法； ·兼顾群体需要和个体差异，使每个幼儿都有进步和成功的体验。	30	

续表

评价对象	一级评价指标	二级评价指标	参考分值	实际得分
教师	教师素养	·能以亲和的态度和灵活的活动形式建构安全、平等、温馨、丰富的语言学习环境； ·教态真实、自然，语言规范准确、生动活泼、简洁流畅，富有启发性和感染性，有亲和力； ·操作教具熟练，使用恰当，合理运用现代化教学手段。	5	
幼儿	活动效果	·幼儿情绪饱满，学习兴趣浓厚，注意力集中，思维活跃； ·绝大多数幼儿能充分参与语言活动，在活动中表现出积极性、主动性和一定的创造性； ·喜欢用语言表达与交流，乐于想象，学习习惯良好； ·三维目标基本达成，每个幼儿都在自己的原有基础上取得进步。	30	

任务三　幼儿园语言教育评价方法

一　自由叙述法

自由叙述法是将对语言教育活动的意见、判断、感想等自由地写下来，通过文字叙述对教育活动加以评价的方法。这种方法既适用于自我评价，也适用于对他人进行评价。自由叙述法的最大特点是不做定量分析，不需要专门的测量工具和复杂的评价程序。自由叙述法有利于综合反映活动过程中的情况。常见的形式就是评价者的听课记录、执教者的教案自评和教后小结。

为了清楚地用文字表述对某一活动的评价，在运用自由叙述法时应该分类。自由叙述法中的分类可以有多重维度，可以按照活动的要求将叙述的内容分为对目标的评价、对内容的评价、对方法的评价、对师幼互动的评价、对活动气氛的评价等，也可以对活动的优缺点进行评价，还可以分别对幼儿和教师进行评价。

二　观察评价法

观察评价法是有目的、有计划地对幼儿语言教育活动和幼儿语言发展情况进行观察、获取信息，并做出科学评价的一种评价方法。教师在日常生活、游戏活动、语言集体教学活动、区角活动中观察幼儿真实、典型的语言行为表现，并客观描述其在特定方面的表现。如观察语言活动中幼儿在语言方面产生的变化，某些特定的语言行为是否发生，以及发生的频率、背景或与之相关的因素等。如果把观察评价法与其他评价法结合起来使用，会取得较好的评价效果。

观察评价法的具体运用可以有多种途径，包括自然观察法和情境控制观察法。

自然观察法是指评价者在教师和幼儿自然生活的状态下，有目的、有计划地对教师的语言教育活动和幼儿的语言发展状况进行直接观察，通过对观察记录的整理和分析来评价教师语言教育活动和幼儿语言发展情况。

情境控制观察法是指观察者依据研究目标控制幼儿语言教育活动的条件，将教师或幼儿置于与现实生活场景类似的情境，观察教师和幼儿在特定情境中的教育活动的设计和组织以及幼儿的语言发展情况，然后对观察所得的信息进行分析、综合，做出相应的评价。

聚焦案例

大班讲述活动"粉红色的雨靴"观察评价法的运用如表12-2所示。

表12-2 大班讲述活动"粉红色的雨靴"

观察要点：幼儿讲述内容	幼儿讲述能力分析	教师引领方向
蹦蹦：小兔子遇到了小鸟，帮助了鸟妈妈。 特特：小兔子后来看到了小鸟，小鸟的窝坏了，小兔子把鞋子给了小鸟。 小豆：小兔子看到了小鸟，小鸟的家没有了，小兔子脱下雨靴送给了小鸟。	幼儿讲述时缺乏条理性，想到什么就说什么。幼儿用词贫乏，句式单一，没有感情色彩，角色之间的对话较少	·引导幼儿逐渐丰富词汇，运用各种形容词、副词等； ·引导幼儿除了陈述句之外，灵活使用其他句型，如疑问句、感叹句等； ·引导幼儿使用各种连词，使讲述内容更有条理； ·引导幼儿想象并说出角色之间的对话。

聚焦案例

【观察目的】

观察图书区投放幼儿自带图书后幼儿的阅读行为表现。

【观察记录】

瑞瑞来到图书区，很兴奋地拿起《恐龙大百科》，从第一页开始认认真真地看了起来。看了四页后，他开始皱眉头，然后拿着书去找东东，说："东东，这本书是你带来的，能给我讲一讲吗？我看了一半，后面看不懂了。"东东把自己的玩具收了，来到图书区给瑞瑞一页一页地讲起来，两个人边讲边交谈："对，我在自然博物馆见过这种化石。""没错，这是食草性恐龙。"整个活动区时间他俩都在看这本书。不时有幼儿加入他们的队伍，一起翻看自己带的图书。

【反思】

在阅读区的分享阅读活动中，教师有意识地让幼儿成为活动的发起者、组织者和行动者。幼儿从家中带来自己喜欢的图书，在阅读区由刚开始的独自阅读发展为多人阅读。自带图书能让幼儿分享知识，感受阅读的美好。在后面的活动中，教师还可以针对幼儿感兴趣的图书发起互动活动或者生成某一种具体活动。

三 综合等级评价法

综合等级评价法是对幼儿语言教育活动中的各种因素进行分析并评出不同等级的综合意见评定法。综合等级评价法从纵向和横向两个维度确定评价指标。纵向维度包括构成语言教育活动的各种因素，主要指标有目标、内容、方法、过程、幼儿参与活动程度、材料利用情况、师幼关系、活动效果等。横向维度包括教育活动各种因素在运行过程中的状态及等级。根据这两个维度制定综合等级评价表（见表12-3），教师在活动评价中使用时，在相应的位置上打"√"即可，操作起来很方便。

表12-3 幼儿园语言教育活动综合等级评价表

1.活动目标	完全达到	基本达到	未达到
2.师幼互动	积极互动	一般互动	互动较少
3.材料利用	充分利用	一般利用	未利用
4.幼儿状态	积极主动	一般配合	消极被动
……	……	……	……

四 谈话法

谈话法是通过与幼儿面对面交谈收集语言发展评价信息的方法。此方法需要教师对谈话内容进行记录，然后对谈话记录进行分析。谈话法的优点是可以弥补观察法的不足，能较快地了解幼儿语言发展中的问题，丰富已有的材料。

使用谈话法时，教师要注意以下三点：一是要有明确的谈话目的；二是谈话内容应在幼儿生活范围之内并且幼儿能够理解；三是谈话要在自然状态下进行，以免幼儿出现紧张情绪，影响谈话结果的真实性。

五 语言作品分析法

语言作品分析法是教师有目的、有意识地收集和保存幼儿语言发展的口语及书面资料，并对这些语言作品进行分析，以了解幼儿语言发展水平的方法。口语资料如谈话活动中幼儿基于生活经验的讲述、看图讲述的故事、幼儿自己创编的故事等，书面资料包括幼儿自己制作的图画书、记录单、手工作品等。通过对语言作品的分析，教师可以了解幼儿的思维发展、想象力、创造力、语言表达能力和前书写等方面的情况，从而更好地指导幼儿进行语言学习。教师可以将语言作品分析法与其他评价法结合起来使用。语言作品分析法的操作步骤为：收集幼儿的作品—依据评价标准分析作品—为幼儿提供有针对性的指导。

聚焦案例

通过对书写区大班幼儿写画作品的分析，教师发现本班幼儿在前书写方面有初步与纸笔互动的书写经验，能使用图画、符号、文字等多种形式创造性地表达自己的想法，处于前书写的稳定阶段；个别幼儿已达到拓展阶段。

六 访谈法

访谈法通过访谈对幼儿有较多了解的家长、教师、同伴，收集幼儿语言发展方面的信息。如幼儿在家里对长辈说话是不是有礼貌、发音是否标准、是否喜欢说话等。

按照有无结构，可以将访谈分为非结构性访谈、结构性访谈以及半结构性访谈。

非结构性访谈是指访谈人员按照一个粗线条的访谈提纲进行非正式、非标准化的访谈。这种访谈法对具体的提问方式、提问顺序、回答方式、记录方式等没有统一的要求，访谈人员可以根据具体情况对这些内容进行灵活调整。

结构性访谈是根据统一的设计要求、通过结构化的问题进行的标准访谈。其通常要求访谈者按照一定的顺序提问，对如何回答问题和记录方式也有统一的要求。

半结构性访谈则往往兼具非结构性访谈和结构性的特点。

聚焦案例

刘老师发现小班的婷婷不爱说话，吐字也不清楚，与家长访谈之后，刘老师了解到婷婷所在的家庭充斥各种方言，没有一个通用的"语音标准"。在这个环境下，婷婷很难辨认哪种发音是正确的，因而开口说话相对较晚，发音也不清楚。此外，家人对婷婷照顾得特别周到，婷婷一个表情或动作，他们就知道她需要什么。家人过多的"包办"让婷婷没有表达的动力，也失去了表达的机会，因此，父母对于幼儿不恰当的"包办"会造成幼儿语言表达能力的不足。

项目小结

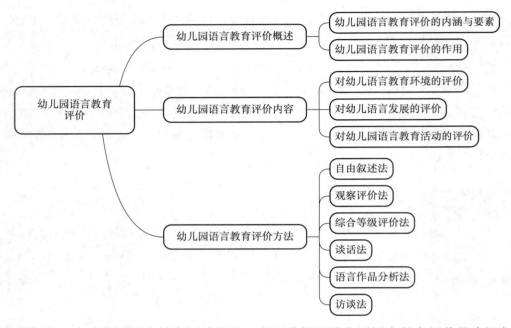

本项目任务一为幼儿园语言教育评价概述，主要分析了幼儿园语言教育评价的内涵与要素以及作用。任务二为幼儿园语言教育评价内容，主要包括三个方面：对幼儿园语言教育环境的评价，对幼儿语言发展的评价，对幼儿园语言教育活动的评价。重点探讨了对幼儿园语言教育活动的评价，如对活动目标的评价、对活动内容的评价、对活动准备的评价、对教学思路的评价、对活动组织与实施的评价、对活动效果的评价、对教师素养的评价。任务三结合具体案例探讨了幼儿园语言教育评价方法，如自由叙述法、观察评价法、综合等级评价法、谈话法、语言作品分析法和访谈法，为幼儿教师进行语言评价提供了灵活多样的方法。

自学自测

一、选择题

1.幼儿园语言教育评价的目的是（　　）。

A.了解幼儿的语言发展需要，以便提供更加适宜的帮助和指导

B.让家长知道孩子在幼儿园的表现

C.完成教育评价任务

D.加强家园合作

2.下列不属于幼儿园语言教育评价作用的是（　　）。

A. 导向　　　　　B. 诊断　　　　　C. 激励　　　　　D. 交际

3. 评价者在教师和幼儿自然生活状态下，有目的、有计划地对教师的语言教育活动和幼儿的语言发展状况进行直接观察，通过观察记录的整理和分析来评价教师语言教育活动和幼儿语言发展的方法是（　　）。

A. 自然观察法　　B. 情境控制观察法　　C. 谈话法　　　　D. 问卷调查法

4. 实施教育活动评价时必须采取客观的实事求是的态度，科学地确定和使用评价标准，不能主观臆断或掺杂个人的情感色彩。这指的是语言教育评价原则中的（　　）。

A. 全面性原则　　B. 客观性原则　　　C. 参照性原则　　D. 发展性原则

二、简答题

1. 请简述幼儿园语言教育评价原则。
2. 请简述幼儿园语言教育评价的作用。

实践与实训

【实训一】

实训要求与形式	评价师幼互动
实训材料	下面数字资源中的中班早期阅读活动"我喜欢我的小毯子"活动实录
实训记录	

数字资源：
中班早期阅读活动"我喜欢我的小毯子"活动实录

【实训二】

实训要求与形式	任选1～2个评价指标进行评价
实训材料	下面数字资源中的大班排图讲述活动"拔河"活动视频

续表

实训要求与形式	任选1~2个评价指标进行评价
实训记录	

数字资源：
大班排图讲述活动"拔河"活动视频

【实训三】

实训要求与形式	评价幼儿语言发展水平
实训材料	案例一：在大班看图讲述活动"小兔搬家"中，琳琳讲得绘声绘色，"突然，刮起了大风，下起了大雨，一只小兔子灵机一动，想出了一个好办法——'快来，快来，快躲到桌子底下！'" 案例二：小班幼儿学习儿歌《理发》，第一句是："小刺猬，去理发。"当教师带领小朋友们念第一句时，总听见有人没有发准音。通过单个练习，教师发现原来是菁菁。教师让她跟着学："理发。"她却说："理发（huà）。"在玩游戏时，教师问她："你喜欢跟谁玩？"她说："哥哥（dē de）。"教师说："哥哥（gē ge）。"她还是说："哥哥（dē de）。"
实训记录	

案例赏析

小班诗歌活动"彩色的梦"活动方案与评价

【活动目标】

认知目标：通过听赏、诵读、想象等方式理解诗歌内容，初步理解诗歌描述的事物与梦境颜色之间的关系。

能力目标：想象小草、小花、白云及小朋友的梦境，跟随教师朗诵诗歌，尝试仿编诗歌。

情感态度目标：体验想象带来的乐趣，感受诗歌宁静、温馨的意境。

【活动准备】

物质材料准备：图谱一份，轻音乐两段。

环境准备：营造静谧的室内环境。

【活动过程】

一、创设情境，引出活动主题

师：小朋友们轻轻地走进活动室，里面有朋友在睡觉，我们不要打扰他们。是谁在睡觉呀？白云睡着了，还在做梦呢！

二、听赏诗歌

（一）教师配乐朗诵诗歌，幼儿倾听

师：今天，老师为大家带来一首关于梦的诗歌，我们一起来听一听诗歌里有谁爱做梦。请大家闭上眼睛，竖起小耳朵认真听。

提问语：谁在做梦？他们的梦是什么颜色的？

教师再次朗诵，并提问："他们的梦是什么颜色的？"

教师出示图谱，对幼儿的回答进行验证。

（评析：此环节首先用了"听赏"这一策略，通过两次配乐听赏，幼儿基本听清楚了诗歌内容。之后，在幼儿两次配乐听赏后提供了图谱，对幼儿听到的内容进行验证，一方面帮助幼儿理解诗歌的句式与内容，另一方面教具设计有一定的操作性，让幼儿更感兴趣）

（二）再次听赏，理解梦境与颜色的关系

师：我们再来听一听这首诗歌，边听边想，他们可能梦见什么了，他们的梦为什么是这些颜色？

小草爱做梦，梦是绿绿的。为什么小草的梦会是绿色的呢？他梦见什么了？

小花爱做梦，梦是红红的。为什么小花的梦会是红色的呢？他梦见什么了？

白云爱做梦，梦是蓝蓝的。你们猜白云梦见了什么？为什么他的梦是蓝蓝的？

小朋友爱做梦，梦是彩色的。为什么小朋友的梦是彩色的呢？他梦见什么了？彩色是什么意思？

小结：原来每个小朋友做了不同的梦，他们的梦有不一样的颜色，这些五颜六色的梦加在一起就变成了彩色的梦。

（评析：理解诗歌内容是活动重点，本环节通过两个策略来关注幼儿想象的过程，进而突出活动重点。一是通过提问和不断追问，引导幼儿将梦的颜色和梦境联系在一起，激发幼儿对梦境的有意想象；二是用小草自己描述梦境的录音去打开幼儿的思路。教师提前录好了小草、小花、白云、小朋友关于梦境的独白，根据幼儿想象的情况有选择性地播放。如果幼儿一开始能展开想象就不放录音，若不能，就播放1~2段录音以启发幼儿的思维。如播放小草的独白录音"我梦见我在绿绿的草地上跑来跑去，到处都是绿绿的"）

三、朗诵诗歌，进一步感受诗歌的意境美

（一）教师和幼儿一起在座位上诵读

师：小朋友们，请跟着老师一起来读一读这首诗歌。读的时候，我们要从诗歌的名字开始。

（二）幼儿集体诵读诗歌（视情况分组朗读）

教师小结幼儿的诵读情况，如声音大小是否适宜、好听、有情感等。重点引导幼儿读完整不漏字、读清楚叠词等。

（三）幼儿站立配乐诵读

幼儿全体起立，教师为他们配背景音乐，引导他们一起诵读。

（四）教师和幼儿一边朗诵一边做动作（配乐）

这个环节中，幼儿用了不同的方式进行诵读。教师根据朗诵的情况了解幼儿是否理解了诗歌内容，是否感受到了诗歌的意境，总结和评价重在引导幼儿通过诵读的方式表达对诗歌的感受与理解，根据情况随时调整。如在活动进行中，教师观察到两名幼儿在第二遍诵读时就能够完整诵读，并且能边诵读边做动作，随即请他们上台展示，发挥同伴榜样的作用。

四、幼儿仿编诗歌

（一）幼儿伴随音乐展开想象

师：这首诗歌太好听了，我们也一起来做个香甜的美梦吧！请小朋友们围在老师身边，轻轻坐在地上，闭上眼睛，看看我们能做一个什么颜色的梦。

梦醒啦，伸伸懒腰，你们梦见什么了？你的梦是什么颜色的？请说给你身边的好朋友听一听。

（二）幼儿仿编

幼儿仿编时，教师倾听并指导。

幼儿分享时，教师在白板上记录，带领幼儿朗诵新诗。

师：你们想象力真丰富！有谁会做一个彩色的梦？

（评析：仿编是活动的难点。首先，把幼儿带入温馨静谧的氛围，让幼儿边听轻音乐边在脑海里想象不同颜色的梦境，为仿编诗歌做好了准备；幼儿仿编时，教师倾听并及时指导。通过氛围的营造和教师的指导，解决活动难点）

师：希望小朋友每天都能做一个香香甜甜、五颜六色的美梦，回家之后把我们的梦编成一首好听的诗歌分享给爸爸妈妈吧!

【附诗歌】

彩色的梦

小草爱做梦,梦是绿绿的。小花爱做梦,梦是红红的。

白云爱做梦,梦是蓝蓝的。小朋友爱做梦,梦是彩色的。

【活动评析】

一、评活动内容

诗歌《彩色的梦》篇幅短小、句式工整,看似简单的表达背后蕴藏着无限的想象空间,适合小班幼儿欣赏。这首诗歌不仅会让幼儿习得"红红的""蓝蓝的"等叠词,更重要的是能够激发幼儿对诗歌意境的想象,获得想象的乐趣与审美的体验。

二、评活动准备

教具设计较好。教具运用工整的图片排列,帮助幼儿理解诗歌句式。在颜色处设计了可以抽插的"机关",能够激发幼儿兴趣。

三、评活动目标

活动目标表述具体明确且达成度较高。活动中教师借助图谱、音乐以及精准的提问,带领幼儿展开想象,让幼儿在想象中理解诗歌内容,达成认知目标。同样,教师带领幼儿跟随音乐展开想象、朗诵诗歌、仿编诗歌,有效达成能力目标。贯穿环节始终的音乐和优美的意境让幼儿感受诗歌宁静、温馨的意境,情感态度目标达成也较好。

四、评教师的反馈与指导

教师能够关注幼儿的反馈,灵活地调整教学策略。如教师第一次问幼儿:为什么小草的梦是绿色的?他可能梦到了什么?幼儿只会说小草自己是绿色的。因此,教师引导幼儿一起问问小草到底梦见什么了,并播放小草独白的录音,逐渐打开幼儿思路。活动中教师发现有两名幼儿对诗歌的感受力较强,在诵读时自发地边做动作边朗诵,就请他们带着同伴边做动作边朗诵,鼓励幼儿向同伴学习。在仿编环节,教师根据幼儿的回答,启发幼儿编出总结句"××爱做梦,梦是彩色的"。

五、评活动特色

教师对诗歌意境的营造比较到位。首先,教师在活动前拉上了蓝色的窗帘,布置了在睡觉的云朵,并告诉小朋友要轻轻走进活动室,这一策略让幼儿很快进入静谧的诗歌意境。其次,在活动最后的环节,教师带领幼儿一起"做梦",首尾呼应,最大限度地让幼儿置身于温馨、静谧的梦境氛围。最后,整个活动中教师运用了两首不同的轻音乐,对氛围的烘托起到了催化作用。

拓展阅读:
中班早期阅读活动"空中小屋"实录与评价

拓展阅读：
大班前书写活动"跳绳"实录与评价

拓展阅读：
大班早期阅读活动"会飞的抱抱"活动实录与评价

参考文献

[1] 周兢，余珍有.幼儿园语言教育[M].北京：人民教育出版社，2004.

[2] 周兢.学前儿童语言学习与发展核心经验[M].南京：南京师范大学出版社，2014.

[3] 赵寄石，楼必生.学前儿童语言教育[M].北京：人民教育出版社，2003.

[4] 袁爱玲.幼儿园全语言活动设计与实施指导[M].南京：南京师范大学出版社，2008.

[5] 陈丹辉.幼儿园语言教育活动指导[M].北京：高等教育出版社，2011.

[6] 姜晓燕，郭咏梅.学前儿童语言教育[M].北京：高等教育出版社，2011.

[7] 桂诗春.新编心理语言学[M].上海：上海外语教育出版社，2000.

[8] 张明红.幼儿园语言教育与活动设计[M].北京：高等教育出版社，2010.

[9] 张加蓉，卢伟.学前儿童语言教育活动指导[M].2版.上海：复旦大学出版社，2009.

[10] 夏燕勤，邹群霞.学前儿童语言教育[M].北京：高等教育出版社，2013.

[11] 韩映红.学前儿童语言教育与活动指导[M].3版.长沙：湖南大学出版社，2020.

[12] 颜晓燕.学前儿童语言教育与活动指导[M].2版.北京：教育科学出版社，2016.

[13] 田金长，马晓琴，赵燕.学前儿童语言教育[M].上海：华东师范大学出版社，2018.

[14] 周燕.幼儿园语言教育与活动指导[M].南京：南京师范大学出版社，2018.

[15] 赵弼，汪红旗，吴翠静.幼儿语言教育与活动指导[M].北京：首都师范大学出版社，2020.

[16] 康素洁，李欢欢，陈梦明.学前儿童语言教育与活动指导[M].长沙：湖南师范大学出版社，2020.

[17] 肯·古德曼.全语言的全在哪里[M].李连珠，译.南京：南京师范大学出版社，2005.

[18] 廖贵英，邓娇娇.幼儿语言教育活动设计与指导[M].上海：复旦大学出版社，2020.

[19] 李雪艳.幼儿园故事创编活动的探索研究[D].长春：东北师范大学，2005.

[20] 曹思敏.汉语儿童前识字发展研究[D].上海：华东师范大学，2010.

[21] 匡芳涛.儿童语言习得相关理论述评[J].学前教育研究，2010（5）：44-49.

[22] 尚燕红.3—6岁幼儿语言发展特点及其影响因素[J].基础教育参考，2020（11）：63-64.

[23] 苑晓芳.基于儿童文学开展幼儿园语言教育活动探讨[J].当代家庭教育，2020（18）：50.

[24] 宫亚男，马炳霞.5—6岁幼儿故事创编活动"五步法"[J].求知导刊，2019（34）：89-90.

[25] 林燕钦.幼儿诗歌在幼儿园教育中的价值分析[J].教师，2019（34）：111-112.

[26] 代磊.刍议幼儿园语言教育中的讲述活动[J].家教世界·V家长，2019（12）：61-62.

[27] 胡耀岗.幼儿教师有效开展谈话活动的三个要领[J].教育导刊（下半月），2018（6）：28-31.

[28] 张明红.正确区分谈话活动和讲述活动[J].幼儿教育（教育科学），2011（3）：24-26.

[29] 胡庆华.幼儿园教师课堂教学活动评价浅析[M].科技视界，2014（22）:222.

[30] 刘宝根.论语言领域核心经验与幼儿园语言教育的关系[J].幼儿教育（教育科学），2019（1）：14-18.

[31] 陈松林.在日常生活中促进幼儿语言发展的有效策略探析[J].大学（社会科学），2021（9）：43-45.

[32] 李秀云.幼儿园早期阅读教学活动的评价与反思[J].教育观察，2020（20）：89-91.

[33] 阮莉婷，方建华.核心经验视角下幼儿园语言领域教学活动目标的文本分析——以《创造性思维发展整合课程（教师用书）》为例[J].陕西教育学院学报，2021（10）：90-96.

[34] 黄晓丹.图画书与学前儿童早期阅读[J].陕西学前师范学院学报，2016（10）：93-96.

版权声明

为了方便学校课堂教学，促进知识传播，便于读者更加直观透彻地理解相关理论，本书选用了一些论文、电影、电视、网络平台上公开发表的优质文字案例、图片和视频资源。为了尊重这些内容所有者的权利，特此声明，凡在本书中涉及的版权、著作权等权益，均属于原作品版权人、著作权人等。

在此向这些作品的版权所有者表示诚挚的谢意！由于客观原因，我们无法联系到您，如您能与我们取得联系，我们将在第一时间更正任何错误或疏漏。

与本书配套的二维码资源使用说明

  本书部分课程及与纸质教材配套数字资源以二维码链接的形式呈现。利用手机微信扫码成功后提示微信登录，授权后进入注册页面，填写注册信息。按照提示输入手机号码，点击获取手机验证码，稍等片刻收到4位数的验证码短信，在提示位置输入验证码成功，再设置密码，选择相应专业，点击"立即注册"，注册成功。（若手机已经注册，则在"注册"页面底部选择"已有账号，立即登录"，进入"账号绑定"页面，直接输入手机号和密码登录。）接着提示输入学习码，须刮开教材封面防伪涂层，输入13位学习码（正版图书拥有的一次性使用学习码），输入正确后提示绑定成功，即可查看二维码数字资源。手机第一次登录查看资源成功以后，再次使用二维码资源时，在微信端扫码即可登录进入查看。